1937.12.13
中国
1938.1
南京

历史告诉我们，和平是需要争取的，和平是需要维护的。只有人人都珍爱和平、维护和平，只有人人都记取战争的惨痛教训，和平才是有希望的。

——习近平

遇难者
VICTIMS
遭難者
3

00000

MEMORIES OF THE MASSACRE NANJING 1937

1937
南京
记忆

《1937 南京记忆》摄制组 编著

128——南京陥落直後，捕えられ連行される中国兵　城内

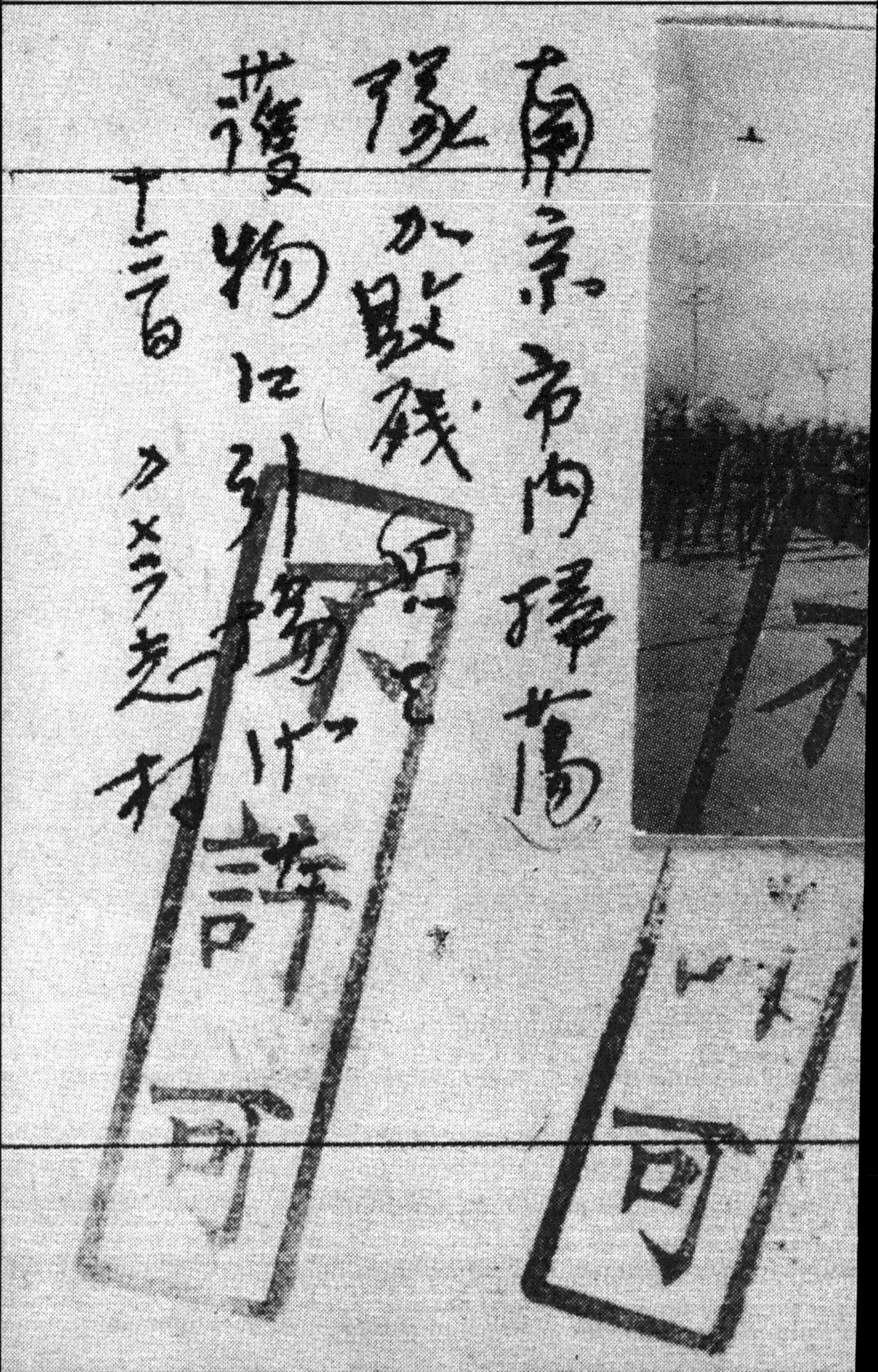

1937年12月13日，日军沿南京中山东路押解青壮年至国民政府监

における大虐殺はこの後に始まったという。12月13日

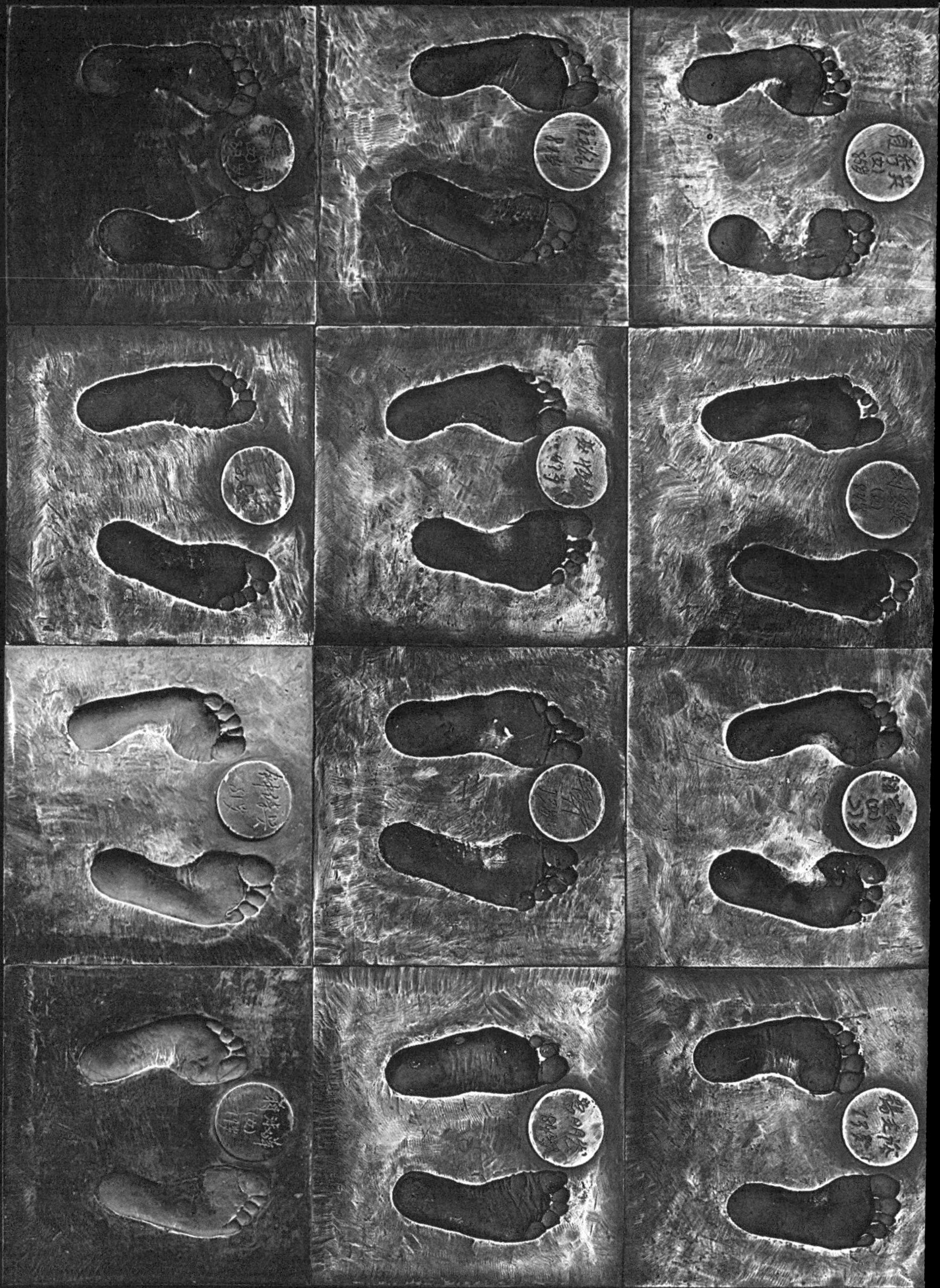

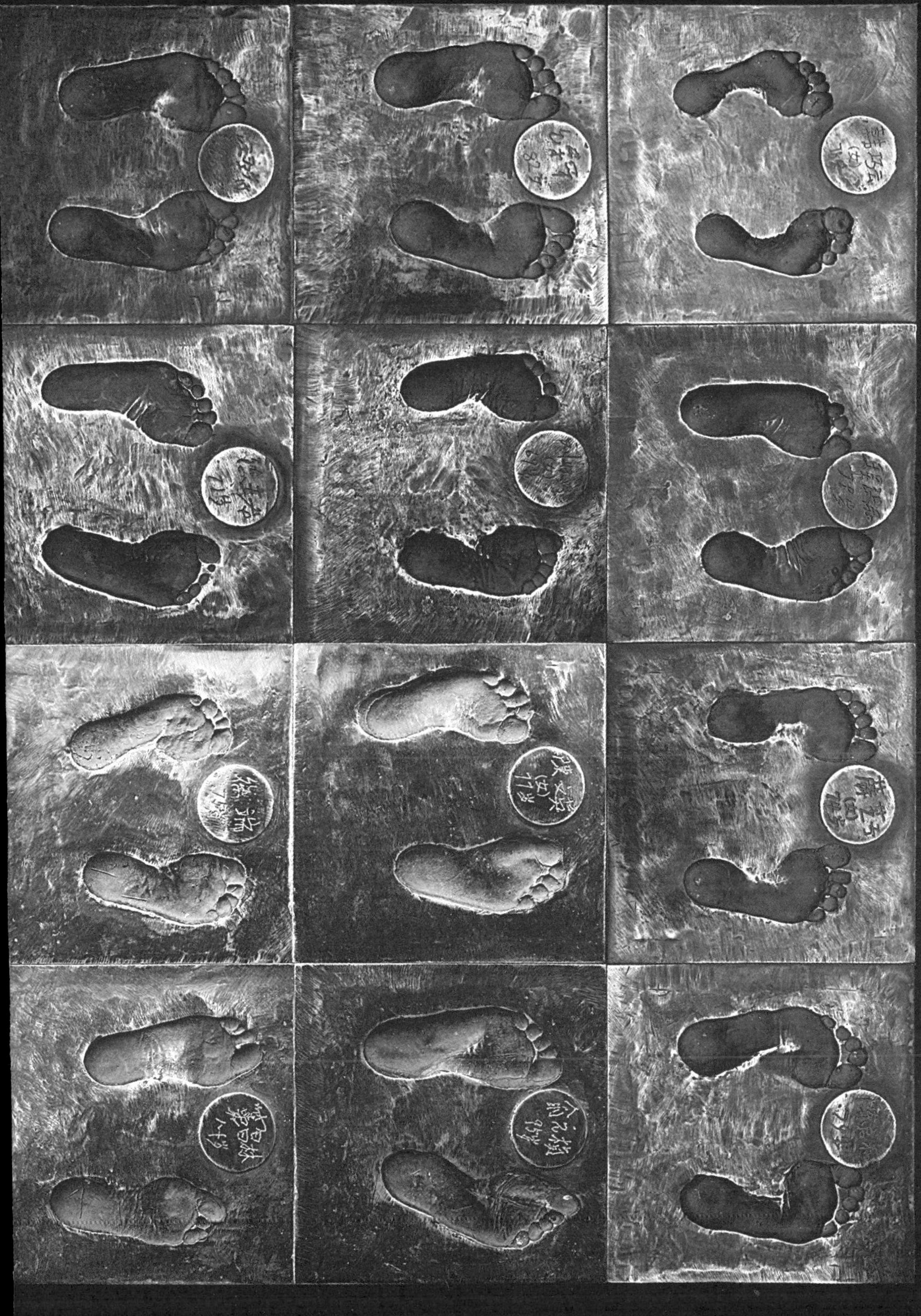

「历史证人的脚印」铜板路

序

2014年，我国首个国家公祭日，由中央电视台科教频道和江苏广播电视总台联合摄制的五集纪录片《1937南京记忆》震撼播出。这部纪录片向观众讲述了6位普通人如何用生命控诉暴行、伸张正义，如何用良知思考战争对人性的摧残，如何身体力行地践行珍惜和平、制止战争的理念。他们来自美国、欧洲、日本、中国，国籍不同，身份各异，年龄差异非常大，却分别以自己的角度和方式，寻找着同一段历史的真相，共同思考战争与和平、良知和人性。他们是这段惨痛记忆的挖掘者、记录者、研究者和传播者。他们让这段记忆不再藏身于历史，不止停留在个体的命运、种族的情绪和国家外交层面，而是让这段残暴的历史上升为人类共同的记忆和思考，以史为鉴，更好地构筑人类和平的未来。

这部纪录片的总导演闫东，这位对中国历史特别是近现代历史具有高度责任感和使命感的电视人，用他的智慧和心血创作了一部部感动人心的经典作品，用他独特的视角和宏大的影像为我们还原了一个个历史真相，构筑了当代国家影像工程。

当他在2015年的春天，将一本极具视觉冲击力和文字感染力的书稿小样拿给我时，我再次感到了深深的震撼。这是由新世界出版社出版的纪录片《1937南京记忆》同名图书，在出版社的精心设计和编排下，这本书已经不再是纪录片的简单文字翻版。纪录片团队在历时两年的创作中，为了对南京大屠杀事件有全面且客观的认知，分别前往美国、日本、德国、波兰、韩国等国家，采访了120多位境外专家、学者、亲历者和幸存者后人，在当地图书馆、档案馆等地搜集了许多十分珍贵的历史档案资料。由于纪录片的时间有限，许多内容无法呈现出来，这部书稿正是将纪录片之外许多鲜为人知的采访资料进行了重新梳理和编辑，从挖掘历史到反思历史，从当事人口述到国际视角，从中日关系到区域安全，将这一段记忆层层深入，提升到了极具收藏价值的历史研究高度，成为历史的另一种呈现与表达，与纪录片形成很好的呼应与互补。

在中国人民抗日战争暨世界反法西斯战争胜利70周年之际，这本书的出版是具有重要意义的。它将让西方世界越来越多的人重新认识中国在第二次世界大战期间遭受的一切、付出的一切；将让日本国内更多个人与团体看见并传播历史的真相，更让无数的中国人再一次铭记历史，反思未来，为实现中华民族伟大复兴的中国梦携手前行！

是为序。

中国国家博物馆馆长　吕章申

目录

上卷
1937·南京记忆

下卷
后1937 · 历史的追问

第三章　南京记忆，承载与延续/232

第四章　日本，正视历史的艰苦努力/304

第五章 欧美，让世界留下这段记忆/342

上卷

1937·南京记忆

第一集
历史 · 记忆

70多年过去了，一代人从生到死的时间，这座城市早已看不出当年遭受的浩劫与耻辱。纪念馆的黑白照片里，定格着这场灾难的冰山一角。

历史渐行渐远，对当代的年轻人而言，“南京大屠杀”或已成为历史名词，它甚至未出现在日本人的教科书中，30万同胞无处安放的灵魂寂静无声。但终有人站出来，以巨大的勇气和鲜为人知的艰难，写下那本《南京浩劫：被遗忘的大屠杀》。

张纯如，美籍华裔女作家，她曾说，单独一人也可以有所作为。因常听父母讲起那段在美国少为人知的历史，这个年轻女孩竭尽所能，终于用自己的书让1937年那场浩劫公之于西方世界。也是她的不懈追索，让尘封近60年的《拉贝日记》展示在世人面前。

一个年轻的生命能否承受得起如此沉痛的历史记忆？写下这本书10年后，她结束了自己的生命。唯一值得欣慰的是，这段记忆，因为她，开始走入西方世界。《南京浩劫：被遗忘的大屠杀》的读者，开始都是华人，后来有些年轻的日本人，他们说想知道真相，而在他们的国家找不到真相。后来还有犹太人，还有黑人。在现在的西方世界，终于有了新的视角重新看待第二次世界大战时的亚洲战场，对太平洋战争和日本罪行也开始了文化和政治上的觉醒。

很难想象一本书有如此强大的影响力。

当年曾无私救助中国平民的德国人拉贝说：“历史可以宽恕，但不可以忘却。”被侮辱和被遗忘的亡灵需要纪念和抚慰。记住历史，并不是为了记住仇恨，而是在于时刻提醒人们，珍爱和平，远离战争。

2001年，人类进入一个新纪元，但上个世纪留下的战争阴影却挥之不去。

这一年的12月13日晚上，在美国旧金山圣玛丽大教堂，当地天主教、伊斯兰教、犹太教、佛教和基督教五大宗教的领袖，南京大屠杀幸存者代表，以及1000多名美国人，举行了一场和平祈祷仪式。

这些来自不同国度、不同文化、不同宗教背景的人们共同悼念南京大屠杀遇难者的亡灵，祈祷和平，这在美国甚至全世界还是第一次。

2001年12月13日晚，美国旧金山圣玛丽大教堂举行和平祈祷仪式，来自不同国度、不同文化、不同宗教背景的人们共同悼念南京大屠杀遇难者的亡灵，祈祷世界和平

来自中国“侵华日军南京大屠杀遇难同胞纪念馆”的朱成山馆长讲述了南京大屠杀的历史真相。华裔女作家张纯如发表演讲，她说，人类相残的历史是漫长而凄惨的，而没有哪几次劫难能与“二战”期间的南京大屠杀相比，只有吸取历史教训，才能有未来的和平。

当人们追思那些1937年在中国南京被无辜杀戮的平民，凝视着那个正在渐渐远去的历史事件时，许多直指人心的历史惨剧仍然无法随着时间的推移而被淡忘，它们已成为一段刻骨铭心的记忆。

【字幕】美国 加利福尼亚州

2014年7月，摄制组来到美国西海岸，寻访10年前英年早逝的华裔女作家，她就是《南京浩劫：被遗忘的大屠杀》的作者——张纯如。

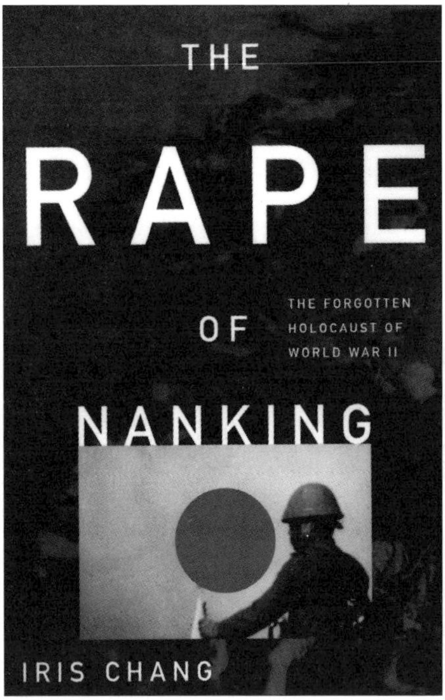

美籍华裔女作家张纯如和她的震撼之作《南京浩劫：被遗忘的大屠杀》

【张纯如母亲 张盈盈 纪实同期声】这是纯如在高中时候写的诗，一篇是*Sunrise*，就是《日出》；另外一篇是*Soap Bubble*，就是《肥皂泡》。

大自然中脆弱的典范
优雅地飘摇上升
反射着太阳的光芒
溅出点点星辉
……

大概是十五六岁的时候写的。

【字幕】美国 伊利诺伊大学

1988年，布雷特·道格拉斯第一次见到同在伊利诺伊大学读书的张纯如。

【采访】张纯如丈夫 布雷特·道格拉斯：**我第一次见到她是在伊利诺伊大学，我深深地被她吸引了。她身材高挑，非常漂亮，穿着一件皮大衣，当时女学生这样穿着的并不多见。**

正如布雷特说的这样，张纯如大学期间就是一个出类拔萃、具有个性、引人注目的女孩。她出身于书香门第，父亲张绍进和母亲张盈盈都是哈佛大学的博士。

【字幕】张纯如生前录影画面

当我是个小女孩时，有一次我的父母告诉我南京大屠杀的历史。当我在美国中西部的一个大学城长大的时候，他们是大学的理科教授，非常健谈，经常跟我讲起战时中国的故事。

张纯如对于1937年中国南京的最初印象，来自父母对自己家族往事的讲述。

1937年8月，日本轰炸南京时，张纯如的外祖父张铁君带着家人最初是躲进用木板和沙袋掩护的沟里。到了10月，张铁君认为留在南京对即将临盆的妻子不安全，两人回到张纯如外祖母在宜兴的娘家。几天后张铁君回到南京，他发现同事们正在整理行装，准备撤退。

【采访】张纯如母亲 张盈盈：**后来我父亲收到单位的通知，说要撤退了，因为中国军队和日本军队在上海已经打得很厉害。于是就捎口信给我妈，说你回来的时候赶紧回芜湖，不要回到南京。因为那个时候我父亲已经撤退到了芜湖，在那里等船。父亲在码头上等了三天三夜，都看不到我母亲的影子，急得简直疯掉了。**

张铁君被迫做出决定，乘坐下一趟也是最后一趟船离开芜湖，前往后方。临行前，他声嘶力竭地对着长江呼喊妻子的名字，奇迹发生了。

【采访】张纯如母亲 张盈盈：**我爸爸是在码头上叫的，叫我妈妈的名字。我妈妈姓孙，孙以白，他就喊：“以白！以白！”居然我妈妈回答说：“我在这里！”这简直好像是上天给我们的一件礼物，所以这件事情我父亲永远不会忘掉。我把这个故事告诉了我们的女儿。**

就这样，在南京大屠杀发生之前的一个月，张纯如的外祖父、外祖母逃离了南京。

这一段关于1937年南京的记忆，在张纯如心里播下了探寻南京大屠杀真相的种子。

【张纯如书信摘录】

在我整个童年时期，南京大屠杀是一个无法言明的邪恶的代名词，深深地藏在我的脑海中。中学时，我寻遍了当地的图书馆，想更多地了解这次大屠杀的情况，但一无所获。我觉得很奇怪：如果南京的暴行真是那么骇人听闻，真的像我父母坚持说的是人类历史上一次最残酷的屠杀，那为什么没有把它写下来？

然而，真正使张纯如震惊和愤慨的，是1994年她在加州湾区库布提诺看到的展览，内容正是南京大屠杀。

【字幕】美国 加利福尼亚州 库布提诺市

【世界抗日战争史实维护会常务副会长 丁元 纪实段落】这里就是美国加州库布提诺市社区服务活动中心，在1994年12月10号，也就是南京大屠杀57周年的时候，我们在这里举办第一次活动，当时因为纪念南京大屠杀，所以，我们在这里有一个（包括）**56张照片的图片展。**

在库布提诺市政厅第一次看到的那些画面，使张纯如产生了瞬间的眩晕。

日军残忍地砍下一个中国人的头颅，将其放在路障上，还向其嘴里塞进半截香烟（选自美国时代公司《生活在战争中》）

【张纯如书信摘录】

尽管我从小曾听过许多有关南京大屠杀的讲述，但面对这些图片我还是没有做好心理准备——毫无掩饰的黑白图像：被砍下的头颅、被剖开的腹腔，以及裸体的妇女。强奸她们的日本士兵迫使她们做出各种色情的姿势，而她们的脸上则露出了令人难忘的痛苦和羞辱的表情。

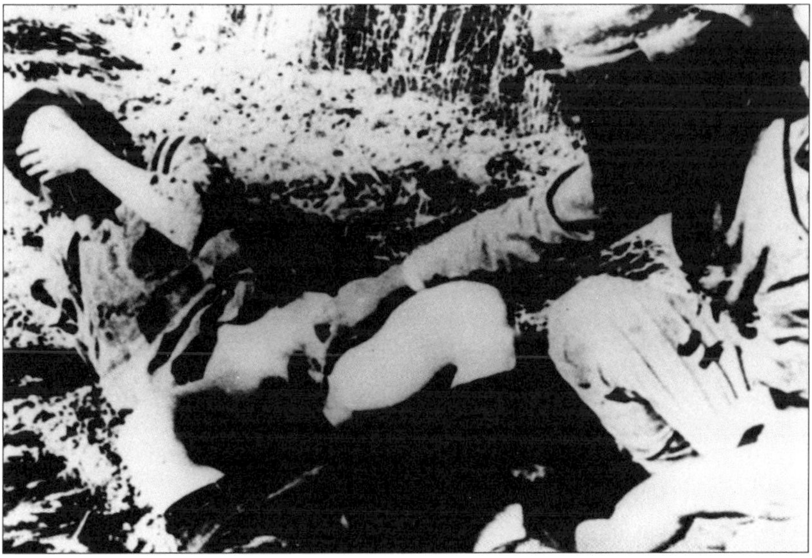

惨遭日军凌辱的中国妇女

【采访】旧金山抗日战争史实维护会原会长 吕建琳：**看到图片以后，她就真的非常震惊，我记得她那天当场就说自己一定会把这本书写出来。**

这些血淋淋的历史图片，唤醒了张纯如对祖辈遭遇的记忆。她深深地意识到，向世人揭示南京大屠杀的历史真相，是一种道义上的责任，也是受害者们应得的公道。

【字幕】中国 南京市

1995年7月23日，已经成为职业作家的张纯如怀揣几千美元从美国辗转来到南京。通过美国及中国的历史学者，张纯如找到了南京方面的专家帮助她展开调查，杨夏鸣博士就是其中一位。

【采访】江苏省行政学院教授 杨夏鸣：**我一看一个大学生，就感觉很年轻，长得也挺漂亮。当时我有点怀疑她能不能写出这本书，因为这本书的背景或者是资料都比较复杂。**

20世纪30年代，作为国民政府的首都，南京的建设已经初具规模，有了电灯、电车、自来水，部分官员和富人已经拥有电话和汽车。

然而，1937年，这座城市的宁静生活被打破了。

这一年的7月7日，日本侵略者为了达到以武力吞并全中国的罪恶野心，制造了震惊中外的“卢沟桥事变”。8月13日，日军开始进攻上海，仅仅两天之后，南京就第一次遭受到日本飞机的轰炸。接下来是撤离、疏散和中国军队实施顽强抵抗的南京保卫战。

1937年12月13日，这一天注定要被历史铭记。这天凌晨，日军攻破南京城，一场血腥的大屠杀开始了。

1937年，南京沦陷后，城内百姓惨遭日军屠戮

在张纯如来到南京的第二天，调查寻访工作就紧张地开展了起来。为了能够采访更多的大屠杀幸存者，张纯如找到了侵华日军南京大屠杀遇难同胞纪念馆副馆长段月萍。

【采访】侵华日军南京大屠杀遇难同胞纪念馆原副馆长 段月萍：**我就负责给她找幸存者，找了李秀英、夏淑琴，她就听她们说，主要是听，听不懂时，杨夏鸣就给她当翻译。**

【采访】张纯如丈夫 布雷特·道格拉斯：**她从早到晚地工作，我还记得她采访受害者的事情，那让她很伤感。**

【字幕】1995年 张纯如拍摄的南京大屠杀幸存者采访

【采访】南京大屠杀幸存者 刘永兴：前面是江边，这三边是机关枪，机关枪团团围起来了。人死了以后他用汽油烧，把死尸烧得不像个人了。

日军士兵站在被烧成焦黑状的难民尸体和木头旁（选自［日］《村濑守保写真集·我从军在中国战场》）

【采访】南京大屠杀幸存者 *唐顺山*：有的小孩走不动，用刺刀戳死。有的年龄大走不动，用刺刀戳死。马路上尽是死尸，尽是血。就跟下雨一样，全是血。

尸体掩埋队在南京大屠杀后拾起被日军杀害的中国幼儿的尸体

【采访】南京大屠杀幸存者 *潘开明*：醒过来一看，我是人还是鬼啊，日本人把我打死了，可能我不是人了。

张纯如在给母亲的电话中曾经这样说："每个我见到的幸存者都极其渴望讲述他们的故事。我每次采访都要花上几个小时，用摄像机录下故事的细节。一些人在采访时情绪过于激动，甚至流下泪来。但所有这些人都想在去世前讲述大屠杀的故事。”

【采访】张纯如母亲 张盈盈：**然后她在南京档案馆搜集到了很多很多的资料，那些资料就是一层一层的案卷，就是每个受害者的报告。比如说某日这个人被强奸，然后怎么被杀，怎么怎么，有很多很多件，她就一直看一直看，一个案卷一个案卷看，我觉得这个对她身心的伤害比较大。看到后来她跟我讲，她说都麻木了，麻木了。我就说那你还要写吗，这么痛苦。她说不写那怎么能行呢，她说，跟她们这些人比起来我算什么。**

19年过去了，当年张纯如寻访的8位幸存者中7位都已离世，只有夏淑琴老人健在，如今她已经85岁。

【采访】南京大屠杀幸存者 夏淑琴：**张纯如，张纯如这个人就是到了南京，她是从美国回来的，她是作家。第一次穿的是淡颜色衣服，是热天。她个子蛮高的，个子高高的，人非常好，人的确也很好。**

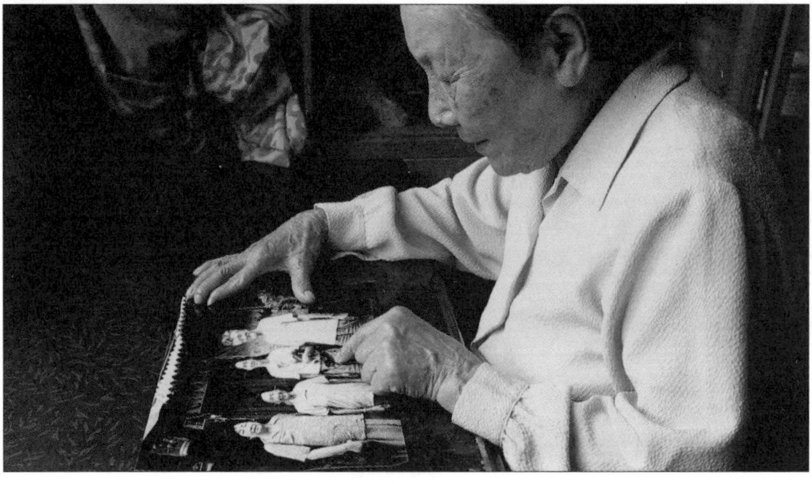

南京大屠杀幸存者夏淑琴老人回忆当年张纯如采访她的情景

1995年的那个夏天，张纯如在南京住了25天。从她当年拍摄的影像中我们可以看到，尽管由于气候不适应，她患上了感冒，但她顾不上自己的身体，把精力全部用在了采访南京大屠杀幸存者、寻访日军暴行发生地，以及查阅资料上。

在采访、拍摄幸存者期间，张纯如不小心摔了一下她那台摄像机，镜头翻转了一下，拍到了她自己，张纯如不好意思地对镜头做了个鬼脸，于是就留下了她在南京寻访期间唯一的活动影像。

在南京的25天，她总共拍下了5盒珍贵的录影带。

如今，张纯如的大部分资料，包括这5盒录影带，都保存在美国斯坦福大学胡佛研究院的资料柜中。

美国斯坦福大学胡佛研究院收藏着丰富的中国近现代史档案资料

【张纯如母亲　张盈盈　纪实段落和同期声】这是纯如在1995年访问幸存者、受害者的录影带。你看它日子都有，1995年7月27号、1995年7月29号，她访问李秀英（的录影带），这是最重要的。

张盈盈女士和张绍进先生在胡佛研究院查找女儿张纯如留下的采访录影带

其实，在张纯如来南京实地调查前，她已在美国的国会图书馆、档案馆，还有许多大学的图书馆翻阅查找了很多关于当年南京大屠杀真相的书籍、文件。

在耶鲁大学，张纯如查到了很多珍贵的史料，其中包括在南京安全区救助难民的西方人士的原始记录。

【张纯如书信摘录】

我在耶鲁大学查阅到的资料包括与这些人有关的文件：约翰·马吉，一位牧师，曾用一台摄影机拍下种种暴行；罗伯特·威尔逊，南京鼓楼医院的医生；斯迈思，芝加哥大学的前社会学教授，曾在南京大学执教；魏特琳，曾在金陵女子文理学院教书，设立了中国妇女难民营。这些只是少数当时身在南京的外国人，他们的日记和信件最终保存在了耶鲁大学。

在去耶鲁大学前，张纯如就听到过约翰·拉贝这个名字。

【采访】张纯如母亲 张盈盈：**在1995年的1月，纯如到了耶鲁大学的神学院图书馆，就去查南京大屠杀的资料。她发现了很多当时在南京安全区的外籍传教士的日记和他们的信件，在这些日记和信件中，经常提到一个人，就是提到拉贝这个人，因此她就对拉贝这个人发生了极大的兴趣。**

约翰·拉贝，德国人，当年南京安全区国际委员会的主席。在南京沦陷的最初日子里，他帮助过成千上万的中国难民。张纯如希望顺着拉贝这条线索，能找到更多南京大屠杀的相关史料。

约翰·拉贝（1882—1950），德国人，南京大屠杀期间任南京安全区国际委员会主席

张纯如先是写信给德国西门子公司总部，拉贝曾经是该公司的员工。但遗憾的是毫无结果。不过，有一个文件显示，在1900年至1903年间，拉贝曾经在汉堡的一位商人那里当学徒。张纯如开始尝试从那里找起。她认为，拉贝或许与汉堡有某些瓜葛。

【采访】约翰·拉贝之孙 托马斯·拉贝：**这对于张纯如女士来说是一个艰难的故事。在慕尼黑有一个协会，专门关注东南亚地区的历史。这个由一位牧师领导的协会，将所有去过东南亚的德国人的文件全部收集编纂。通过这个协会，张纯如女士**（和拉贝的后人）**取得了联系，并认识了在柏林的赖因哈特夫人。**

1996年，张纯如经过多方辗转找到了曾任德国中学教师的赖因哈特夫人。

赖因哈特夫人正是约翰·拉贝的外孙女。

【张纯如书信摘录】

我了解到，赖因哈特夫人出生在中国，小时候甚至在南京沦陷前几个月还去过这座城市，她是拉贝最喜爱的外孙女。令我感激的是，赖因哈特夫人对我的研究助益良多，她给我写了许多长信。通过许多手稿、图片和新闻报道，她还提供了拉贝生平许多不为人知的细节。

【采访】张纯如母亲 张盈盈：**1996年的5月，纯如打电话来非常兴奋，她告诉我说，赖因哈特**（夫人）**告诉她拉贝有一本日记，而且那本日记是在南京大屠杀期间记录的。他有那一段时间的日记，我们听到了也非常的兴奋，纯如那兴奋的声音我至今还都不能忘记。**

在张纯如的促成下，1996年12月13日，赖因哈特夫人在美国首次向世界公布了《拉贝日记》，引起全世界的轰动。随后，她将《拉贝日记》捐赠给了美国耶鲁大学，供世人观看。

1997年9月10日，在侵华日军南京大屠杀遇难同胞纪念馆举办的「约翰·拉贝文献资料展」开幕式上，约翰·拉贝的外孙女赖因哈特夫人向该馆捐赠全套《拉贝日记》资料

《拉贝日记》（中文版）

约翰·拉贝写下的日记，其中就包含了在南京大屠杀期间的见闻。

【字幕】1937年12月16日 《拉贝日记》

留在南京的27名西方人士以及中国民众，都对你们（日本）士兵在14日所进行的大规模抢劫、强奸和杀戮感到震惊不已！

【字幕】1937年12月18日 《拉贝日记》

昨天，在光天化日之下，神学院有数名妇女就在一挤满男人、妇女

和儿童的大房间的中央被强奸！

我们22名西方人士无法养活20万中国平民，并且日夜保护他们。这是日本当局的责任。

拉贝当年的住所就在南京的小粉桥1号，紧挨着南京大学，而张纯如在南京调研采访的住地距拉贝故居仅一个校园之隔。

正是张纯如的不懈努力，让尘封半个多世纪的《拉贝日记》展示在世人面前，它揭示了人性中的残忍与丑恶，同时也记述了人性中的悲悯与善良。

拉贝故居，南京小粉桥1号

在恐怖的气氛中，拉贝努力让安全区的难民保持对未来的希望。南京的中国难民对他怀有深深的崇敬之情。对这些难民来说，拉贝是拯救女儿免于沦为性奴隶、儿子免遭日军屠杀的大救星。他的勇气与慷慨赢得了安全区所有国际委员和人们的尊敬。

南京小粉桥1号里的拉贝塑像

【采访】约翰·拉贝之孙 托马斯·拉贝：**我的祖父在1938年的2月乘船返回德国，由于发表了关于南京大屠杀的演讲，被德国当时的特务**

机关盖世太保逮捕。他被审问了两天，然后被释放，但是当时他在柏林放映的马吉先生的录影带被盖世太保没收了。他被允许保留他的日记，但是他必须签字保证，之后不能再发表任何关于南京大屠杀的演讲，或者参与任何相关活动。

“二战”结束后不久，因为拉贝曾是纳粹党员，无法领取就业许可证，为了生存，他变卖了珍爱的中国文物，以及其他所有的家当，到最后，全家只能靠喝汤度日。

1947年3月，拉贝的处境传到了中国。当南京市政府告知南京市民拉贝需要帮助时，引起了巨大的反响。

【南京市档案馆研究馆员　夏蓓　纪实段落】这份档案就是有关人员奉命调查拉贝的行踪的一份文书。1947年，南京人民得知拉贝在德国生活穷困潦倒，一心想帮助他，想资助他，在南京就发起了一个捐助拉贝的活动。那些曾经被拉贝救助过的人们，纷纷慷慨解囊，为他买来奶粉、香肠等食品，通过其他的途径送到拉贝的手里。

【采访】约翰·拉贝之孙 托马斯·拉贝：**他们共捐赠了2000美元，在当时这是一个很大的数字，而且他们还组织收集了许多生活用品寄到柏林，因为“二战”后柏林无法购买生活用品。我们对帮助过我祖父的人们非常感激！**

在那些艰难的日子里，这些包裹对拉贝全家来说犹如天赐之物，南京市民的行为更坚定了他们对生活的信念。

就在张纯如查找《拉贝日记》期间，另一个留在南京安全区的西方女性也进入了她的视野。

【耶鲁大学神学院图书馆研究员　玛莎·史莫莉　纪实段落和同期声】这个盒子也是亚洲基督教高等教育联合董事会捐赠的，它来自金陵女子文理学院，这里我们能看到明妮·魏特琳的日

记，1937年、1938年、1940年。

【字幕】2014年7月31日 美国 密歇根州

美国密歇根州中部的雪柏尔德镇，摄制组来到这里寻找魏特琳的亲人和墓地。

《魏特琳日记》（中文版）

保罗，雪柏尔德镇行政经理，他热心地帮助我们在镇上的花名册中一行行地找寻。

【保罗 纪实段落和同期声】这是墓地的记录册，这一页有明妮·魏特琳的记录，下葬日期是1941年5月18日。

通过保罗，我们找到了魏特琳的后人詹姆斯和弗兰克。

明妮·魏特琳，1886年生于美国，她的中文名字叫华群，毕业于美国伊利诺伊大学。多年以后，张纯如也就读于这所学校。

在1937年南京那个寒冷的冬天，魏特琳女士以她一己之力，拯救了无数金陵女子文理学院的学生和惊恐的南京难民。

明妮·魏特琳（1886—1941），美国人，南京大屠杀期间不遗余力地拯救中国难民

【采访】明妮·魏特琳侄孙 弗兰克：明妮没有任何的武器来保护那些女学生，但是她却挺身而出去保护她们。日本兵让她疲于应付，她则要防止他们破门而入。然而，当她守在正门的时候，日本兵却从后门劫走一些年轻的女学生去进行强暴。

明妮·魏特琳（右一）当年保护南京难民的历史影像

魏特琳在当年的日记中，记录了一幕幕凄惨的景象。

【字幕】1937年12月17日 《魏特琳日记》

又有许多疲惫不堪、神情惊恐的妇女来了，说她们过了一个恐怖之夜。日本兵不断地光顾她们的家，从12岁的少女到60岁的老妪都被强奸。丈夫们被迫离开卧室，怀孕的妻子被刺刀剖腹。

【字幕】1937年12月19日 《魏特琳日记》

今天又有大批惊恐万状的妇女和年轻姑娘拥入校园。许多人跪下请求让她们进来。我们让她们进来了，但不知今夜她们将在何处睡觉。

魏特琳被难民称为“活菩萨”，然而日本兵却对她恨之入骨，她曾被打过耳光，受到过带血刺刀的威胁。当日本兵命令魏特琳离开校园时，遭到了她的严词拒绝，魏特琳说：“这是我的家，我不能离开！”

张纯如在她的书中写道：“（魏特琳女士）是南京大屠杀期间留在南京的为数不多的西方女性之一。许多年后人们仍然怀念她，不仅是由于她

明妮·魏特琳当年所在的南京金陵女子文理学院

在保护数以万计的中国妇女方面表现出非凡的勇气，使她们免遭日本兵的蹂躏。而且历史学家认为，《魏特琳日记》使人们了解了南京大屠杀期间一位目击者的精神世界，这本日记的价值最终会像《安妮日记》那样为世人所承认。”

【字幕】美国 耶鲁大学神学院

20世纪80年代中期，人们在整理传教士档案资料时，发现了《魏特琳日记》原稿。鉴于《魏特琳日记》具有极高的史学价值，耶鲁大学神学院图书馆对这些日记原稿进行了整理，并将其制成缩微胶卷，供历史学家研究使用。

而当年炼狱般的煎熬对魏特琳精神造成的伤害，远远超过了人们的想象。

【采访】明妮·魏特琳侄孙 弗兰克：**当她回国后，有人负责看护她，因为她的情况不大好。有一天，看护她的传教士出去工作，明妮说没事，她很好，然后她回到寓所关上所有的窗户，打开了厨房的煤气自杀了。**

魏特琳在遗书中写道：“我十分热爱并尊重我在金陵（女子文理）学院的事业，如果我有10条命，我还是会奉献给这项事业，但最终，我失败了。”

【字幕】雪柏尔德镇 魏特琳墓

在这个看似孤独的墓碑下，埋葬着魏特琳女士的英灵。墓碑的正面刻着4个汉字：金陵永生。

明妮·魏特琳女士的墓碑

弗兰克和詹姆斯又一次来到魏特琳的墓地。这一次他们还带来了自己的后人，他们要把关于南京的记忆延续下去。

“二战”结束以来，国际社会和许多国家不断举行各种纪念活动，哀悼奥斯维辛集中营的死难者，反思战争历史。然而，由于西方世界的冷战思维，发生在中国南京的这场世所罕见的反人类大屠杀，并没有得到国际社会应有的关注。在日本，右翼分子甚至还在企图否定历史，抹杀真相。

【张纯如书信摘录】

很遗憾，尽管有大量的南京大屠杀的证据，包括无数种不同语言的档案资料，以及照片、影片，还有广泛流传的新闻报道，但是日本极端分子仍声称一切都是宣传，是伪造的。

张纯如曾经表达过这样的心境：“我写这本书完全是出于一种愤怒的感觉，这本书能不能赚钱并不重要，对我来说，我就是要让世界上所有的人了解1937年南京发生的事情。”

写作期间，由于每天都要接触大量日军暴行的记录，张纯如的精神受到很大创伤，失眠和忧郁让她掉了很多头发，体重锐减。

【采访】张纯如好友 芭芭拉·梅森：**当纯如接触到这些痛苦的时候，她发自肺腑地感觉到那种痛。当她在写作的时候，愤怒和痛苦交加，她将与受害者交流和看到的案卷的痛苦化为自己的痛苦。这本书的整个创作过程在很多方面都是一个无比痛苦的经历。**

张纯如撰写的《南京浩劫：被遗忘的大屠杀》于1997年南京大屠杀发生60周年之际在美国出版，这是第一部用英文写作的全面记录侵华日军对南京所犯暴行的著作。书中引用了大量中国、日本，以及来自英国和美国等亲历者的资料，许多资料是张纯如在采访研究过程中挖掘出来，并首次公布于世的，其中就有《拉贝日记》。

这本书出版后不久便在美国社会引起强烈反响。它连续3个月被《纽约时报》列为最佳畅销书，并再版了15次，印量达50万册。

《华盛顿邮报》曾这样评论：“因为张纯如的书，第二次南京大屠杀不会再发生。”

【采访】《南京浩劫：被遗忘的大屠杀》编辑 苏珊·纳比勒：**这本书最初的读者都是华人，实际上是华人妇女。慢慢地，一些年轻孩子走到她面前说：“我是日本人，但是我想知道真相，在我的国家我们无法找到真相。”然后，读者群体逐渐扩大，读者会走到她面前说：“我是犹太人，我们也遭受了大屠杀，我想了解你们的大屠杀。”然后，黑人也来了，加入了读者群。**

1998年5月16日出版的《纽约时报》试图这样解释：“历史学家、艺术家、政治活动家们这样评价：如果说这本书有助于填补战争暴行空白的话，它同时也具有某种更深远的意义，即对于太平洋战争和日本罪责的一种文化和政治上的觉醒。”

【采访】张纯如好友 *芭芭拉·梅森*：**关于南京大屠杀的故事在中国家喻户晓，但是在美国却很少为人所知。而纯如的书改变了这种状况，现在有了用英语表达的真实素材，人们可以阅读参考，了解历史。这是以前从来没有的。**

【采访】美国作家 《毛泽东传》作者 *罗斯·特里尔*：**由于她做的这一切，人们开始了解到1937年南京大屠杀的真相。**

张纯如把20世纪30年代日军在中国南京的暴行带到西方人的记忆中，使人们能够以新的视角来看待“二战”中的亚洲战场。她在书中对侵华日军最令人发指的一幕所做的果敢回顾，改变了西方社会没有南京大屠杀这一历史事件详细记载的状况。

这段影像，是张纯如当年在家中接受采访的真实独白。

【字幕】张纯如生前录影画面

《南京浩劫：被遗忘的大屠杀》成为畅销书，我感到很幸运，我不想让这段历史从此消失，我不想让那么多人的生命从此灰飞烟灭，所以我写了这本书。真正困扰我的是日本的强硬势力，他们想让这段历史消失，我认为这是对遇难者的侮辱。我认为每个人都应该阻止种族屠杀的发生，同时也不应该让它被遗忘。

1998年5月，日本驻美大使斋藤邦彦召开新闻发布会，指责张纯如书中的内容并不真实，是“非常错误的描写”，而且曲解了日本。他称日本已经道过歉，教科书中也有相关内容。

1998年12月，美国公共电视台主持人吉姆·莱赫说动了斋藤邦彦，与张纯如一起参加了晚上6点钟的《新闻时间》节目。斋藤在华盛顿，张纯如在加州，由电视台做画面切换。

伊丽莎白：**张纯如女士，您在书中提到了很多和经历过南京浩劫的**

人一起工作的经历，他们是怎么说的呢？

张纯如：首先，日本要承认自己在这场暴行中犯下罪恶的基本事实，不能再像现在这样修改历史。而且，必须要做出书面道歉，对受害者进行忏悔，包括对于战争时期的侵略和现在日本课本歪曲历史的道歉，我好奇的是日本大使本人……

在节目中，张纯如对斋藤发出挑战，要求他以日本驻美大使的身份，当场在全美国人的面前道歉。

斋藤邦彦：对于“南京事件”来说，我们认识到发生了很不幸的事，日本军队犯下了暴行。

张纯如：他说的并不完全正确。

伊丽莎白：那您听到道歉了吗？

张纯如：道歉？

伊丽莎白：您听到他道歉了吗？

张纯如：我并没有听到“道歉”的字眼。如果他真心地说，我个人为日本军队“二战”期间的行为感到抱歉，我会考虑这是道歉。但是又一次，我们听到了“后悔”“遗憾”“发生了不幸的事”这些词。

张纯如在1998年12月的《新闻时间》节目中对话时任日本驻美大使的斋藤邦彦

【采访】美国公共电视台主持人 吉姆·莱赫：我内心确实有些期望，我期望大使说：“是的，这确实发生了，我感到非常非常抱歉。我代表日本人民和日本政府，为所发生的恐怖的事实向中国人民道歉。”

但他没有做这么明确的道歉。

《南京浩劫：被遗忘的大屠杀》出版后，张纯如受到了日本右翼分子的抗议和威胁，他们甚至以撤销在美国《新闻周刊》上的广告，要挟杂志社不能发表张纯如的任何文章。

【采访】张纯如大学同学　作家 保拉·卡曼：**我觉得任何人站在张纯如的立场，都会觉得《新闻周刊》受到了日方的压力。他们很奇怪地拖延发表张纯如的文章，等他们最后发表她的文章时，杂志上根本没有日本公司的广告。日本右翼势力确实打电话威胁过她，真的特别恐怖。**

【采访】历史学家　普利策奖获得者　《致命的盛宴》作者 理查德·罗德斯：**确实，她感到被那些对她的作品尤其是《南京浩劫：被遗忘的大屠杀》不满的人的挑战，甚至是威胁。**

张纯如从来不公开自己的住址，她收到过恐吓信，不过这些并非她精神崩溃的原因。为了收集资料，她工作异常地投入，在缺乏睡眠及体力透支的情况下，得了严重的抑郁症。

2004年11月9日，张纯如自杀了，时年36岁。

在生命的最后时刻，张纯如给家人留下的字条中这样写道，希望他们要记住那个没生病前的张纯如，那个曾全心投入生活的张纯如，那个为事业、写作和家人献身的张纯如。

【采访】张纯如丈夫 布雷特·道格拉斯：**2004年那个夏天我永远地失去了她。从我们结婚那时起，我就知道她是我这一生中遇到的最有才华、最值得信任、最有自信的**

人。她一旦确定目标就勇往直前，全心投入，从不轻言放弃。

今天，在德国，在俄罗斯，在波兰，在以色列，人们从来没有忘记“二战”的阴影，绝不允许悲剧重演早已成为主流社会的共识。

同样，在中国，那些南京大屠杀的幸存者和全体国人的记忆，并没有随着时光的流逝而消退。他们有理由期待：那些尘封在历史迷雾中的冤魂和禁锢在数字墙背后的亡灵，都能在地球上所有人类的目视下，渐渐浮现出清晰的面孔。

这是不能忘却的记忆。

张纯如为世界打开了一扇尘封70多年的记忆之门，使得更多的人了解到南京大屠杀的历史真相。

【字幕】美国 加利福尼亚州 天堂之门公墓

今天，张纯如的墓地位于美国加州一个宁静的小山坡上，她的名字和她撰写的《南京浩劫：被遗忘的大屠杀》已经成为1937年南京记忆不可或缺的部分，将永远被人们所铭记。

张纯如女士的墓碑，上面刻着：挚爱的妻和母亲，作家、人权斗士

第二集
西方·声音

张纯如的讣告登在报上，冥冥中被一个美国人看到，他去读且读完了张纯如的书，决定投资拍摄一部纪录电影——《南京》。他就是时任美国在线副总裁的泰德·莱昂西斯。

经纪公司替泰德找到两届奥斯卡最佳纪录短片奖获得者比尔·古登塔格。同为张纯如的读者，泰德和比尔一拍即合，都觉得完成这部纪录电影价值极大。

日本右翼分子仍企图掩盖罪行，称南京大屠杀根本没有发生。为了最大限度地还原史实，《南京》摄制组聘请了来自日本、意大利、德国和美国的40多名历史专家，研究和拍摄历时3年，证据确凿，掷地有声。

这部国际巨制上映后，在西方世界产生了极大的反响，唯一遗憾的是，历经周折，也未能在日本上映。《南京》的主创人员说，我们并不是想拍摄一部“反日”电影，我们想拍摄的是一部“反战”电影；我们想讲述一场战争，以及人类为战争付出的代价。有时候也许现实的残酷远比希望来得强大，但永远都不要放弃对希望的信念。

这也是第一次，作为中立者的西方开始就南京大屠杀发声，振聋发聩，影响深远。

【纪录电影《南京》 乔治·费奇（约翰·盖兹饰演）**独白】**

如果不把这个故事说出来，我将永远无法释怀，我是这个世上少数能讲这个故事的人之一，故事并不完整，我能讲述的也只是片段，我敢肯定这是近代史上绝无仅有的。（乔治·费奇，1937年圣诞前夜写于中国南京。）

这是2007年在全球公映的美国纪录电影《南京》中的片断。这部纪录电影的导演，是曾两次获得奥斯卡最佳纪录短片奖的美国人——比尔·古登塔格。

纪录电影《南京》导演 比尔·古登塔格

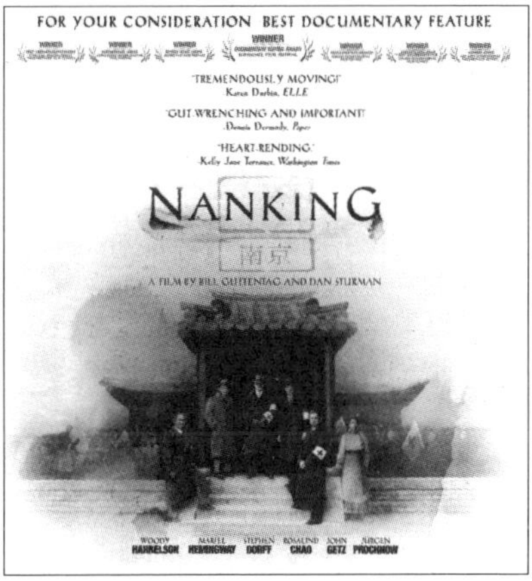

纪录电影《南京》海报

【字幕】2014年 导演比尔·古登塔格再次来到南京

【比尔·古登塔格独白】

在这部电影中，我想展现人性善恶两面。一个是人性最善良的一面，一个是人性最丑恶的一面。你不仅仅看到了所有这些骇人听闻的场景，你还看到了一丝希望，在最黑暗的时刻仍然有一些光明，这也是这个故事的力量所在，即人性的最善良的一面与最丑恶一面的对比。我想所有人都希望自己是那场战争中拯救他人的人。

2004年11月，美籍华裔作家张纯如自杀的消息引起了一位美国媒体人的注意，他就是时任美国在线副总裁的泰德·莱昂西斯。

泰德·莱昂西斯（中）在纪录电影《南京》拍摄现场

【采访】纪录电影《南京》出品人 泰德·莱昂西斯：**事实上，当我看到张纯如的讣告的时候，我把报纸扔到了废纸篓里。当我那天再次经过废纸篓的时候，我发现她的照片一直就像在盯着我，无形之中似乎有一种力量，让我从废纸篓里把报纸捡回来，带回家。这促使我去寻找更多关于她的资料。**

接下来，泰德买来了张纯如的书。书中所讲述的故事让他大为震惊，封面上的那句“二战中被遗忘的大屠杀”，使他受到很大的触动。

【采访】纪录电影《南京》出品人 泰德·莱昂西斯：**之前我并不知道这段历史。这本书令我震撼，因为书里谈到了“被遗忘的大屠杀”，而我从来没想过“遗忘”和“大屠杀”这两个词会联系在一起。南京大屠杀中人们所展现的尊严和勇敢以及幸存者所讲述的故事使我深深地感动，让我渴望去讲述这个故事。**

【字幕】美国 好莱坞

泰德找到了好莱坞创新艺人经纪公司，请他们推荐一位导演，协助自己拍摄一部关于南京大屠杀的纪录电影。经纪公司随后请来了纪录片导演比尔·古登塔格。

【采访】纪录电影《南京》导演 比尔·古登塔格：**我们似乎交流得**

非常融洽，接着我读了纯如的那本书。然后泰德问我：“你想拍这部电影吗？”我说：“当然，我想拍摄这部电影。”

【采访】纪录电影《南京》出品人 泰德·莱昂西斯：**他说，我不知道怎样去讲述这样一个耐人寻味的故事，因为这个故事发生在上个世纪30年代。**

【采访】纪录电影《南京》导演 比尔·古登塔格：**我记得在答应泰德拍摄这部电影以后，我在斯坦福大学里徘徊，我问自己：“我要如何拍这部电影？如何用电影将那段历史带到21世纪，但同时忠实于故事的真实？”我在斯坦福大学里不断地徘徊，思索。然后，一个想法产生了：将中国的幸存者、日本士兵以及演员结合起来，用真实的语言来讲述这个故事。**

比尔·古登塔格最终选择从留在南京建立安全区的那些西方人的视角，去回顾1937年的那场人类劫难，而那些当事人都已经不在人世。比尔大胆使用好莱坞电影演员分别扮演那些历史人物，请他们朗读当年安全区人士的信件、日记和证词。

【采访】纪录电影《南京》导演 比尔·古登塔格：**故事情节非常重要，但仅有重要的故事情节并不代表观众就想看。所以，我在寻找一个入口，一个不一样的讲述故事的方式，一条线是幸存者在讲述故事，一条线是历史资料，另一条线是日本人的讲述。一些地方使用的是照片，另一些地方是演员们在朗读真实的文字记录。**

在闻名遐迩的好莱坞比弗利山庄，让我们来看看都是哪些演员在重现当年南京安全区的西方人：

约尔根·普罗赫诺，饰演西门子公司驻华代表、南京安全区主席约翰·拉贝；伍迪·哈里森，饰演金陵大学医院（即鼓楼医院）的外科医生罗伯特·威尔逊；玛瑞尔·海明威，饰演金陵女子文理学院教务主任明妮·魏特琳；斯蒂芬·多尔夫，饰演南京安全区国际委员会委员斯迈思博士；约翰·盖兹，饰演南京基督教青年会秘书长乔治·费奇。

南京安全区国际委员会和国际红十字会南京委员会部分成员合影。左起：福斯特、米尔斯、拉贝、斯迈思、史波林、费奇（选自《南京：1937–1938》）

【采访】好莱坞演员 约翰·盖兹（饰演乔治·费奇）：这些人物会触碰到你的生活，不管是传教士、国际团体，还是安全区里无私照料他人的中国人。这是一个极具魅力的故事，而作为演绎者来说，你希望这些故事能永驻人们心中，成为一个正面的例子告诉人们人性光辉的力量。

【采访】好莱坞演员 玛瑞尔·海明威（饰演明妮·魏特琳）：在拍这部电影之前，我从来没有听说过南京大屠杀，我没有想到有这么多受苦的平民百姓，有这么多人们曾活在恐惧之中。所以，这确实还是一个深深令人恐惧的故事，每当我想到它还是会觉得厌恶。我觉得我演的是一个伟大的角色，她在整个历史事件中变化了很多，成长了很多。不过，谁经历过这些苦难后还能不被影响从而改变一些呢？

【采访】纪录电影《南京》导演 比尔·古登塔格：我们希望观众们最初也许是奔着玛瑞尔·海明威去的，但在观影中的某一时刻他们能够忘记演员玛瑞尔·海明威，他们把她看作魏特琳。随着电影情节的展开，人们不再仅仅将电影中的角色看作是现实中的人物，人们会将玛瑞尔·海明威看作现实中的魏特琳，伍迪·哈里森当作现实中的罗伯

特·威尔逊，从而引发思考，我们想要和观众产生更有力的联系。

【字幕】中国 南京师范大学

南京师范大学，一所有着百年历史的学校，1937年的时候叫金陵女子文理学院，明妮·魏特琳当时任该校教务主任。2014年8月，比尔·古登塔格应纪录片《1937 南京记忆》摄制组的邀请，在这里与大学生举行了一场观影会。

看到熟悉的法国梧桐和民国建筑，比尔有一种时光倒逝的感觉。虽然在这里拍摄《南京》已经是8年前的事了，但他对这座城市的记忆并没有消退。

【比尔 纪实段落和同期声】感谢大家今天早晨到这里来观摩这场电影。这部电影有幸已在全球放映，但在这里放映是最特殊的，因为你们每天所经过的地方，所走过的这些建筑，这些树，都是这些故事所发生的地方。拍摄《南京》的目的就是要让这些故事永远地传承下去，传到像你们一样的年青一代。

比尔·古登塔格特别邀请纪录电影《南京》中采访过的大屠杀幸存者常志强来到现场。作为历史的当事人，常志强再一次见证了这座城市对于记忆的传承。

南京大屠杀幸存者 常志强（采自纪录电影《南京》）

【画面】纪录电影《南京》采访常志强片段

【采访】南京大屠杀幸存者 常志强：我母亲抱着我最小的弟弟，小弟弟拼命地哭，妈妈就给他喂奶，叫他不要哭。就在这时候，日本鬼子一刺刀戳到我母亲身上，我母亲倒下来了。鬼子把刺刀拔出来以后，又一刺刀，刺到我母亲。我母亲接着倒下来，把我弟弟摔在地上。我妈妈拼命地挣扎，把手撑起来去拽衣服，把纽扣解开来，拼命地拽，拽开来给我弟弟吃奶。结果我弟弟看到我妈妈把衣服拽开以后拼命跑，跑到妈妈怀里吃奶。

【采访】纪录电影《南京》导演 比尔·古登塔格：回想起来，那是我此生听到的最为震撼的故事。翻译哭得非常厉害，已经无法再继续翻译下去。后来，我们的翻译回来了，他们翻译了那个故事。听到翻译的那个故事后，我开始哭泣，我望向摄像师，摄像师也在哭泣。我们所有的人都被打动了。这种力量无比震撼。我的任务是在剪辑的时候保存这股力量，并把它注入电影之中。

比尔相信，有时候也许现实的残酷远比希望来得强大，但永远都不要放弃对希望的信念。

在观影会上，比尔还和学生进行了交流。

【同期声】比尔：我有一个问题问大家，在门外这个地方，历史所发生的这个校园，大家看完电影之后有什么感想？

【同期声】观众 左依诺：门外就发生着之前这个历史的事件，而现在我们坐在这个厅里，我们看到眼前绿树葱葱，可能很难想象之前发生过这样的故事。我是一个南京人，所以对于南京大屠杀这段历史，我对于它的苦难和仇恨会感受很深。

为了搜集到电影中的那些珍贵影像资料，纪录电影《南京》剧组成立了一支40人的团队，成员来自世界各地，其中很多人都是历史研究方面的专家。

【采访】纪录电影《南京》导演 比尔·古登塔格：我们希望我们的电影能够无懈可击。南京大屠杀的一部分问题被否认或者抵赖，他们（日本右翼）说：“只有中国人说发生了南京大屠杀，其实这根本就没有发生。”所以，我们希望我们的电影制作出来以后没有人能够攻击其真实性。人们可以说：电影里的一切都恰如其分，证据确凿。

【采访】纪录电影《南京》出品人 泰德·莱昂西斯：我们的研究一丝不苟，用了3年时间去做所有的研究和拍摄，然后在全世界公映。它经受住了时间的考验，成为一部被高度赞扬的广受好评的电影。

比尔·古登塔格和投资人泰德·莱昂西斯尽了最大的努力来拍摄反映南京大屠杀的电影，他们希望这部电影能让全世界想看到它的观众都可以看到。

然而，纪录电影《南京》至今未能在日本放映。

【采访】纪录电影《南京》导演 比尔·古登塔格：我们并不是想拍一部“反日”电影，而是想拍摄一部“反战”电影。

【采访】纪录电影《南京》出品人 泰德·莱昂西斯：就我个人而言，我不是日本人，也不是中国人，我只是想制作一部电影，去纪念那几位西方的英雄人物。我想讲述一场战争，讲述战争所付出的代价。

【采访】纪录电影《南京》导演 比尔·古登塔格：我们在日本所有电影节的参展申请都被拒绝，我们被告知日本情况特殊，所以电影《南京》未能在日本上映。但是，我觉得对于日本来说，承认历史至关重要。

对于重续南京大屠杀的记忆，比尔认为，他只是一名接力者。

事实上，在互联网发达的今天，能够提供南京大屠杀西方视角的电影不仅有纪录电影《南京》这一部。

自1997年张纯如的书在美国出版之后，来到中国南京报道、拍摄这一题材的媒体络绎不绝，他们对这一尘封的大屠杀历史，以及留在南京安全区的西方救助者，投入了足够的关注。

仅仅在2006年年底，侵华日军南京大屠杀遇难同胞纪念馆就接待了多个摄制组。这其中有加拿大亚洲二战浩劫史实维护会多伦多分会拍摄的纪录片《张纯如》，法国罗森电影公司拍摄的故事片《南京1937—2007》，也有比尔·古登塔格拍摄的纪录电影《南京》，他们试图用更加独特的视角来反映这段残酷的人类历史。

比尔在为拍摄《南京》收集史料时了解到，美国社会早在1937年南京大屠杀刚发生时就率先对其报道过。

日军刚刚占领南京时，留在南京的西方记者有《纽约时报》的德丁、《芝加哥每日新闻》的司迪尔、路透社的史密斯、美联社的麦克丹尼尔4位记者和派拉蒙影片公司的摄影师孟肯。他们大多是在1937年12月15日乘坐“瓦胡”号炮艇，从长江上离开南京到上海的。

日军刚刚占领南京时，留在南京的西方记者和摄影师，从左至右依次为德丁、司迪尔、麦克丹尼尔、孟肯

其中，麦克丹尼尔晚走了一天。当他前往下关码头时，看到路边堆着几英尺厚的尸体，成千名中国男子排着队被集体枪杀。

下关码头堆满了被日军屠杀的中国人的尸体（选自[日]《村濑守保写真集·我从军在中国战场》）

记者们离开南京时，日军进行了严格的检查，禁止他们将拍摄的照片携带出城，竭力阻止日军暴行的外泄。但是，他们在离开南京后，立即向世界做了报道。

关于德丁的报道，有这

样一个插曲。当时在长江里的一艘美国小炮艇“瓦胡”号上，几个西方记者把他们所见的血腥场面写成快讯通过电报机传向了全世界。为了抢新闻，德丁本来是可以最快发稿的，他第一个跑到电报室，请求电报员帮他发新闻。可是，因为他最年轻，又没有小费，人家不给他发。倒是司迪尔将小费悄悄塞给了发报员，于是第一份以《日军杀人盈万》为题的电文通过长江上的炮艇，传到了《芝加哥每日新闻》。

由于时差的原因，报纸在12月15日刊登了他的报道，司迪尔实际上成了报道南京大屠杀的第一人。

【字幕】美国 芝加哥

《芝加哥每日新闻》是一家20世纪30年代在美国具有很大影响的报纸。摄制组拍摄到了1937年12月15日的这一份报纸，在第三版右上方，标题为《日军杀人盈万》的文章尽管只有不到1000个单词，但对于南京大屠杀这一世界近代史上的重大事件来说，却有着特殊的意义，这是西方媒体最早关于这一事件的报道。

1937年12月15日《芝加哥每日新闻》对于南京大屠杀的报道

1937年12月18日《纽约时报》对于南京大屠杀的报道

美国记者德丁在上海拍发的消息《俘虏全遭杀害》《日军在南京的暴行扩大，一般平民亦遭屠戮》《美国大使馆遭袭击》，12月18日赫然刊登在《纽约时报》上，产生了很大影响。

当南京大屠杀正在进行的时候，一位在南京生活了20多年的美国牧师约翰 · 马吉，用自己的家用16毫米摄影机，悄悄地记录下他所看到的一切。马吉牧师在影片的引言中写道：“必须小心谨慎地行动，摄影时千万不可让日本人看见。”在他拍摄的这些镜头中，城内到处是残垣断壁、受到日军奸淫的中国妇女、被汽油烧焦的尸体，街道上、水塘里到处是被日军血腥屠杀的平民。

水塘里满是被日军屠杀的平民的尸体（[美]约翰·马吉拍摄）

70年后，这些珍贵的影像，被导演比尔·古登塔格使用在纪录电影《南京》中，仍然令人震撼。

【采访】纪录电影《南京》导演 比尔·古登塔格：**当人们看电影的时候，他们会看到成千上万人的死亡，这不仅仅是数字，这是人的生命，那是人们实实在在所经历的，我想要探寻数字背后一个个鲜活的面孔。**

【字幕】1937年 约翰·马吉牧师所拍影像

几位烧得面目焦黑、身体受到严重损毁的男子，日本兵本打算将他们活活烧死；一位搪瓷店职员的头部被日本兵用军刀严重砍伤，入院6天后，他的脑部的动脉搏动依然清晰可见；还有一位遭日军轮奸的受害者，她的脑袋几乎被日本士兵砍掉。

中国妇女跪求日军不要把她们的男人当作放下武器的士兵带走（［美］约翰·马吉拍摄）

面目被烧得焦黑的男子（［美］约翰·马吉拍摄）

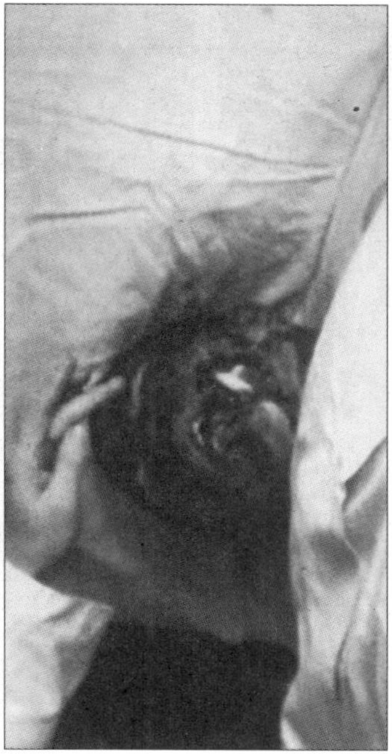

惨遭日军轮奸的受害者，她的脑袋几乎被日本士兵砍掉（［美］约翰·马吉拍摄）

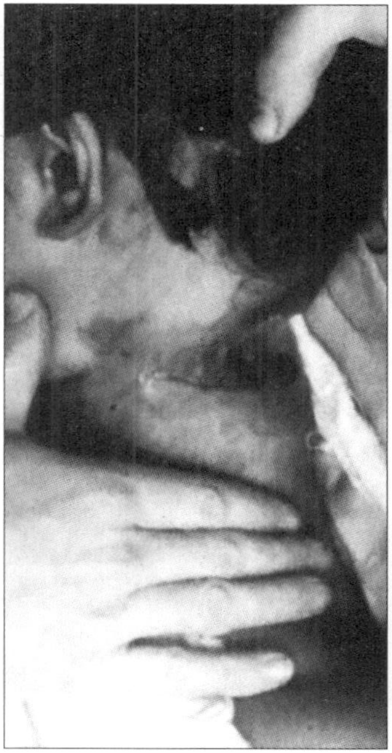

头部被日本兵用军刀严重砍伤的搪瓷店职员（［美］约翰·马吉拍摄）

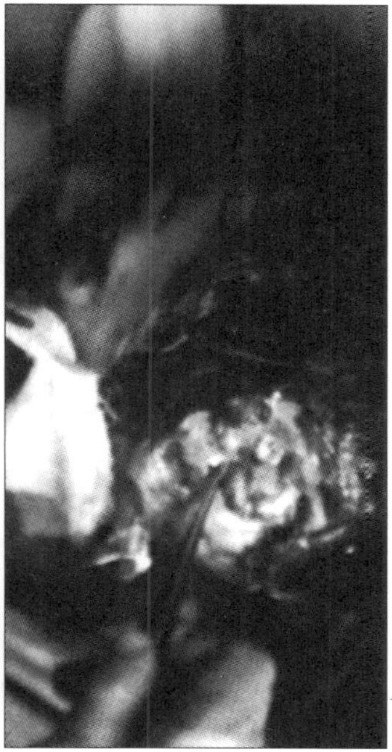

这些影像还包括其他一些受害者的惨状，其中就有南京大屠杀幸存者夏淑琴家中的镜头。

南京大屠杀幸存者夏淑琴家中当年受害景象（[美]约翰・马吉拍摄）

夏淑琴一家9口，被日军杀害7口，父亲、外公、外婆被杀害，一个不满周岁的小妹妹被日军摔死，其母亲和两个姐姐（一个16岁，一个14岁）被日军轮奸后又惨遭杀害（注文引自五洲传播出版社：《南京大屠杀图录》，侵华日军南京大屠杀纪念馆编）

2014年夏天，比尔·古登塔格陪着夏淑琴专门来到侵华日军南京大屠杀遇难同胞纪念馆。

【夏淑琴 纪实段落和同期声】当时一家人就活活被他（日军）杀死了，在死人窝里待了14天，我都没死掉。14天在亲人尸体边，多少次有人让我带他们看这个房子，我都不肯下来，我心里头非常难过。

当镜头中出现那位指认裹着白布尸体的悲痛老人时，夏淑琴的眼泪又一次流淌了下来。

【字幕】2007年 纪录电影《南京》片段

【采访】南京大屠杀幸存者 夏淑琴：日本人进来的时候，连砍我三刀，当时我就昏死过去了。当我醒来的时候，看到我妈就睡在桌子外头，衣裳一起扒掉了，我的小妹妹就死在院子里头，我姐姐衣裳都没有，也不晓得给她盖，不知道，就这样子。后来我们出来，摇摇这个也不活，摇摇那个也不活，没有一个活人了。

在当年马吉牧师拍摄的受难者中，大部分人悲惨地死去，只有小部分幸运地活了下来。

在马吉牧师所拍摄的4卷胶片中，其中一段画面上，两位难民正在抬着大屠杀当中受伤的幸存者去一座小医院救治。这座医院究竟在哪里，长期以来一直得不到证实。

难民正抬着南京大屠杀中的伤者去一座小医院救治（[美]约翰·马吉拍摄）

经过深入调研和实地考察，长期研究南京大屠杀期间江南水泥厂设立难民营相关情况的中国青年报驻江苏记者站原站长戴袁支揭晓了谜底。

【中国青年报驻江苏记者站原站长 戴袁支 纪实段落和同期声】

1938年2月16号，由丹麦人辛德贝格开车接约翰・马吉来到江南水泥厂考察。那么马吉就拍下了这样的镜头，村里面的老百姓抬着大屠杀当中死里逃生的伤员来到江南水泥厂。这张照片，一个护士正在给一个由妈妈抱着的被烧伤的孩子换药，是这么一个场景。我们大家注意到这是一个走廊，这儿是廊柱，廊柱下面的础石，础石上面有明显的水泥嵌缝，那么这个在什么地方呢，我们大家看一下这张照片，跟这个廊柱的础石是不是一样的。

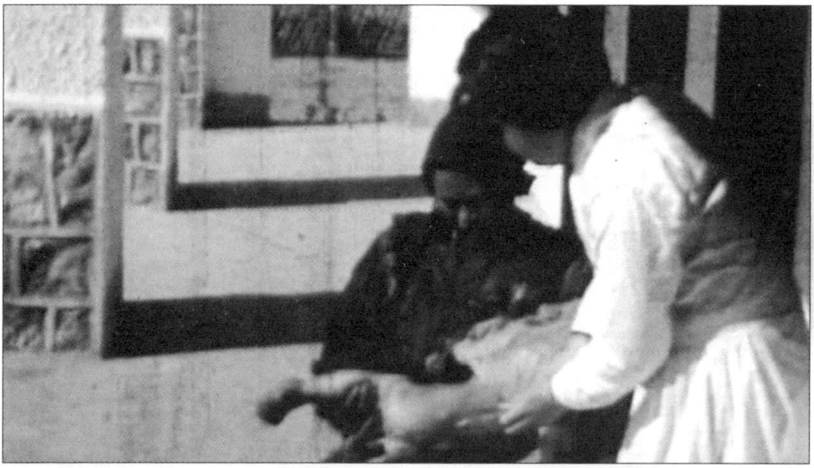

一个护士正在给一个由妈妈抱着的被烧伤的孩子换药（[美] 约翰・马吉拍摄）

经戴袁支考证，马吉牧师所拍摄的那段画面上难民正抬着大屠杀当中受伤的幸存者去救治的那座小医院，就是当时设在江南水泥厂内的简易卫生院

这座位于江南水泥厂内的简易卫生院，在大屠杀发生的数周内，在丹麦人辛德贝格和德国人京特的竭力保护下，就像汪洋大海中的一座孤岛，成为江南水泥厂附近难民的庇护所。

有位名叫苏国宝的老人，是南京大屠杀幸存者，他当年只有10岁，他还记得在难民营里曾经见到辛德贝格的情景。

【采访】南京大屠杀幸存者 苏国宝：**丹国**（丹麦）**人是红头发，他人倒不怎么胖。德国的那个京特，他的脸上胡子毛拉拉的，蛮胖的。他们一个人给了我1块洋钱，我表示感谢他们救命之恩。当时1块洋钱能买到100多斤米，所以救了我一家。在那个雪上加霜的时候，艰苦生活，亏了他们救了我。**

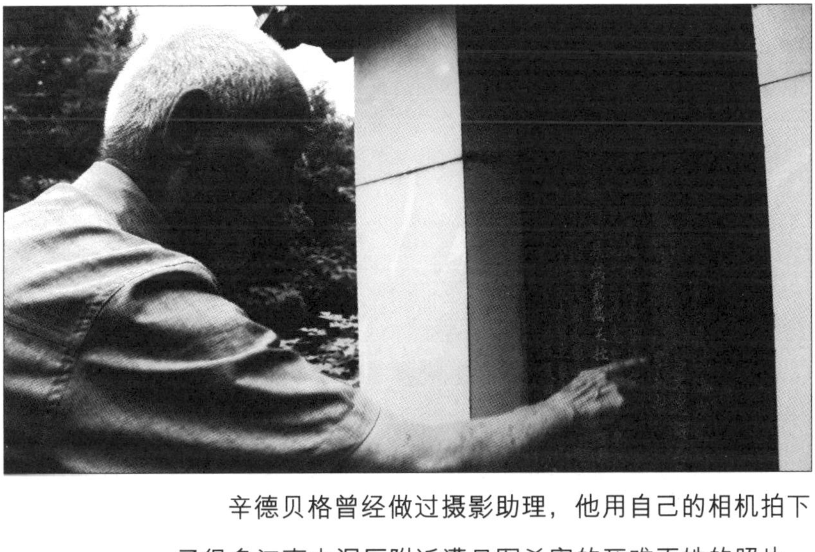

苏国宝老人在查看南京大屠杀死难者名单

辛德贝格曾经做过摄影助理，他用自己的相机拍下了很多江南水泥厂附近遭日军杀害的死难百姓的照片，这些照片被命名为《辛德贝格相册》，收藏于美国德克萨斯大学奥斯汀分校档案馆。

辛德贝格当年拍摄的被日军杀害的死难百姓照片（选自《辛德贝格相册》）

1938年3月，辛德贝格离开南京，取道瑞士回国。在日内瓦，他遇见了出席第24届国际劳工大会的中国代表团，团长朱学范邀请他为与会的各国代表和记者100多人放映了马吉牧师拍摄的影片。

【采访】中国青年报驻江苏记者站原站长 戴袁支：**电影放映的时候，辛德贝格坚决地让妇女和儿童离开，说这个影片当中有好多是比较残暴的，这些观众是不宜在场的。辛德贝格一边放映还一边做了解说。那么，这个情景都由辛德贝格做编辑的父亲记录了下来，记录下来以后就发表在丹麦的《奥泽新闻周报》上。电影放映完了以后，朱学范先生要来了辛德贝格的护照，在护照下方题字：辛博先生 中国之友。他称赞辛德贝格先生是中国人民的朋友。**

辛德贝格，这个当年只有26岁的年轻人，凭借着巨大的勇气，和德

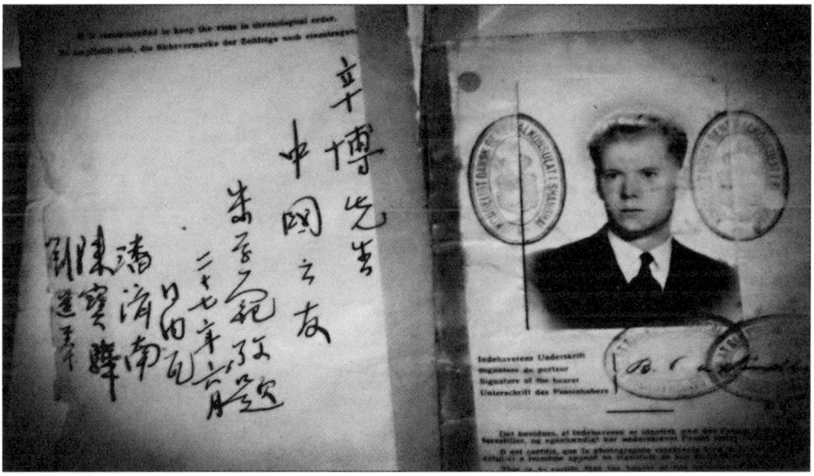

辛德贝格的护照，朱学范题写「辛博先生 中国之友」

国人京特一起，在南京郊外的江南水泥厂难民营救助了2万多名难民。被救助的难民辗转送给他一面锦旗，上面绣着今天中国人再熟悉不过的4个大字：见义勇为。2006年4月25日，辛德贝格的外甥女玛丽安来南京时，将这件珍贵的文物捐赠给了侵华日军南京大屠杀遇难同胞纪念馆。

【采访】纪录电影《南京》导演 比尔·古登塔格：**入侵的日军在**

被辛德贝格救助的南京难民送给他的「见义勇为」锦旗

为避免日军骚扰，保护难民和工厂，江南水泥厂大门口挂出了「德丹国合营水泥厂」的牌子，右边手持当时德国国旗的为京特博士（照片由京特夫人提供）

进行大屠杀，他们屠杀儿童、妇女、男人，这绝对是人性最丑恶的一面。然而也有截然相反的一面，有人冒着生命危险拯救了成千上万条生命，这是一个值得见证的鼓舞人心的时刻。我想，这个故事在很多人心中能够引起共鸣的一部分原因正在于此，你不仅仅看到了所有这些骇人听闻的场景，你还看到了一丝希望，在最黑暗的时刻仍然有一丝光明。

2014年4月27日，丹麦女王玛格丽特二世来到侵华日军南京大屠杀遇难同胞纪念馆参观。这是纪念馆接待的首位现任的外国国家元首。

在纪念馆的和平广场上，女王和她的丈夫一同为中丹和平树培土浇水，并亲手插上了一支“永远的南京·辛德贝格”黄玫瑰。

【字幕】美国 田纳西州 纳什维尔

这座普通的教堂建筑是美国基督教会档案馆所在地。

美国基督教会档案馆

朱晓陵，美国基督会牧师，美国、加拿大联合基督教会世界事工部亚太执行干事。一次偶然的机会，朱牧师发现，纪录电影《南京》中所讲述的大部分西方传教士的档案，都静静地沉睡在这里。

朱晓陵牧师在美国基督教档案馆

【朱晓陵牧师 纪实段落和同期声】基督会的档案馆，在这个档案馆里面，我们存了许多档案，这些档案包括中国的档案，也包括南京大屠杀期间的一部分档案，像我们的传教士魏特琳、裴瑞德，还有贝兹（贝德士）。

如同在黑暗的隧道中穿行，长久以来，关于南京大屠杀期间留在南京救助难民的西方人的故事，都埋藏于浩如烟海的资料和档案之中。

【朱晓陵牧师 纪实段落和同期声】你看这么多老照片，我们从库房里头拿出来，这是南京的记忆，这也是中国人民的记忆，这也是全世界人民的记忆。你看这张照片，5个护士抱着5个新生儿，家庭肯定是非常非常的高兴，这也是在战前，但是战争，南京大屠杀给他们带来了什么呢？带来的是医院变成了难民营，带来的是毁坏家园。

朱晓陵牧师展示美国基督会档案馆收藏的南京大屠杀发生前后的相关资料，他手上拿的是大屠杀发生之前5个护士抱着5个新生儿的照片，充满了人类社会的温情

一张张泛黄的照片，记录了战争带给南京这座城市的创伤，也记录了大屠杀给人类记忆带来的无法抹去的悲痛。

在比尔·古登塔格的纪录电影《南京》中，基督教青年会的秘书乔治·费奇是重要的线索人物。他是1937年发生在南京的那场惨绝人寰的大屠杀中极少数的外国亲历者之一，其个人档案被存放于以收藏丰富的东亚文献而闻名于世的哈佛大学燕京图书馆的档案室里。

美国基督会档案馆收藏的南京大屠杀前后的历史照片

【南京大学中华民国史研究中心副主任　哈佛大学访问学者　姜良芹教授　纪实段落和同期声】 这是我们在哈佛大学图书馆的档案室里面发现的乔治·费奇的个人档案。这部分档案是乔治·费奇的后人在他去世以后捐献给哈佛大学图书馆的，一共有54盒，每一盒基本上都有这么大。其中有很大一部分是与南京大屠杀相关的档案，而且这批资料，又有一部分是跟耶鲁（大学）的资料不重合的，应该说这对于我们研究南京大屠杀是一个很大的发现。

姜良芹教授在整理乔治·费奇的54盒文献

乔治·费奇这54盒档案文献的发现，又一次为南京大屠杀提供了新的铁证。

【南京大学中华民国史研究中心副主任　哈佛大学访问学者　姜良芹教授　纪实段落和同期声】从这批档案里面，我们目前看到的，是乔治·费奇有关南京大屠杀的一些资料，它包括个人的记述，以及他搜集的当时所在南京见到的一些场景。这是1938年当时的那个*South China Morning Post*（《南华早报》）报纸当中的一些报道，那么大家看，在*The Rape of Nanking*这个报道当中，也就是说，在1938年的3月份，对于南京大屠杀就已经以这样的一个名字为世人所广知。

姜良芹教授展示乔治·费奇文献中 1938 年 3 月《南华早报》对于南京大屠杀的报道

在这批资料档案之中，在费奇写给家人的信件里，他常常提到一个地点——南京鼓楼医院。

【字幕】南京　鼓楼医院

南京鼓楼医院（即金陵大学医院）建于1892年，作为见证南京大屠杀这一历史事件的地标，是当时南京安全区内唯一的医疗机构。比尔·古登塔格来到这里寻找历史的细节。

20 世纪 30 年代的南京鼓楼医院，许多侵华日军南京大屠杀受害者在这里得到救治

在那个异常寒冷的冬天，医院的绝大多数医护人员都已经撤离，只有少数医护人员冒着生命危险，留下来帮助灾难中的南京百姓。作为全城当时唯一的外科医生，罗伯特·威尔逊在6周的浩劫中从死神的手上抢救下了无数南京的难民，人们从马吉牧师的影片中，能够看到这令人感动的一幕。

威尔逊，美国人，生在南京，毕业于普林斯顿大学，并在哈佛医学院获博士学位。31岁的威尔逊送走妻子和刚出生不久的女儿，自己坚决地留了下来。1937年12月18日，他在写给妻子的信中说："今天是当代但丁炼狱的第六天，是用血腥和淫秽的大字写成的。大批人被屠杀，成千上万妇女被强奸。"19日，他又写道："穷人的食物都被抢光了，他们处于歇斯底里的惊恐之中。何时是尽头？！"

和威尔逊医生同样留在南京的还有特里默医生、海因茨护士，以及医院的检验室主任鲍恩典。

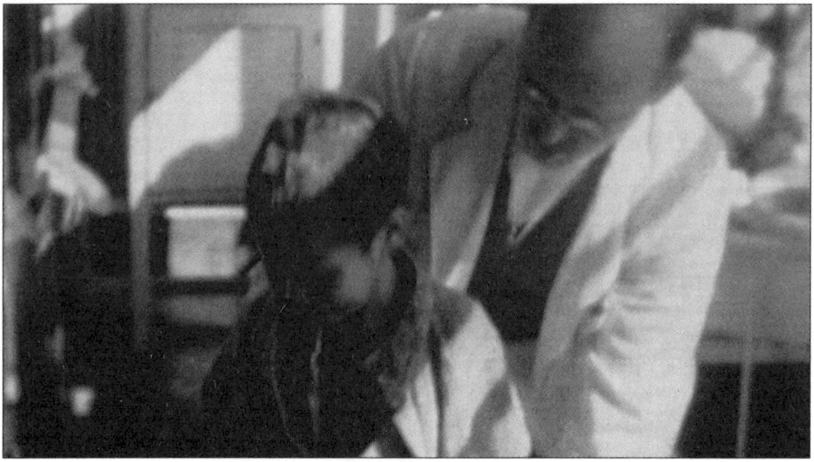

鼓楼医院的外籍医生特里默正在救治南京难民
（［美］约翰·马吉拍摄）

【字幕】美国 马里兰州 巴尔的摩

《1937 南京记忆》摄制组来到美国马里兰州的巴尔的摩，走进了鲍恩典女士外甥威廉姆的家。由于鲍恩典没有后人，她生前家中所有的物品，都由外甥威廉姆继承和保管。

鲍恩典（1896—1976）：鼓楼医院检验室主任，大屠杀期间留守南京

鲍恩典女士位于美国马里兰州巴尔的摩的家，其中随处可见的中国元素，揭示着她与中国人民的不解之缘

在这里，随处可以见到来自中国的元素，从玄关处的民国瓷碗到桌上的中式古典梳妆盒，再到墙上挂的苏绣和云锦，无不透露出这家主人和南京有着密切而深厚的关系。

【采访】鲍恩典外甥 *威廉姆·瑞恩：* **我们为她感到骄傲，我们很感激她是这样一个自我牺牲的善良的人。美国大使馆当时召回美国人，但和其他19至20位外国人一样，她留了下来。**

威廉姆·瑞恩一家至今都保存着当年被鲍恩典救助过的南京人民送给她的一面锦旗（上面绣着“慈善为怀”4个大字），以及她战时从南京鼓楼医院写给美国家人的信和日军占领南京期间的日记。

被鲍恩典救助过的南京难民送给她的「慈善为怀」锦旗

鲍恩典战时从南京鼓楼医院写给美国家人的信

【采访】鲍恩典外甥媳妇 娜尔卡·瑞恩：**在信里，她记录了很多东西。她对中国人民有深深的爱。她的报告和日记是铁铮铮的证据，是对其他已经出版的有关南京大屠杀的日记的有力的、珍贵的补充。所以，我们为她所做的、她的人格、她写的日记感到骄傲。我们想把这个故事保存下去，让后代能够看到。这是为了我们的子孙能够铭记历史，我们因此感到欣慰。**

在鼓楼医院的医生、护士竭尽全力救助南京难民的时候，危险始终伴随在他们左右。透过硝烟过后的生死场，在《南京》这部影片里，既能看到日军犯下的滔天罪行，也能看到冒着生命危险去帮助别人的人。即使在最黑暗的时刻，依然可以感受到人类的善良和美德。

1941年9月，南京鼓楼医院全体职员欢送裴瑞德医师、鲍恩典小姐回国合影

纪录电影《南京》先后在美国、德国、中国等国家和地区上映，引起巨大反响。西方媒体把这部影片与斯皮尔伯格当年拍摄的《辛德勒的名单》相提并论。

《纽约时报》刊文称“纪录电影《南京》为发生在南京的惨剧提

供了有力的证据”，《华盛顿邮报》对纪录电影《南京》的制片人泰德·莱昂西斯进行了独家专访，日本的《产经新闻》则在2006年11月26日头版头条刊发《美国拍摄反日电影》一文。

【采访】美国洛杉矶宽容博物馆副馆长 亚伯拉罕·古博：**南京大屠杀是一场战争犯罪，侵略军屠杀人口，杀害、抢劫无辜民众和战俘，这些都被清楚地记录在历史档案里。这绝对是一场可怕的灾难。**

【采访】历史学家 普利策奖获得者 《致命的盛宴》作者 理查德·罗德斯：**历史是个奇怪的东西，要靠今天的人们去发现，去挖掘，将一切穿针引线联系起来变成一个故事，否则它就会丢失。人们的记忆没那么好，我们活得也不会很长久，所以必须一代一代不断地去重新传承。**

【采访】美国、加拿大基督会总牧师 莎朗·E.沃特金斯：**我们要相信人性中蕴含着强大的力量，所以当有不好的情况发生，当人性的黑暗面作祟时，那群铭记着爱与关怀之力量的人需要变得强大。正是因为爱和人性的善良面可以战胜一切，所以我们才要学着坚强。**

【采访】牛津大学中国研究中心主任 《中国，被遗忘的盟友：西方人眼中的抗日战争全史》作者 拉纳·米特：**即使到现在，世界上的大部分人还是不知道中国在“二战”中所发生的事情。尽管人们对南京大屠杀有一些印象，但他们的所知仍是极其有限的。我觉得**（你们的）**纪录片可以更好地让大众了解这个重要的历史事件，确保世界上有更多人知道。**

记忆是一种对历史的传承，也是一种永不摈弃的情怀，同时它又是不容推卸的责任和警示未来的力量。

南京大屠杀无疑是人类文明史上一场极为恶劣的暴行。在70多年后的今天，人们再次回望那场痛彻心扉的历史惨剧，并不是为了记住仇恨，而是为了警醒世人，避免重蹈覆辙。遗忘历史意味着背叛，只有正视历史，才能真正面向未来。

第三集
日本·证言

历史不容忘却，但铁证如山的一段杀戮，日本右翼却极力否认，日本社会也几乎集体沉默。不过，虽然日本右翼势力极力抹杀历史，但也有一批日本民间人士为了呈现历史的真实而不懈努力，终于让南京大屠杀没有被尘封在谎言与欺骗中。

曾是日本小学历史教师的松冈环，成立了研究南京大屠杀真相的组织——日本铭心会（南京），用良心追逐真实的历史记忆。1988年，松冈环第一次开启南京之旅，心灵受到极大震动。从那时至今的26年里，她先后90次到南京探访，得到了180多位南京大屠杀幸存者的证言。在日本，她采访了250个日本老兵，出版了三部证言集和两部纪录片，为这段记忆添加进来自日方的珍贵证言。

在日本，与松冈环一起与右翼针锋相对的还有退休中学教师平山良平等人。他们坚持在中日两国探寻历史真相，将真实的南京大屠杀历史记忆留给日本的下一代。

【字幕】日本 大阪府

2014年8月，日本退休小学教师松冈环在大阪举行了南京大屠杀图片展，目的是让更多的日本人了解1937年发生在中国南京的大屠杀历史。

1988年，松冈环第一次参观侵华日军南京大屠杀遇难同胞纪念馆，在南京的所见所闻改变了她之后的生活重心。

日本铭心会（南京）创始人 松冈环

【采访】日本铭心会（南京）创始人 松冈环：**李秀英**（南京大屠杀幸存者）**给我看她的伤疤，脸上和腹部的刺刀伤疤，看了她身上那么多的伤疤，我紧握双拳，笔都拿不住了。李秀英很小声音地说，现在看见日本人仍然很厌恶。李秀英的这句话，使我下决心把受害者的痛苦告诉世人。**

1990年，松冈环成立了一个调查研究南京大屠杀真相的组织——日本铭心会（南京），希望能够让日本国民把南京大屠杀的灾难铭记在心。

南京大屠杀幸存者李秀英脸上被日军刺伤留下的疤痕

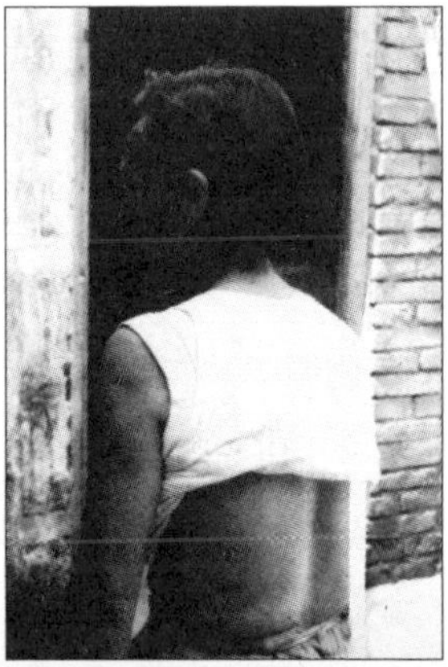

南京大屠杀幸存者李秀英背部被日军刺伤留下的疤痕（选自侵华日军南京大屠杀遇难同胞纪念馆藏片）

【字幕】采访日本铭心会（南京）会员

问：你对南京大屠杀有所了解吗？

【采访】日本铭心会（南京）会员 陈迁保：**以前念书的时候，有上过这个课，如今的日本年轻人对这些事情几乎是不会知道。**

【采访】日本铭心会（南京）会员 田中健彦：**我也不知道，“南京事件”应该是，“南京事件”是 1937年吧。**

【采访】日本铭心会（南京）创始人 松冈环：**田中说他没有学过这段历史，我在中学时期也没有学过，我是在当教师之后才了解的。**

松冈环出生在日本战败后的1947年。当时生活虽然贫困，但她的父亲经常给她买一些历史书籍。她在中学时期立志要学习历史。

松冈环1970年从关西大学历史系毕业，1982年成为日本小学历史教师。

【采访】日本铭心会（南京）创始人 松冈环：**我发现在我们用的教科书中，人权与和平问题，尤其是日本的侵略战争，没有正确的记载。我自己就是教师，每天在教育孩子要公平诚实，但我们的国家不诚实，这样是不行的。**

从1997年起，松冈环便开始在日本各地收集侵华日军老兵对南京大屠杀的证言。可是，从中国战场回来的侵华日军老兵，很多人都不愿意开口说出他们在南京犯下的罪行。

【字幕】日本 三重县

【字幕】侵华日军第十六师团机枪手 松村芳治 享年97岁

作为机枪班的班长，侵华日军第十六师团士兵松村芳治参与了南京大屠杀。临终前，他对侵华战争有了深刻的反省，并留下了在南京期间的大量照片和书信。

在他给家人的信中，字里行间体现了他对家乡的思念和对家人的牵挂，同时也记录了松村芳治所服役的军队在南京的暴行。

12月13日下午，我军歼敌5万人。

我们枪杀了老年人和孩子，并且进行了掠夺。

松村芳治

在南京期间的松村芳治（后排右二）

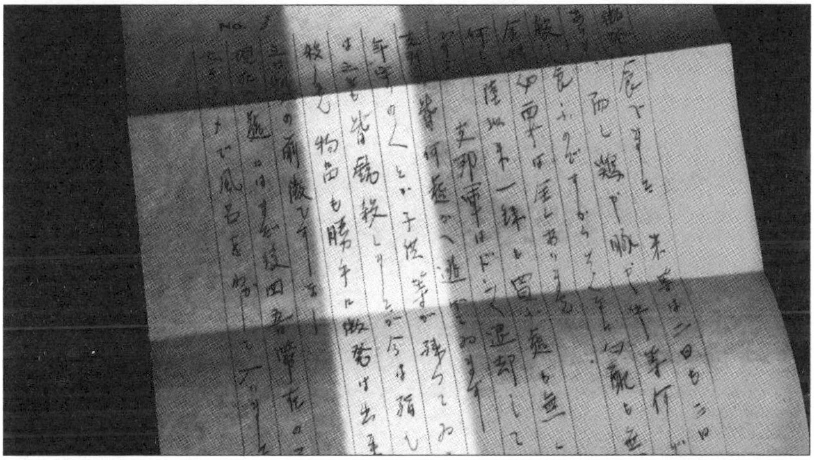

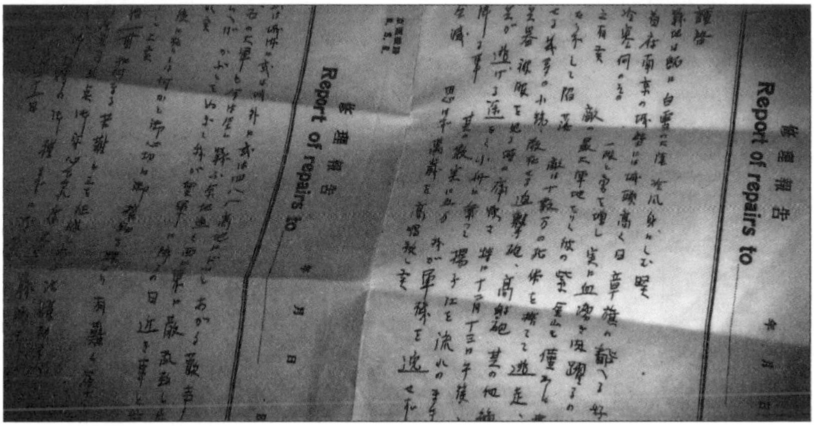

松村芳治在南京期间写的书信

【字幕】侵华日军海军士兵 三谷翔 95岁

侵华日军老兵三谷翔，今年95岁，少年时期受日本军国主义教育根深蒂固的影响。

17岁的三谷翔，作为志愿兵加入日本海军，1937年12月13日他在服役的驱逐舰上，亲眼目睹了南京大屠杀。

【采访】侵华日军海军士兵 三谷翔：**这就是我服役的驱逐舰海风号，它当时到达了南京，停泊在中山码头。**

三谷翔展示他当年服役的海风号的照片

【同期声】侵华日军海军士兵 三谷翔：离码头大概1公里左右，看到了挂英国国旗的建筑。

三谷翔看到的挂着英国国旗的建筑，就是坐落在扬子江畔的和记洋行。

【同期声】侵华日军海军士兵 三谷翔：在这里稍高的地方驾着重机枪，啪啪啪啪啪，掺杂着惨叫声、哭喊声，很多人被机枪扫射着。我用望远镜看，没有看到穿军装的，只是中国老百姓在被屠杀。晚上执勤时看到，很多火球奔跑跳动，倒下，一直到不动。是什么呢？早上用望远

被日军用煤油烧焦的南京市民的尸体惨不忍睹（选自 1938 年 7 月版《日寇暴行实录》）

在长江边惨遭日军杀害并焚尸的南京市民的尸体（选自［日］《村濑守保写真集·我从军在中国战场》）

镜看才知道，都是烧焦的尸体，这时我才明白，昨晚看到的是被烧杀的中国人。

当年，日本士兵村瀬守保在南京拍摄下了大屠杀的照片。

【字幕】南京 挹江门

挹江门城门洞里尸体堆积 1 米多高。日军侵占南京后的几个星期内，车辆进出挹江门，都要从尸体堆上碾过（［德］克里斯蒂安·克勒格尔拍摄，约翰·拉贝注文）

南京的命運

英文·London Times

目睹者講給我聽，日軍怎樣在被他們奪得的南京城裏爲所欲爲。日軍自進城以後，他們開始了恐怖的統治。

進城以後的幾小時內，搗開金銀首飾店，掠奪各大街上的商店。

後來日本人便到醫院去，強迫看護婦把她們的錶、自來水筆、電筒等物都交出來。這醫院的基本財產也被掠奪。

城內無辜居民的屍體鋪滿了街道。靠江邊的城門口，屍體堆成山，高及一米。汽車和載重汽車來往往在屍體上面走過。被捉住的中國兵士和警察，日本軍官把他們拉集在一塊，就在街上槍斃。外僑的房屋也受到襲擊與搶掠。（歐譯）

1937 年 12 月 28 日，上海报纸转载《伦敦时报》的报道，报道中描写了日军进城后进行抢掠杀戮（选自侵华日军南京大屠杀遇难同胞纪念馆藏片）

位于中山北路上的挹江门，是连接南京城内与中山码头的重要通道。1937年12月17日，三谷翔参加了海军入城式。

【字幕】南京 绣球公园

【采访】侵华日军海军士兵 三谷翔：那里有个公园，还有广场，看到了堆成山的尸体，有老人、妇女和儿童，无差别地被杀死了，堆起来的尸体跟我的身高差不多，估计是被扔起来堆上去的，这样的尸堆到处都是。我们闯入了民宅，看到了没有脑袋的尸体，地上的血已经凝固，头和尸体是分开的。世上没有比战争更悲惨的，所以说南京有很多无辜的市民被强行从家里拉出来，在空旷的地方被集体屠杀，不可理喻、无差别地屠杀。

被日军集体枪杀的中国俘虏的尸体堆积如山（罗瑾、吴旋保存，现藏中国第二历史档案馆）

绣球公园内的侵华日军南京大屠杀遇难同胞挹江门丛葬地纪念碑

1937 年 12 月至 1938 年 5 月，南京崇善堂、红卍字会等慈善团体先后 6 批，共收死难者遗骸 5100 多具，埋葬于挹江门东城根及其附近的姜家园、石榴园等地，特立此碑以慰藉死者，兼励后人牢记历史（据碑文整理）

【字幕】原《朝日新闻》记者 本多胜一

这是原《朝日新闻》记者本多胜一的采访笔记。从1971年开始，本多胜一就对南京大屠杀展开了调查。他沿着当年日军进军的路线，走访了近百位的幸存者，详细记录了当地幸存者对“百人斩”的叙述。他的采访笔记中还记录了日军强奸妇女暴行的证言。

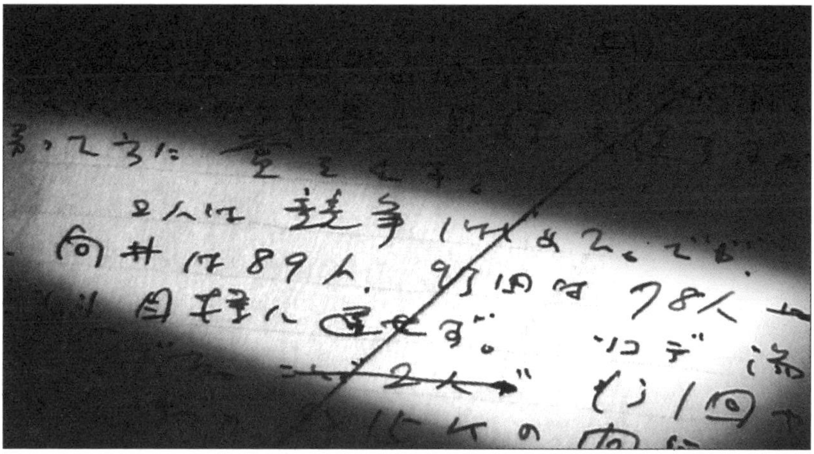

本多胜一的采访笔记

1972年，本多胜一根据他在南京采访的内容整理出版了《中国之旅》一书。他在书中详细记载了侵华日军在南京各地实施暴行的过程，并揭露了“百人斩”的真相。

汤山到紫金山15公里之间展开“百人斩”竞赛，紫金山到南京城8公里之间竞赛目标是砍杀150人。

本多胜一揭露侵华日军南京大屠杀暴行的作品——《中国之旅》

1937年11月底至12月10日，从上海向南京进攻途中，侵华日军第十六师团两名日本军官向井敏明少尉和野田毅少尉，展开了以谁先杀满100名中国人谁为胜的竞赛。

【字幕】1937年11月30日 “百人斩”竞赛已杀80人

1937年12月4日 向井86人—野田65人

1937年12月12日 向井106人—野田105人

《东京日日新闻》连续4次报道二人砍杀百余人的经过。

《东京日日新闻》对『百人斩』的报道，图中人物右为野田毅，左为向井敏明

「可怕戰士」之習氣，德國機關槍火網齊鋒，俾可前往彈壓。據稱發出可畏之喊聲，擎槍 結果彼等埋骨於比利時 此項消息傳遍寰門。又

殺人競賽

（英文大美晚報）據東京日日新聞特約通訊稱：「十二月十二日（紫金山腳下）——日軍少尉Toshiaki mukai及Iwao noda二人，在若干日前開始一種競賽，相約在進南京城以前，必須殺敵一百人。而當十二月十日進攻紫金山之際，兩人殺人記錄居然達一百〇五及一百〇六人。十二月十日中午，兩人各執已成缺口之刀，相値一處。Noda謂：『嗨，我已殺一百〇五人，汝殺多少？』Mukai謂：『我已殺一百〇六人矣。』兩人相互哈哈大笑，Mukai多殺了一個人。但未悉何人先殺到第一百人。兩人乃復相約，將比賽目標展至一百五十人。彼等乃復於昨日開始，以期達此殺敵一百五十人之目標矣。

《大美晚报》中文版于 1937 年 12 月转载日军杀人比赛的报道

在《南京大屠杀史料集·日军官兵回忆》中，登载了侵华日军第十六师团士兵望月五三郎回忆录的翻译文稿，他亲眼目睹了“百人斩”刽子手之一野田毅少尉砍杀中国农民的罪行。

就一刀，头颅立刻飞了出去，人的身体也随之倒下。

无缘无故屠杀毫无抵抗能力的农民。

【字幕】中国国防部审判战犯军事法庭

1947年12月4日，在南京，当时的国防部审判战犯军事法庭对“百人斩”刽子手向井敏明、野田毅两战犯做出判决。

向井敏明、野田毅，连续屠杀俘虏及非战斗人员，构成战争罪、违反人道罪，以杀人作为竞赛娱乐，穷凶极恶，无与伦比，实为文明公敌，处以死刑，维持正义。

1948年1月28日在南京，“百人斩”刽子手向井敏明、野田毅被执行枪决。

揭露了侵华日军暴行的记者本多胜一，为了防止右翼势力的攻击，

躲开了公众视线，拒绝接受任何媒体采访。

2014年8月22日，本多胜一破例在他指定的时间和地点，接受了来自中国《1937 南京记忆》摄制组的专访。

【采访】原《朝日新闻》记者 本多胜一：我作为记者，记录现场的事实，作为我的第一手资料，最重视的就是现场。南京大屠杀不是突然出现的，从日军登陆到进攻南京都在发生，我想了解这个过程，所以我从日军登陆的地方，开始了我的调查。我亲眼见到的、亲耳听到的就是现场，我记录的不是听说的，直接去现场，直接去采访幸存者，这是我的方式。如果我写的事实有错误，我会订正，但是错误的事实是不存在的。

《中国之旅》作者本多胜一在翻阅南京大屠杀相关资料

82岁的本多胜一继续用他的笔唤醒着日本国民对南京大屠杀的记忆。

【字幕】上海浦东机场

为验证侵华日军老兵的证言，日本铭心会（南京）创始人松冈环第90次来到中国。

【同期声】日本铭心会（南京）创始人 松冈环：日本老兵看到的屠杀，还有在江边看到的射杀，这些事情需要幸存者、经历过的人来确认，需要同日本老兵的证言一致，这样才能证实历史事实。

【字幕】南京 鼓楼区新河一村

在侵华日军南京大屠杀遇难同胞纪念馆工作人员的协助下，松冈环又一次拜访了88岁的南京大屠杀的幸存者仇秀英。

【同期声】日本铭心会（南京）创始人 松冈环：你好，好久没见了。

【同期声】日本铭心会（南京）创始人 松冈环：日本兵来的时候，对您和家人做了什么？

【同期声】南京大屠杀幸存者 仇秀英：来了鬼子就向我妈妈要，问她有没有东西。她就把皮夹子拿出来了给他看，他把钱拿走了，把皮夹子扔很远。当时，我妈妈就弯腰去捡，鬼子就从后面打一枪，我妈妈这样死的，我没办法啊。走到绣球公园那里面又有死人，又转到码头，码头的血啊，通红通红的。这些人死得真惨啊！不能再打仗了。

南京和记洋行旧址

这里是仇秀英当年避难的和记洋行，她带领松冈环又来到了这里。

【同期声】侵华日军南京大屠杀遇难同胞纪念馆工作人员：你们躲到这里，日本人还来抓你们吗？

【同期声】南京大屠杀幸存者 仇秀英：他们把人赶到这里，4个人一排枪毙，用机关枪扫。

松冈环（右）与仇秀英（中）来到当时屠杀的码头

日军把他们杀害的南京军民的尸体投入长江（选自［日］《村濑守保写真集·我从军在中国战场》）

【同期声】日本铭心会（南京）创始人 松冈环：大概什么时候看到死的人？很多死的人。

【同期声】南京大屠杀幸存者 仇秀英：就是日本人进来，没过几天来到这个地方，我跟我妹妹两个人来的，看到江面上尸体漂漂着。看到那样子真悲惨。

在南京下关江面上，日军工兵队将遇难者尸体推入江中，使其顺流漂走。船舷边还挂着遇难者的尸体（选自［日］《村濑守保写真集·我从军在中国战场》）

【同期声】日本铭心会（南京）创始人 松冈环：她回忆看到很多尸体时，想起了她的母亲。我感觉到了受害者家属的痛苦。在任何时候她只要回忆就会难过，南京大屠杀使她心灵受到很大伤害。我今天站在这里，再一次感受到心被刺的痛。在我的国家日本，有很多人不承认南京大屠杀，真对不起。我作为加害者的一方，一定要把受害者的痛苦，告诉更多的日本人。

【字幕】白马公园

【同期声】记者：松冈环老师，在您的调查中，枪杀中国俘虏的地方在哪里?

【同期声】日本铭心会（南京）创始人 松冈环：枪杀俘虏的地方在太平门附近有两处，这个石头下面就是其中一处，这下面有一条水沟。

在松冈环收集到的侵华日军老兵日记里，记录了日军枪杀俘虏的过程。

解除武装的中国俘虏数百人在壕沟内。

太平门附近有无数的尸体。

【同期声】日本铭心会（南京）创始人 松冈环：穿着军服的中国俘虏，被日军赶进了壕沟内，用机关枪屠杀了。

在中华门外也发生了集体屠杀中国俘虏事件，图为日军第六十六联队将搜捕的中国军民押往山谷准备屠杀（选自［日］《南京事件》）

【字幕】日本 名古屋市 市民活动中心

这里正在举行要求河村市长撤回否定南京大屠杀言论的研讨会。

日本退休中学教师平山良平在要求河村市长撤回否定南京大屠杀言论研讨会上发言

【字幕】2012年2月23日 中国中央电视台《午夜新闻》

2012年2月，日本名古屋市市长河村隆之发表了否定南京大屠杀的言论，严重伤害了南京人民的感情，南京市暂停与名古屋市政府间的官方交往。

【同期声】日本退休中学教师 平山良平：南京和名古屋的友好关系已经断绝。如果河村市长撤回他的言论，承认真实历史，名古屋和南京甚至中日的关系会好转。

会议期间，松冈环向参会人员发出了2014年南京之旅访华活动的邀请。

【同期声】日本铭心会（南京）创始人 松冈环：南京市民特别友好，在发生惨案地方的人也欢迎我们。希望大家也能和我一起，去中国南京学习历史。

现任名古屋市市长河村隆之否定南京大屠杀的言论引起了平山良平强烈的愤慨。平山良平制作了宣传板、宣传单，坚持每周两次前往名古屋市市政府前进行抗议，要求河村市长撤回否定南京大屠杀的言论。

【同期声】日本退休中学教师 平山良平：我希望有很多人去做这件事情，但实际上做这件事的人不多。我现在能够一直坚持，是因为我感觉到历史赋予我的使命。所以，我站了出来。河村隆之市长破坏了中日友好关系，我了解真实历史，如果我不去阻止他，作为一个日本人我会感到羞耻。

2014年7月7日，平山良平再次来到了名古屋市市政府前抗议。

平山良平在名古屋市市政府门前抗议市长河村隆之发表否定南京大屠杀的言论

【同期声】日本退休中学教师 平山良平：（1937年）12月13日南京陷落，在这之后没有中国军队的抵抗，南京城北侧的日军第六十五联队，在扬子江边杀了两万名中国军队俘虏，扔入扬子江里。你的父亲战后平安地回到名古屋，你的父亲曾经对你说过，你的存在是托南京市民的福，你恩将仇报，你作为名古屋市长，作为日本人，你不觉得可耻吗？日中战争所有的战场都在中国，中国的军队没有向日本的本土打一枪、放一炮、投下一枚炸弹。如果你没有证据，你要向南京市民深深地谢罪。

【字幕】日本 京都 立命馆大学国际和平博物馆

2014年8月9日，松冈环在这里举办了“揭露战争暴行，珍爱和平”的图片展。从2001年开始至今的14年间，松冈环先后在日本各地举行了150次向日本民众说明南京大屠杀真相的活动。在这次的活动当中，她把在日本收集的侵华日军老兵证言和在南京收集的南京大屠杀幸存者的证言，用图片和解说词的方式展现给来参观的日本民众。

【同期声】日本铭心会（南京）创始人 松冈环：这是我采访多次的张奶奶，她被日本兵强奸3次。我邀请她来日本做演讲，她说：“我不去，去日本会被杀死。”在她的记忆中，好几次差点被杀死。她的心里有很深的创伤。

【字幕】采访 日本铭心会（南京）创始人 松冈环

【同期声】记者：您的展览活动有效果吗？

【同期声】日本铭心会（南京）创始人 松冈环：有没有效果，我不能说没有，如果没有效果就不去做吗？即使是这么小的火苗，是让它熄灭还是继续燃烧？如果熄灭它，就是辜负了受害者，他们已经被伤害了一次；如果我中途停止，就是在鼓舞否定历史的人，也是对受害者的再一次伤害。

【字幕】日本 香川县

日本香川县，松冈环正在和她的摄影师中井信介进行编辑工作。他们要把采访到的参与南京大屠杀士兵的证言和拍摄到的图像制作成纪录电影。

【同期声】中井信介：当时的人受到军国主义教育，被洗脑后，会无视中国人的生命，屠杀中国人也没有罪恶感。

【字幕】纪录电影《南京・被割裂的记忆》

2010年，松冈环完成了她的第一部纪录电影——《南京・被割裂的记忆》。影片通过侵华日军老兵和南京大屠杀幸存者的证言，再次证实了侵华日军在南京所犯下的滔天罪行。

【同期声】侵华日军第十六师团士兵 寺本重平：江边有一个俘虏收容所，把他们20人或30人一组带到江边。让他们排好队，用机关枪扫射。他们的尸体都倒在江里，江水冲走了他们的尸体。越来越多的尸体在江边堆积起来。

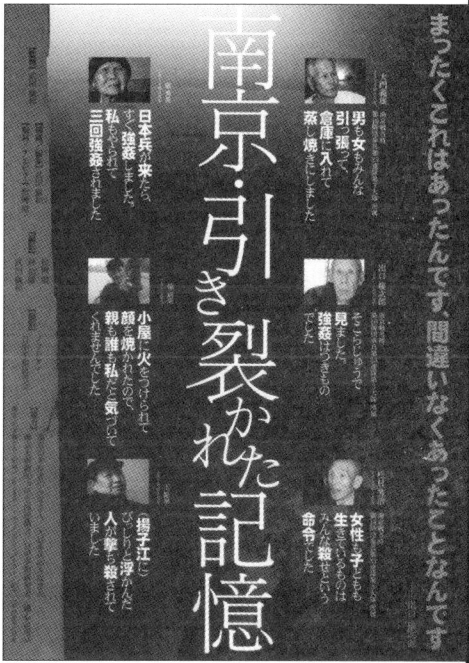

纪录电影《南京・被割裂的记忆》（松冈环作品）

【同期声】南京大屠杀幸存者 骆中洋：过河，那个船过不去了。在江东门和三岔河中间，有好多老百姓，还有士兵，被日本人包围了，放下武器，大约有四五千人。日本人就把机关枪一挺一挺摆好。那是12月13号，天快要黑了，我们的人被杀到下午。杀得差不多了，我们就听见这河边，机关枪在扫，咚咚咚，因为天黑了，人杀不了了，就用机关枪扫射。

【同期声】侵华日军第十六师团士兵 大门义雄：南京入城式前，接到了去扫荡的命令。在南京城内搜索，不分男女都抓了起来。在江边有很多仓库，我们把他们关进仓库里，直到塞满为止，我们放火烧杀了他们。

在纪录电影《南京·被割裂的记忆》中，松冈环走访了南京大屠杀幸存者张秀英。张秀英痛苦地回忆了她被强奸的过程。

【同期声】南京大屠杀幸存者 张秀英：（日本兵）叫我们脱了衣裳，打圈跑，他们在那个边上拍巴掌笑。多冷的天啊！日本人第一次来还不就是，还不就是强奸吗？对我啊还不就是这样吗？我被他们强奸三回。这么就是一刀，他们没有拿大刀，从身上掏了个刀。他就一刀，我手就一划，我的手就被砍了，砍到这了。

【字幕】日本 大阪府

松冈环在日本揭露南京大屠杀事实真相的活动受到了右翼分子的言论攻击。

【同期声】日本铭心会（南京）创始人 松冈环：这是2005年的，说我是反日教师，嘲讽我。

【字幕】松冈环的著作及影视作品

松冈环把她从1988年至2014年的26年间收集到的侵华日军老兵的证言以及南京大屠杀幸存者的证言进行整理，先后出版了《南京战·被割裂的受害者之魂：南京大屠杀受害者120人的证言》《南京战·寻找被封闭的记忆：侵华日军原士兵102人的证言》等书籍。此外，她还制作了两部纪录电影：《南京·被割裂的记忆》和《南京的松村伍长》。

松冈环出版的揭露侵华日军南京大屠杀暴行的作品

【字幕】日本 三重县

【同期声】日本铭心会（南京）创始人 松冈环：从三重县出征南京的士兵很多，但南京大屠杀的事实在三重县很多人都不知道。这不仅仅是三重县的现象，很多日本人能够了解南京大屠杀历史的机会很少。希望通过我的演讲和放映会，三重县的市民能够了解南京大屠杀的事实。

【字幕】三重县 津市文化中心

松冈环在这里举行纪录电影《南京的松村伍长》放映会。

纪录电影《南京的松村伍长》（松冈环作品）

【纪录电影中解说词】松冈环：1937年7月7日晚上，日军在卢沟桥发动了侵华战争。

在影片中，从三重县出征的侵华日军老兵松村芳治讲述了他在南京犯下的罪行。

【纪录电影中同期声】侵华日军第十六师团机枪手　松村芳治：我把轻机枪架在我的腰上，让中国人10个人站成一排进行扫射。他们站在江边很难逃跑，我开枪打死了7个，3个人刚想逃跑，就被步兵刺杀了。

【纪录电影中同期声】日本铭心会（南京）创始人　松冈环：在南京你和你的部队有没有过对妇女和儿童的暴力行为？

【纪录电影中同期声】侵华日军第十六师团机枪手　松村芳治：我服役的部队有过。

【字幕】《南京的松村伍长》观众采访

【同期声】三重县观众：因为我是女性，尤其是关于对女性的暴力，感觉到像一把刀深深地扎到我的心里。我一定把这惨痛的历史告诉我的女儿和我的朋友。

【同期声】《南京的松村伍长》放映会工作人员　田川英树：应该把这些事实告诉更多的人，尤其是年轻人，我们做了对不起中国人的事情，在日本有否定历史的人。首先应该认识历史事实，该谢罪就谢罪，这才是友好的开始。

【同期声】日本铭心会（南京）创始人　松冈环：今天我在会场上看到，大多数都是60岁以上的人，我能感觉到他们关注的视线。这是一位观众捐给受害者家属的1万日元。

【字幕】中国　侵华日军南京大屠杀遇难同胞纪念馆

2014年8月15日，松冈环第29次组织日本的年轻人前往侵华日军南京大屠杀遇难同胞纪念馆。

【同期声】日本铭心会（南京）创始人　松冈环：纪念馆原来只是

一片空地和一点老房子，刚开始发现的遗骨很少，但1995年挖掘下水道时又发现了大量的尸骨，比如裂开的头骨，有被刺刀扎过的痕迹，还有被铁丝捆住双手的尸骸。“百人斩”特别有名，当时的报纸也进行了报道。在中国砍杀100人能够娶到老婆，但是他们所说的杀了100人，实际上就是砍杀了普通的农民。我采访过砍杀中国人的老兵，他说我杀了5个中国人，他说砍中国人的头，就像拍死一个苍蝇、一个蚊子一样。

松冈环在侵华日军南京大屠杀遇难同胞纪念馆内向参加中日友好之旅的成员讲解

【采访】日本长崎私立大学学生 岩崎航：**这是我太爷爷一代人做的事情，为了防止悲剧重演，我要告诉我的父亲在参加选举时要考虑这件事**（南京大屠杀）**。我要把我看见的告诉我的朋友，当我们能够参加选举的时候，我们要反思历史，做出正确的选择。**

【采访】日本长崎大学学生 浦亚优实：**首先我要告诉我的同学，并且将来我想成为一名教师，我要把这些事实教给我的学生。这次的学习机会对我来说很重要，我想学到更多的东西。**

【字幕】日本铭心会（南京）幸存者慰问会

【同期声】日本铭心会（南京）创始人 松冈环：在日本有很多有良心的人，我们憎恨战争，喜欢和平，我们日本人必须负起侵略战争的责任，幸存的先生们、妈妈们，你们就是新的历史的老师。

这是松冈环又一次在南京举办南京大屠杀幸存者慰问会。她代表日本铭心会（南京）向幸存者捐款捐物。

【同期声】日本铭心会（南京）创始人 松冈环：我们明年还会来的，再一起吃饭。

【同期声】日本铭心会（南京）创始人 松冈环：您多注意身体。

【字幕】松冈环带领日本志愿者参观侵华日军南京大屠杀草鞋峡遇难同胞纪念碑

【同期声】日本铭心会（南京）创始人松冈环：这里是没有家属的死难者的墓碑，只知道他们被拉到这里，没有关于他们被害的证言，不知姓名的他们被扔到扬子江里，大部分是被烧死的，他们的尸体没有人去管。我想我们要为他们默哀1分钟。

侵华日军南京大屠杀草鞋峡遇难同胞纪念碑
1937年12月13日，侵华日军攻占南京后，逃聚在下关沿江待渡的大批难民和已解除武装的士兵，共57000多人，被日军抓捕并集中囚禁于幕府山下的四五所村。因连日惨遭凌虐，冻饿致死一批。其他人于18日夜被捆绑，押解至草鞋峡，用机枪集体射杀。少数伤而未死的，又用刺刀戳毙。后又纵火焚尸，将残骸弃于江中（据碑文整理）

【字幕】松冈环带领日本志愿者参观侵华日军南京大屠杀燕子矶江滩遇难同胞纪念碑

【同期声】日本铭心会（南京）创始人 松冈环：南京大屠杀的历史事实的记忆，我们不能让它淡薄，更不能让它消失，尤其是日本政府故意地让这个记忆淡薄、消失。我认为，这个记忆，特别是作为加害方的日本，必须要拥有这个记忆，如果抹去这个记忆，会重走错误之路。

侵华日军南京大屠杀燕子矶江滩遇难同胞纪念碑

1937年12月，侵华日军陷城之初，南京难民如潮，相率出逃。内有3万余解除武装之士兵暨2万多平民，避聚于燕子矶江滩求渡北逃，遭日舰封锁屠杀达5万余人。尸横荒滩，血染江流，罹难之众，情状之惨，世所罕见（据碑文整理）

第四集

罪证·审判

第二次世界大战结束后，远东国际军事法庭和中国国防部审判战犯军事法庭对日本的战争罪犯进行了正义的审判，但日本对本国侵略史的态度始终暧昧，以田中正明、东中野修道为代表的日本右翼学者则掀起了一股否定南京大屠杀的逆流。2001年，由日本保守势力组织编写的《新历史教科书》更是严重歪曲史实，对国际上早有定论的南京大屠杀，妄称当时情况疑点甚多，至今仍有争论，企图否认侵华日军的野蛮暴行，引起亚洲各国的强烈不满。

为传承真实的历史记忆，20世纪80年代，以本多胜一和笠原十九司为代表的日本左翼学者成立南京事件调查研究会，以《南京大屠杀否定论13个谎言》有力驳斥日本右翼观点。

以中国社会科学院近代史研究所研究员步平和南京大学教授张宪文为代表的中国学者更是在努力，由张宪文等110位中国学者花费10年时间编写的72卷约4000万字的《南京大屠杀史料集》，全面收集加害方、被害方和第三方的第一手资料，以无可争议的事实还原历史真相。

2014年6月10日，中国外交部发言人正式宣布：中方将对有关南京大屠杀和日军强征慰安妇的一些珍贵历史档案申报世界记忆遗产。南京大屠杀这一南京记忆，由此从国家的记忆成为全人类的共同记忆。

历时10年编纂而成的《南京大屠杀史料集》共72卷，约4000万字，是迄今为止有关南京大屠杀惨案的最翔实、最权威的史料集。

72卷约4000万字的《南京大屠杀史料集》

《南京大屠杀史料集》主编张宪文教授

这部宏大的史料集全面收集了加害方、被害方和第三方的原始资料，为各国学者研究南京大屠杀提供了客观依据，印证了南京大屠杀是一个否认不了的历史大惨案和人类悲剧，使得南京大屠杀的历史记忆更加清晰地呈现在人们面前。

【字幕】日本政府投降

1945年8月14日，日本政府照会中、美、苏、英四国政府，接受

日本天皇裕仁发布投降诏书

《波茨坦公告》。次日，天皇裕仁向日本国民发布投降诏书。

1945年9月2日，日本政府正式签署无条件投降书，宣告了日本侵略者的彻底失败和世界反法西斯战争的最后胜利。9月9日，中国战区日本投降仪式在南京举行。

11月6日，中国政府处理日本战犯的最高机构“战争罪犯处理委员会”在重庆成立。

远东国际军事法庭审判日本战犯

日本投降后，远东盟军最高统帅部连续发出4批逮捕令，将100多名日本前军政要员列为嫌疑战犯。

1945年9月19日，南京大屠杀的直接指挥者松井石根作为甲级嫌疑战犯被逮捕。随后，参与制造南京大屠杀的乙级嫌疑主犯谷寿夫也被逮捕。

甲级嫌疑战犯、侵华日军华中方面军司令官松井石根受审

第二次世界大战后，由国际军事法庭审判的甲级战犯是指犯有破坏和平、发动侵略战争罪行的战犯，乙级战犯是指犯有战争罪行的战犯，丙级战犯是指犯有违反人道罪行的战犯。

1945年12月中旬，中国政府分别在南京、沈阳、广州等地组建了10个军事法庭，审判日本乙级和丙级战犯。

1946年1月，远东盟军最高统帅部根据同盟国授权，公布《远东国际军事法庭宪章》，宣布成立远东国际军事法庭，在东京审判日本战犯。

【采访】中国政法大学教授 辛崇阳：**远东国际军事法庭，它是依据当时的远东盟军最高统帅部发布的特别通知，以及建立远东国际军事法庭的宪章，作为它的一个法律依据。再靠前追溯的话，有《波茨坦公告》，有《莫斯科宣言》，这些国际法文件当中都规定了对日本战犯要进行惩处的问题，构成了它的一个法理基础。而与这个相对，在同盟国反法西斯国家的国内，也设立了相应的一些法庭。对这些法庭的设立，以及法庭的一些程序及适用的法律，分别都做出了规定，构成了这些法庭对日本战犯进行审判的一个法律依据。**

针对南京大屠杀事件，远东国际军事法庭设立了一个独立的单元进行法庭调查。

【采访】中国人民抗日战争纪念馆副馆长 研究馆员 李宗远：**南京大屠杀发生期间，包括之后，日本政府和日本军方企图掩盖南京大屠杀的罪行。但是，一些幸存者和大量的目击证人揭露了大屠杀的冰山一角。远东国际军事法庭之所以将南京大屠杀作为一个单元来单独审判日本的甲级战犯，就是为了揭示真相，要让所有的人知道日本军队在南京究竟干了什么。所以法庭通过大量的证据揭示了真相，将南京大屠杀钉在了历史的耻辱柱上。**

1946年9月，在远东国际军事法庭第一个出庭作证的，是当时在鼓楼医院（金陵大学医院）工作的美籍医生罗伯特·威尔逊。他目击了日本军人在南京的血腥屠杀，在他的医院里，不断有被日本兵刺伤、砍伤、烧伤、强奸或者死里逃生的人被送来。

鼓楼医院（金陵大学医院）医生罗伯特·威尔逊在远东国际军事法庭作证

远东国际军事法庭还得到了一份十分珍贵的影像资料，它被检察方面作为物证当庭放映。拍摄这些画面的人，就是曾经担任南京安全区国际委员会委员的美国牧师约翰·马吉。

【同期声翻译】远东国际军事法庭庭审

法官：你叫什么？

约翰·马吉：约翰·马吉。

法官：你1937年12月至1938年1月期间在南京吗？

约翰·马吉：是的。

法官：日军1937年12月占领南京后，他们是怎样对待中国平民的？

约翰·马吉：日军占领南京后就立即开始了屠杀，有好多种方式，经常是几个日本兵或30多个士兵一起行动，每个人似乎都有生杀大权。不久，就开始了有组织的大规模屠杀，主要是来复枪和机枪扫射。还有我们所知的几百人被一起活埋。一个妇女告诉我，她丈夫双手被绑起来丢进池塘里，就在她面前，她却不能救他，眼睁睁地看着他被淹死。

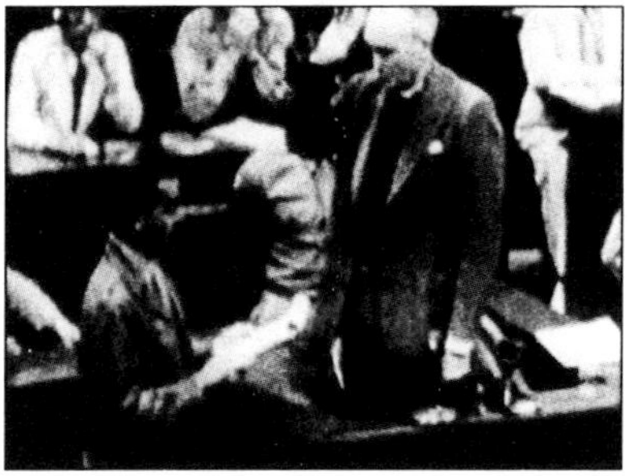

南京安全区国际委员会委员约翰·马吉牧师在远东国际军事法庭作证

马吉牧师的证言和他所出示的影片资料，让法庭上的所有人感到十分惊愕。法庭调查揭露出的血腥罪证，同样让日本国民深感震惊。

法庭在审理南京大屠杀事件时，还接受了一个非常特别的作证文件，那就是纳粹德国驻南京大使馆拍发给德国外交部的一封秘密电报。

电报描述了日军在南京杀人如麻以及强奸、放火、抢劫的普遍情况之后，结尾这样写道：“犯罪的不是这个日本人，或者那个日本人，而是整个的日本皇军。它是一部正在开动的野兽机器。”

【字幕】乙级嫌疑战犯 侵华日军第六师团师团长 谷寿夫

参与制造南京大屠杀惨案的日军第六师团师团长谷寿夫没有被定为甲级战犯，被排除在了远东国际军事法庭审判之外。但是，中国国防部审判战犯军事法庭根据现场调查和民众的控告信，向盟军总部提出，要求将他引渡到中国，接受审判。

1946年8月1日，关押在日本巢鸭监狱的谷寿夫被押送至中国南京。南京审判的第一个焦点就集中在了谷寿夫身上。

在法庭正式开庭审判前的3个月准备期间，中国法官传讯了数以千计的中外证人，用强有力的证据起草了法庭起诉书。

这本相册是国防部审判战犯军事法庭的“京字第一号”证据，其中的3张照片记录了南京大屠杀的惨状。冲洗这些照片的是当年在南京金陵照相馆当学徒的罗瑾。

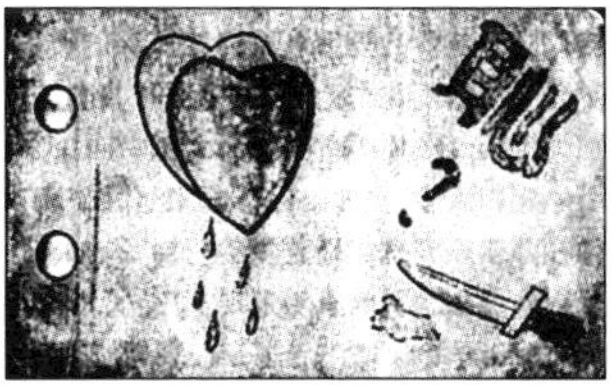

『京字第一号』证据：一本记录南京大屠杀惨状的照片集（图为封面）

【字幕】南京金陵照相馆学徒 罗瑾

【同期声】罗瑾：1938年的1月份，有一个少尉日本军官，抓着一把战刀进来了，拿着两卷胶卷给我们冲，叫我们每样洗一张……

冲洗出来后，罗瑾一看，非常愤怒，照片上竟然都是这些内容……

【同期声】罗瑾：我就到里边去的时候，匆匆忙忙，心惊肉跳，把这一卷凡是杀中国人头的和强奸的，我都把它每样多印了一张出来。

南京市黄埔路口的励志社大礼堂旧址，1947年2月6日，国防部审判战犯军事法庭就在这里对谷寿夫进行了开庭公审。

乙级嫌疑战犯、侵华日军第六师团师团长谷寿夫受审

1947年3月10日，国防部审判战犯军事法庭对当年入侵南京的日军第六师团师团长谷寿夫进行最后一次公审，并下达了判决书。

法庭当庭宣判：谷寿夫在作战期间，共同纵兵屠杀俘虏及非战斗人员，并强奸、抢劫、破坏财产，处死刑。

1947年4月26日中午，谷寿夫被押往雨花台刑场执行枪决。

谷寿夫被押赴刑场

1948年12月22日，在东京，松井石根和其他6名日本甲级战犯相继被执行绞刑。

【采访】清华大学教授 刘江永：**无论是东京审判还是南京审判，都是世界爱好和平正义力量对法西斯势力、军国主义和战争罪犯的正义审判。日本右翼势力企图给历史翻案，我认为是不得人心的。历史就是历史，历史是不容篡改、美化的，铁证如山，案不容翻。**

【字幕】中国社会科学院近代史研究所

为纪念中国人民抗日战争暨世界反法西斯战争胜利70周年，中国社会科学院近代史研究所正在编写一部8卷本的《抗日战争史》，从政治、经济、军事、外交、民生等多角度，全方位地反映中国人民抗日战争时期的历史全貌。

主持编写这部书的就是近代史研究所原所长步平。

【字幕】南京大学

2014年9月，步平来到南京大学，与学者们就南京大屠杀历史相关问题进行探讨。参加讨论的都是长期致力于调查和研究南京大屠杀真相的历史学者：南京大学教授张宪文，南京大屠杀史研究者孙宅巍，南京师范大学教授张连红，南京大学教授张生。

【字幕】日本 东京

作为研究中日关系的专家，20多年来，步平经常前往日本参加学术会议并与当地学者沟通、交流，这是他第88次来到日本。

【字幕】东京 神田町

位于东京神田町古书街的内山书店，是与鲁迅结下不解之缘的内山完造的胞弟于1935年创办的。这里摆满了有关中国的日文书籍和中国出版的中文书籍，同时，也可以看到日本右翼作家的书籍。这里是研究中日问题的专家们经常光顾的地方。

【同期声】中国社会科学院近代史研究所研究员 步平：这是否定“百人斩”的，说“百人斩”是虚构的。

20世纪80年代，以田中正明、东中野修道为代表的右翼学者掀起一股全面否认南京大屠杀的逆流。几十年来，他们出版了上百本否定南京大屠杀、否定“百人斩”的书籍，公开宣扬南京大屠杀是虚构的，企图全面抹杀南京大屠杀的历史记忆。进入21世纪后，南京大屠杀否定论得到那些被称为“新生代政治家”的保守派的呼应。

【字幕】夏淑琴诉讼案

1998 年，日本右翼学者松村俊夫、东中野修道通过日本展转社出版了《南京大屠杀的大疑问》和《南京大屠杀的彻底检证》。书中将李秀英、夏淑琴等南京大屠杀幸存者描述成“假证人”，说她们“故意编造事实”，“其证词是某个人在某个时间里想象出来的”。

日本右翼书籍《南京大屠杀的大疑问》和《南京大屠杀的彻底检证》

1937年12月13日，日军攻占南京后，夏淑琴一家9口有7人被害，8岁的夏淑琴身中3刀，她与4岁的妹妹躲在被褥下幸免于难。她家悲惨的遭遇在拉贝的日记里有所记述，同时，在约翰·马吉的纪录片中也有相关影像。

【采访】南京大屠杀幸存者 夏淑琴：**我从小就受苦，是在死人堆里捡出来的一个孩子。当时我才8岁，现在已经这么大岁数了，你说我是假的，当时我心里非常急，眼睛也急坏了。**

2000年，在侵华日军南京大屠杀遇难同胞纪念馆的帮助下，夏淑琴向中国南京市玄武区法院起诉这两本书的作者松村俊夫、东中野修道以及展转社株式会社侵害名誉权。

在南京审理此案期间，两名日本被告人没有到庭，反而在2005年4月向东京地方法院提起诉讼，要求确认夏淑琴在中国法院的起诉事实“不存在”。

【采访】侵华日军南京大屠杀遇难同胞纪念馆馆长 朱成山：**当时东中野修道提出来，**（在日本）**地方法院提出来，就是说，不予赔偿提出申诉，他作为原告，所以当时他们认为夏淑琴不会到东京去**（反诉），**我们也不会去，结果我们跟律师商量，我们去。**

2006年6月30日，夏淑琴反诉案在日本东京地方法院开庭。

2007年11月2日，在中日两国律师团的通力协作下，夏淑琴反诉案在东京地方法院一审胜诉。

2008年5月21日，东京高等法院二审维持一审原判。2009年2月5日，日本最高法院做出终审判决，判定原告夏淑琴胜诉，被告赔偿原告400万日元。

南京大屠杀幸存者夏淑琴在法庭上控诉日本作家侵犯名誉权

【字幕】扶桑社教科书事件

2001年，由日本保守势力组织编写，在扶桑社出版的《新历史教科书》通过了日本文部省的审定。这本书宣扬皇国史观，从根本上否认日本进行殖民统治和侵略战争的责任。关于国际上早有定论的南京大屠杀，该书妄称当时的情况存在很多疑点，至今仍有争论，企图否认侵华日军的野蛮暴行。

扶桑社出版的《新历史教科书》

此书一经出版，即引起了亚洲各国对日本政府的强烈抗议。与此同时，日本的进步学者也在进行着针锋相对的斗争。

【采访】中国社会科学院世界史所研究员 汤重南：**日本右翼否认南京大屠杀是要彻底否认它的侵略历史，然后否认它在整个侵华战争、太平洋战争这个过程中所犯下的一些罪行，它是以这个为突破点的。而这种右翼思潮越演越烈，我觉得应该跟中国和日本的学者共同来坚持南京大屠杀的确是历史事实，是客观存在，把我们现在共同研究的成果也让全日本的人民都知道。让中国学者跟日本进步的、有良知的学者一起结成一个共同的联盟，我们一起来坚持历史真实。**

【字幕】1987年12月14日 中国中央电视台 《新闻联播》

【同期声】来自日本的南京事件调查研究会访华团一行13人今天下午到南京侵华日军南京大屠杀遇难同胞纪念馆。

自20世纪80年代以来，以洞富雄、藤原彰、本多胜一和笠原十九司为代表的追究日本战争责任的日本学者们成立了“南京事件”调查研究会，并出版了《南京大屠杀否定论13个谎言》等书籍，对右翼观点进行了驳斥。

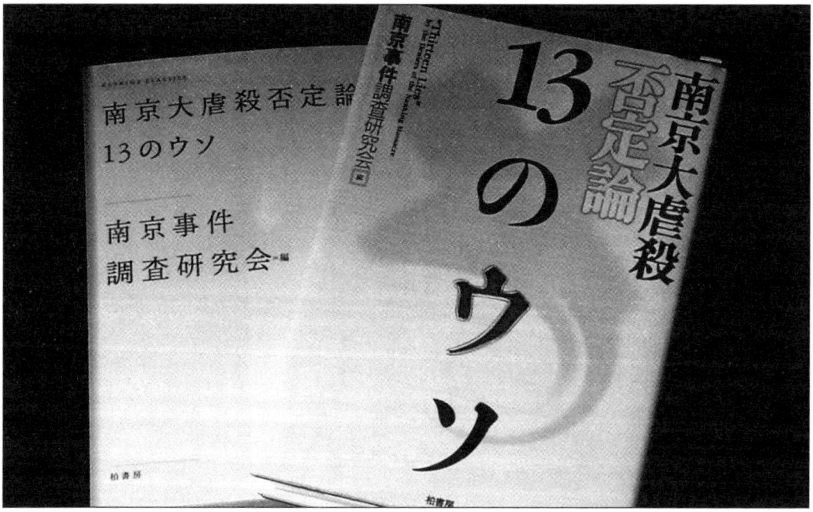

【字幕】日本都留文科大学

笠原十九司每周都在这里给研究生上课。

【同期声】日本都留文科大学名誉教授 笠原十九司：死刑台有13级台阶你们知道吗？在西方到绞刑台的台阶是13级，登上最后一级台阶的时候人就会掉下去被绞死，所以说我把否定派判为死刑。

20世纪70年代初期，为了探寻南京大屠杀的真相，笠原十九司和他精通英语的夫人一起数十次前往美国，收集了大量有关南京大屠杀的原始资料，并翻译成日文出版发行。

【同期声】日本都留文科大学名誉教授 笠原十九司：日本有关南京大屠杀的资料，在战败后迅速被政府和民间销毁了，所以说在日本基本没有资料，我只能去美国收集资料，因为当时美国就有报道。

【字幕】南京大学

张宪文，南京大学教授，耗时10年主持编纂了72卷的《南京大屠杀史料集》，详尽记录了侵华日军在南京地区犯下的战争罪行。

【采访】南京大学教授 《南京大屠杀史料集》主编 张宪文：**我个人作为一个历史工作者、历史学者来讲，也有一个责任，而且特别生活在南京，对南京发生这个事情，我们有责任把它弄清楚。**

10年间，张宪文带领110位专家学者共同编纂了《南京大屠杀史料集》，他们不仅收集了受害方的历史资料，还前往日本、美国、德国、英国、意大利、俄罗斯、法国等地的档案馆、图书馆调查收集了加害方及第三方的历史资料。这些史料涉及多国文字，均为原始文献和第一手资料。

【采访】南京大学教授 《南京大屠杀史料集》主编 张宪文：**我们掌握了南京大屠杀基本的材料、大量的材料，这个材料呢，对于日本右翼的批判来讲绰绰有余，这个材料对我们开展南京大屠杀的研究来讲也绰绰有余。所以，这套材料应该说是南京大屠杀的一个重要的学术工程。**

在《南京大屠杀史料集》里，收录了大量日本官兵亲笔写下的阵中日记和回忆文章，这些史料是日军在南京实施暴行的真实记录。

【字幕】中岛今朝吾日记

1937年12月13日，南京城沦陷当天，从东路进攻南京的侵华日军第十六师团师团长中岛今朝吾在日记中写道："基本上不实行俘虏政策"，"仅佐佐木部队就处理掉约15000人，守备太平门的一名中队长处理了约1300人。在仙鹤门附近集结的约七八千人"，"处理上述七八千人，需要有一个大壕，但很难找到。预定将其分成一两百人的小队，领到适当的地方加以处理"。

南京攻略戦「中島第十六師団長日記」

中島今朝吾中将と南京事件

木村久邇典

日刊登载的日军第十六师团长中岛今朝吾的日记

上海派遣军司令官朝香宫鸠彦，发出一连串由他签署盖章，标有"机密，阅后销毁"字样的命令，内容是"杀掉全部俘虏"。

在侵华日军的词典中，所谓扫荡，就是屠杀。

翻开《南京大屠杀史料集》第8、9、10、11、32、33卷有关日军的命令文书、战斗详报、阵中日记以及老兵的书信、回忆录，"处理""解决""处置""处分""处刑""扫除"字眼儿比比皆是，其实这些也是屠杀。

【字幕】前田雄二 《在战争的激流中》

日本同盟通讯社随军记者前田雄二回忆说："在处刑的现场，校舍的一角收容了一些俘虏，下士官把他们一个个地拉到学校的操场上，并把他们押往前方的防空壕。而后，早就等在那里的士兵列队用刺刀从背后将他们刺穿。随着一声声惨叫，俘虏倒向了战壕，士兵再从上面将他们刺死。这种处死的方式是在3个地方同时进行的。"

随军摄影记者河野公辉曾在第六师团司令部看到一份传达命令的文件："农民、工人自不待言，直至妇女、儿童皆应杀戮之。"

第十六师团三十三联队第三大队的町田说："部队早就下达过命令：'无论男女，凡是活着的，一律杀掉，即使一只猫也不要放过！'"

【字幕】《南京大屠杀史料集》

在《南京大屠杀史料集》第24卷有关战犯谷寿夫的判决书及附件中，对大规模屠杀的发生地有详细记载：

鱼雷营、宝塔桥一带集体屠杀三万余人；燕子矶集体屠杀五万余人；草鞋峡集体屠杀五万七千余人；江东门、上新河一带集体屠杀二万八千余人。另外，在煤炭港、中山码头、汉中门外、三汊河、花神庙等地都有大规模的集体屠杀。

日军在南京的疯狂屠杀，酿成了无数人间悲剧，留下了一幕幕带血的记忆。

【字幕】《日寇暴行实录》（1938年）

这4张从被俘日军身上搜到的照片，收录在1938年国民政府出版的《日寇暴行实录》里。日军在南京疯狂地杀戮，同时也进行着一场灭绝人性的奸杀。

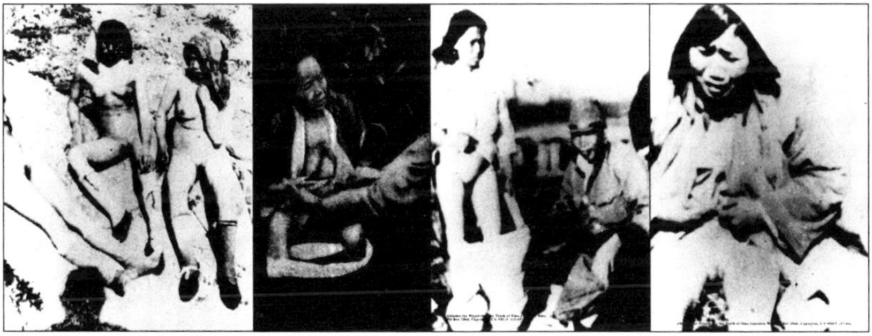

从被俘日军身上搜到的4张照片

【同期声】侵华日军独立支队士兵 永富博道：日军从上海到南京之间，是不会放过任何一个女性的，只要看到女性就进行强奸、轮奸。在强奸、轮奸之后，为了消灭证据，把人全部杀掉。

侵华日军第一一四师团一等兵田所耕三回忆说：“女人是最大的受害者，不管是老的还是年轻的，全部遭殃……没有不强奸的士兵。”

日军对妇女的奸淫，每天都在南京的大街小巷不断发生。

【同期声】南京大屠杀幸存者 侯占清：大方巷口有一个小女孩，就这么高一个小女孩，两个日本鬼子把小女孩奸死了。

【同期声】南京大屠杀幸存者 刘永兴：这个日本人不得了，强奸得厉害，强奸心太黑。日本人，把人强奸，女的不是搞死了吗，衣裳脱掉了，用酱油瓶，敲，敲进去，亲眼看见的。

【同期声】南京大屠杀幸存者 侯占清：连老太他都当花姑娘，哪个还敢出来。那些妇女脸上都抹着灰，戴着棉帽，抹着灰，装男人。后来他没有办法，他摸，他看见人就摸，女的男的他一摸就摸出来了。

日军在屠杀、强奸的同时，还疯狂地进行抢掠和纵火。

【同期声】侵华日军藤田支队士兵 曾根一夫：我们进驻国民政府大楼，杀人放火，并抢了很多像台北“故宫博物院”里陈列的例如绘画、陶瓷器等文物。南京市内有很多银行，银行里有很多保险柜，我们占领银行后抢走了很多保险柜里的钱。

美国记者德丁对日军的抢劫行径做了这样的报道：“劫掠是带着完全的破坏性质，日本兵差不多闯进一切房屋中去，选取对他们有用的一切东西。特别无耻的是，当搜查难民时还抢劫难民。”

【字幕】小俣行男 《侵略——中国战线从军记者的证言》

当年日军随军记者小俣行男在《侵略——中国战线从军记者的证言》一文中说：“士兵们从百姓家暴掠粮食和金钱，而军队有些上层人物则像纳粹把欧洲的名画作为战利品一样，把中国的文化瑰宝盗往日本。”

日军可谓无所不要，无所不贪，连老百姓的钢琴、童车也成了他们娱乐的工具。

由于抢来的东西实在太多，日军动用了一切可以用来运载的工具，

1937年12月15日，日军在南京市中山路用卡车、骡马车、自行车及儿童车等装载抢劫的财物（选自［日］每日新闻秘藏《不许可写真》）

牛车、驴车，甚至婴儿车也被利用起来。

伴随着抢劫而来的还有肆意纵火。

刚开始发生焚烧时，许多中国人还出来灭火，但日军乘机射杀救火的市民。

【同期声】南京大屠杀幸存者　李锦祥：水西门有个席子店，做草席的店，里头有9个人……日本人把门关上（将他们）活活烧死，这是我们亲眼看见的。

日军的纵火行动，整整持续了6个多星期。

金陵大学教授斯迈思在南京大屠杀后期进行社会调查后写道：“城里平均有88%的房屋遭到破坏，城外地区是90%。城北区房屋遭受破坏的竟高达99.2%……”

日军大量采用了焚烧尸体和抛尸长江的方法，毁尸灭迹，企图掩盖罪行。

【字幕】今井正刚　《南京城内的大屠杀》

日本随军记者今井正刚在他的《南京城内的大屠杀》一文中写道：

“一眼望去，码头一带变成了层层堆积的黑色的尸山。在那些尸体之间晃动着蠢动的人影，50人，100人，他们将尸体拖到岸边扔到扬子江里。挣扎的呻吟、流淌的血、抽筋的手足，加上犹如哑剧般的寂静。”

尸横遍野、血流成河的情景，已经成为这座城市的惨痛记忆。

面对数量巨大的遇难者遗体，南京的慈善机构出于民族大义、同胞之情，组织起来进行收埋。

当年参与埋尸的慈善机构有世界红卍字会、中国红十字会、崇善堂、同善堂，还有圣安堂、回民掩埋队，以及八卦洲等地的民间和个人自发的掩埋组织。

南京红卍字会会员在掩埋尸体（选自江苏古籍出版社《侵华日军南京大屠杀图集》）

中国红十字会南京分会掩埋队合影（选自南京市档案馆馆藏档案）

【同期声】崇善堂掩埋队队员　崔金贵：用铁床架子把死尸往上掀，再找一些卖鱼的手钩，一条大腿拎上去，脑袋拎上去，膀子拎上去，没有整的，都烧化了残留下来的。

【同期声】红卍字会掩埋队队员　李锦祥：石城桥那个地方死的人最惨，为什么呢？从河底下一直到岸上面，都是死尸铺在上面，最悲惨的就是汉中门那里，尸体太多。我们那时候零碎收的，都是从水西门这一带，一直到城北这一带，专门收这个尸体。我们收尸体的时候，送走以后，回来再拖，我估计一天都在十四五趟的样子。

这些慈善团体在掩埋尸体的过程中，对于掩埋的地点、时间、数量，以及支付给雇佣工的法币、粮食的账目，都做了比较详尽的记录。这些记录和清单，成为战后确定南京大屠杀遇难人数的重要证据之一。

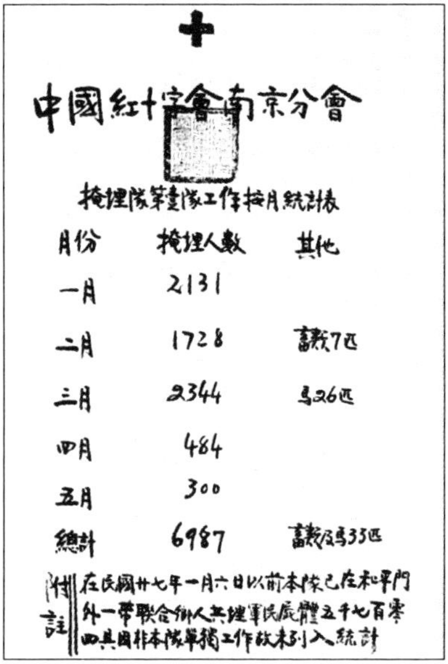

中國紅十字會南京分會

掩埋隊第壹隊工作按月統計表

月份	掩埋人數	其他
一月	2131	
二月	1728	畜類7匹
三月	2344	馬26匹
四月	484	
五月	300	
總計	6987	畜類及馬33匹

附註 在民國廿七年一月六日以前本隊已在和平門外一帶聯合掩埋軍民屍體五千七百零四具因非本隊單獨工作故未列入統計

中国红十字会南京分会掩埋队第一队，1938年1月至5月掩埋工作按月统计表（选自南京市档案馆馆藏档案）

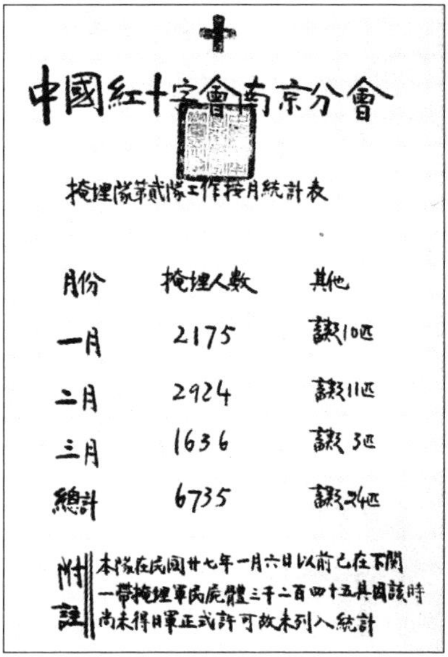

中國紅十字會南京分會

掩埋隊第貳隊工作按月統計表

月份	掩埋人數	其他
一月	2175	畜類10匹
二月	2924	畜類11匹
三月	1636	畜類3匹
總計	6735	畜類24匹

附註 本隊在民國廿七年一月六日以前已在下關一帶掩埋軍民屍體三千二百四十五具因該時尚未得日軍正式許可故未列入統計

中国红十字会南京分会掩埋队第二队，1938年1月至3月掩埋工作按月统计表（选自南京市档案馆馆藏档案）

曾经遍布于南京城郊四野的丛葬地（汉中门外二道埂子丛葬地、莫愁湖广州公墓旁丛葬地、中华门外兵工厂丛葬地、雨花台至花神庙丛葬地、中华门外普德寺旁丛葬地、下关宝塔桥下自永清寺旁至草鞋峡石榴园丛葬地），现在只能从照片上看到旧时的面貌了。

丛葬地

这些是1946年出版的《敌人罪行照片集》中的照片，序言中这样写道：“而今抗战胜利了，敌人的罪行，我们正在这里收集。我们带领了掩埋者和摄影者到这些荒冢上来拍摄照片。我们对这些惨遭杀戮的同胞，不禁要号啕大哭。”

【采访】北京大学教授 徐勇：**南京大屠杀这个史实证据的保存，应该是近现代史上最为丰富的一个事情。72卷《南京大屠杀史料集》的出版，不只是推进了学术研究，填补了很多历史上的空白，保存了很多证据，我想也是中国学术界和包括中日两国学者，对右翼这种翻案行径一种共同的一个反击。**

2014年6月10日，中国外交部发言人在例行记者会上正式表示：中方将对有关南京大屠杀和日军强征慰安妇的一些珍贵历史档案申报世界记忆遗产。

【同期声】中国外交部发言人 华春莹：目的是要牢记历史，珍爱和平，捍卫人类的尊严，防止此类违人道、侵人权和反人类的行为在今后重演。

2014年3月，中国国家档案局申请以世界记忆工程中国国家委员会的名义，向联合国教科文组织世界记忆工程秘书处递交了《南京大屠杀档案》和《慰安妇——日军性奴隶档案》的提案表，由中央档案馆、中国第二历史档案馆、南京市档案馆、侵华日军南京大屠杀遇难同胞纪念馆、辽宁省档案馆、吉林省档案馆和上海市档案馆进行联合申报。

【采访】国家档案局副局长 李明华：**世界记忆是联合国教科文组织发起的旨在保护濒危、老化甚至正在消失的世界文献遗产，它是世界文化遗产的重要组成部分。**

此次申报的《南京大屠杀档案》共有11件，其中包括：身处国际安全区的金陵女子文理学院舍监程瑞芳的日记；美国牧师约翰·马吉的16毫米摄影机及其胶片母片；南京市民罗瑾冒死保存下来的16张侵华日军自拍的屠杀平民及调戏、强奸妇女的照片；中国人吴旋向南京临时参议会呈送的日军暴行照片；南京军事法庭审判日本战犯谷寿夫判决书的正本；美国人贝德士在南京军事法庭上的证词；南京大屠杀幸存者李秀英的证词；南京市临时参议会南京大屠杀案敌人罪行调查委员会调查表；南京军事法庭调查罪证；南京大屠杀案市民呈文；外国人日记：“占领南京——目击人记述”。

【采访】南京师范大学教授 张连红：**从所申报的档案资料来看，它都是档案原始文件方式，是不可复制的，而且是唯一的。**

【采访】中国第二历史档案馆研究员 郭必强：**这些资料还互证互补，从多角度给这些资料以完整的证据链。**

【字幕】南京 中国第二历史档案馆

申报档案中的《程瑞芳日记》，是2001年12月中国第二历史档案馆的工作人员，在整理金陵女子文理学院零散档案时发现的。这本由中国人自己记录的南京大屠杀日记，与已经公之于世的《拉贝日记》《魏特琳日记》及《东史郎日记》互相印证，成为揭露侵华日军南京大屠杀罪行的又一铁证。

日记的记录者程瑞芳女士，是南京金陵女子文理学院国际安全区的管理委员会成员。她的日记从1937年11月安全区成立记录到1938年3月结束。这份日记详细而真切地记录了她看到和听到的南京大屠杀期间日军烧杀抢掠、强奸轮奸的暴行，以及自己在同胞遭受残害时的心路历程。

在12月14日的这页发黄的旧纸上，她写道：“今日来的人更多，都是从安全区内逃来的，因日兵白日跑到他们家里抢劫、强奸。街上刺死的人不少，安全区里都是如此，外边更不少，没有人敢去，刺死的多半是青年男子……”

12月17日，她在日记中的愤怒与悲悯从字里行间都能感受到：“现在12点钟，坐此写日记不能睡，因今晚尝过亡国奴的味道……今晚拖去11个姑娘，不知拖到何处强奸，我要哭了，这些姑娘将来如何？”

在那段惨绝人寰的日子里，62岁的程瑞芳和同伴们不仅救助了许多无家可归的同胞，还为后人留下了一部珍贵的史料、一段铭心的记忆。

程瑞芳和她所写的日记。封面上写着「一九三七年 首都沦陷 留守金校的同人一段日记 陈品芝」（日记选自《民国档案》2004 年第 3 期）

【采访】美国作家 罗斯·特里尔：忘却过去很容易，因为历史车轮不断向前。我觉得应该有一种国际合作的精神，对于战争的纪念活动应该是在全世界范围内开展，而不是仅局限于一个国家。

【采访】中国社会科学院近代史研究所研究员 步平：我们通过这些努力，把南京大屠杀这一南京记忆，从个人的村庄的记忆、城市的记忆，提炼为民族的、国家的记忆。再把民族的、国家的记忆，进一步提炼升华为人类的世界性的记忆。

南京大屠杀是现代文明史上最黑暗的一页。它是中国人民的苦难记忆，也是人类历史上最为惨痛的记忆之一。南京大屠杀历史档案申报世界记忆遗产，是将真实记录历史的文献加以保护，成为世界记忆和人类共同的文化遗产。

《南京浩劫：被遗忘的大屠杀》

第五集
中国·纪念

夏淑琴，尚在人世的幸存者之一，当年一家7口人被杀，她被砍3刀昏死过去幸免于难，时年8岁。

当年发生的惨剧，被美国牧师约翰·马吉记录在《南京暴行纪实》里，然而1998年，两名日本大学教授分别出版了《南京大屠杀的彻底检证》和《南京大屠杀的大疑问》，直指夏淑琴等人编造虚假经历，只为欺世盗名。

时年71岁的夏淑琴老人悲愤难平，在侵华日军南京大屠杀遇难同胞纪念馆馆长朱成山的帮助下，将二人告上法庭，其间几经辗转，艰难可想而知。但有幸世间公道尚存，历时9年，日本最高法院终审判决夏淑琴胜诉，被告赔偿夏淑琴400万日元。

这不是简单意义的个人胜诉，而意味着南京大屠杀这段历史被承认。事实上，自1993年起，朱成山就带领好几位幸存者赴日控诉演讲，而中国民间搜集日本罪行证据的活动也从未停止过，这才让越来越多的人得知真相。

如今，侵华日军南京大屠杀遇难同胞纪念馆已落成近30年，刚建成时，各种证物不到100件，如今已有15万件馆藏。朱成山在这30年间，目睹了美国“9·11”事件之后千人为和平祈祷，又遇到晚年极力忏悔、为传播和平四处奔走的日本老兵，他渐渐从完全的仇恨和反日情绪中得到新的思索，纪念馆几经改建，前半部分“白骨为证，废墟为碑”，后半部分则为“人类家园，走向和平”。

历史在这座纪念馆中凝聚，又不断奔涌向前。成就了这一切的朱成山只是说：“我愿为30万同胞守灵，我为历史守灵。”

时间就是一张筛网，有些记忆将会因过滤而被逐渐淡忘，而有些记忆，则将留存下来被永远铭记。

2014年7月7日是中国人民抗日战争全面爆发77周年的纪念日，夏淑琴、伍正禧、常志强等南京大屠杀幸存者在家人的陪同下来到侵华日军南京大屠杀遇难同胞纪念馆，他们现在所要做的是协助纪念馆做好遗属的登记、造册工作。

【采访】侵华日军南京大屠杀遇难同胞纪念馆馆长 朱成山：**随着时间的推移，南京大屠杀幸存者在世的人越来越少，从最早的几千人到1000多人，再到500人，300人，200人，现在只有100多人。所以，我们在思考，历史还要传承下去，怎么把受害者的记忆表达出来？我们想，就是让幸存者的二代、三代这些遗属们出来说话。**

朱成山，1992年到侵华日军南京大屠杀遇难同胞纪念馆工作，1993年起任馆长。

侵华日军南京大屠杀遇难同胞纪念馆馆长 朱成山

今天，许多南京大屠杀遇难者的遗属、幸存者的后代，将长辈们当年悲惨的受害史深深地印入脑海中，成为历史记忆的传承者。现在，纪念馆征集遗属信息，建立专门档案，将其作为历史资料、民族记忆永久保存下去，有着特别的价值和意义。

【字幕】南京江东门 侵华日军南京大屠杀遇难同胞纪念馆

在南京江东门，侵华日军南京大屠杀遇难同胞纪念馆矗立在1937年侵华日军集体屠杀中国人民的万人坑遗址之上。这里是许多南京市民经常来的地方，对他们来说，那段血腥残虐的历史是一段难以忘却的惨痛记忆。

在中国，来自南京的幸存者的声音一直存在，他们是要求日本正视南京大屠杀真相的最有力的活的证据。而侵华日军南京大屠杀遇难同胞

侵华日军南京大屠杀遇难同胞纪念馆

VICTIMS 300000

纪念馆，则承载着幸存者的悲痛记忆，还原着1937年的真实场景。

纪念馆中厅照片上有一名妇女叫李秀英，她是南京大屠杀历史的见证人之一，晚年的李秀英多次在摄影机的镜头前面讲述她不幸的遭遇。

2003年3月20日，上海市市西中学在侵华日军南京大屠杀遇难同胞纪念馆内举行悼念仪式，南京大屠杀幸存者李秀英在给同学们讲述受害经历，进行历史教育

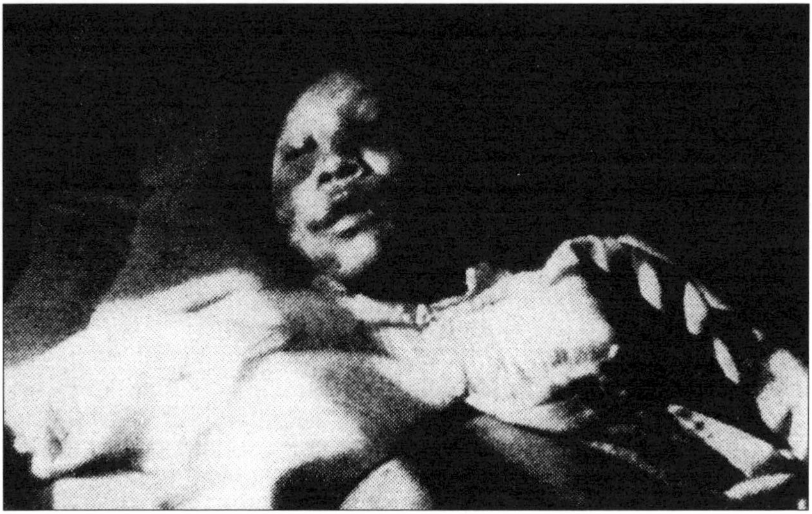

当年被日军刺成重伤的李秀英（[美]约翰·马吉拍摄） 1937年12月19日，3个日本兵闯入南京五台山美国小学校地下室，企图强暴怀有7个月身孕的李秀英（当年19岁）。因李不从，脸上、腿上和腹部被戳30多刀，昏死过去，胎儿流产，后侥幸被救活（引自五洲传播出版社《南京大屠杀图录》）

【字幕】南京大屠杀幸存者 李秀英，时年69岁，拍摄于1987年，选自纪录片《侵华日军南京大屠杀》

这是一位孕妇，名叫李秀英。她说，当时她们20多人躲在难民区的这所小学地下室里，12月19日，日本兵闯来强奸妇女。她拼死反抗，和3个日军野兽殊死搏斗。

【字幕】南京大屠杀幸存者　李秀英　时年76岁，拍摄于1994年，选自纪录片《南京大屠杀——幸存者的证言》

【采访】南京大屠杀幸存者　李秀英：**他这个地方挂了一把刺刀，他一弯腰，对不起，我就把他刺刀抽出来，抽出来后我一滚过来了，我人就站在这个地方，我后头就靠着这个墙，他就把我手抱着，我就把他领子给封起来，封上我就拿嘴啃他，他一看我的劲大，他又夺不下我的刀。**

【字幕】南京大屠杀幸存者　李秀英　时年77岁，拍摄于1995年，选自纪录片《见证南京大屠杀》

【采访】南京大屠杀幸存者　李秀英：**我要死了我不管了，就拼命地咬他，咬他他就叫。一叫，两个日本兵就跑过来，就把刺刀拔了出来，往我脸上戳。我脸上全是刀伤，血就哗哗地往下流，我就噗，就把血吹到他们脸上。这时候，过了一段时间，我流血太多，另外一刀戳在我肚子上，我肚子里还有小孩，一头就死过去了。**

李秀英被刺37刀，日本兵走后，她的父亲设法将她送进南京鼓楼医院，经过美国医生罗伯特·威尔逊的医治，得以保存性命，但肚子里的孩子却因此流产了。

马吉牧师在治疗现场拍摄的那段珍贵影像，一直保存到今天。

没有中国的这座凝聚着国家记忆的大屠杀纪念馆，南京大屠杀的血色记忆或许不会像今天这样广为人知。当年的朱成山由于在纪念馆工作，先于许多人了解南京大屠杀的史实。对于这段历史，当年的加害者还在否定，这使他感到责任重大。

从1994年起，朱成山5次带领夏淑琴、李秀英、李高山、倪翠萍等南京大屠杀幸存者去日本控诉战争罪行，向日本民众揭示历史真相。

【字幕】朱成山与倪翠萍去日本演讲的故事

1996年12月，朱成山带着70岁的倪翠萍来到日本大阪演讲。

倪翠萍的遭遇十分悲惨。1937年12月13日上午11点左右，日军来到南京城西边的上新河，将逃难到此的倪翠萍的父亲、母亲开枪打死。

朱成山（左）在大阪

【字幕】倪翠萍，时年81岁，2007年采访

【采访】南京大屠杀幸存者 倪翠萍：**可怜的妈妈倒在爸爸怀里头，我听到妈妈死了，我就跑出来看，看到地下一摊血，**（爸爸妈妈）**身上全是血，我还没有喊出来“爸爸”，日本兵又给我一枪，我这个膀子打断了，骨头打断了。**

【采访】侵华日军南京大屠杀遇难同胞纪念馆馆长 朱成山：**倪翠萍她身上有一个伤疤，所以每当她把伤疤揭开的时候，我觉得特别有震撼力。她本来是一个城市姑娘，她家住在朝天宫。后来她受了伤，她当时11岁，改变了她一生的命运，因为她已经是一个残疾人。她把伤疤揭开的时候，很多日本女人都哭了，觉得她很可怜，背着伤疤过了这么几十年。一个日本人一边哭一边就趴在倪翠萍的面前，倪翠萍反过来安慰她，这个场面很感人。**

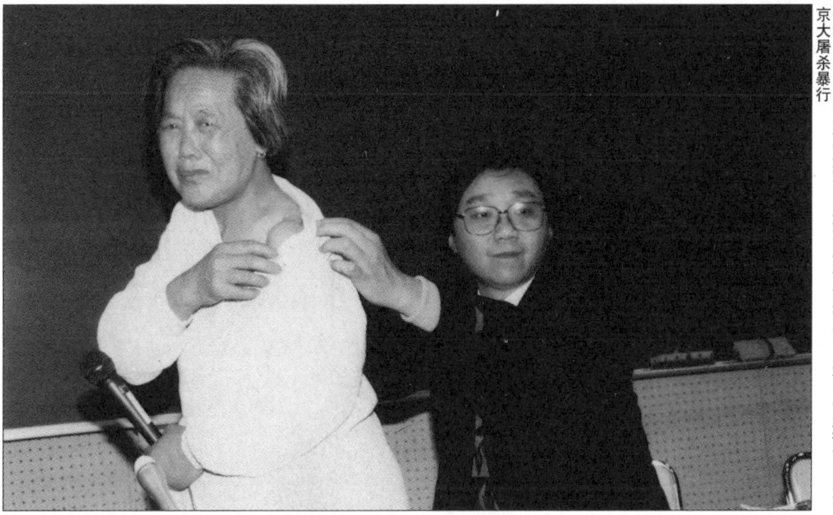

1996年12月10日，在日本神户和平集会上，南京大屠杀幸存者倪翠萍（左）当场揭开上衣，展露肩膀上当年日军给其留下的永久伤疤，和侵华日军南京大屠杀遇难同胞纪念馆馆长朱成山（右）一起控诉日军南京大屠杀暴行

2002年12月，侵华日军南京大屠杀遇难同胞纪念馆在新落成的“历史证人的脚印”铜板路前，按1:1的比例塑造了倪翠萍的雕像。

【字幕】1937年至1947年对南京大屠杀的记忆

中国人民对1937年年底发生在南京的惨痛记忆是如此的深刻。事实上，对日军暴行的收集取证，几乎在南京大屠杀发生的同时就开始了。

【采访】南京大屠杀史研究者 孙宅巍：**南京大屠杀，它的这个历史记忆我们最早可以追溯到1937年、1938年，就是南京大屠杀发生的那个时代。当时国民政府，它主要是通过政府下面的国际宣传处和军事委员会政治部这两个机构来收集、调查日军在南京、在各个地方的暴行。**

当时金陵女子大学的舍监（宿舍管理员）程瑞芳，在南京大屠杀期间看到日军的暴行，看到中国人沦为亡国奴以后生存的悲惨状况，就以日记的方式记录下她所目睹的情景（详见第四集）。

此外，国民党军医蒋公毅，在1938年逃离南京以后，追忆他在南京大屠杀期间看到的情形，也以日记体做了一个记录，1939年1月在汉口正式出版，书名叫《陷京三月记》。

国民党军医蒋公穀（摄于1937年前后）和他的《陷京三月记》

【字幕】南京档案馆收藏的南京大屠杀史料的故事

抗战胜利后的1946年2月，为了配合远东国际军事法庭东京审判，南京临时参议会专门成立了“南京大屠杀案敌人罪行调查委员会”，从不同的层面、不同的角度，对南京大屠杀做了全面深入的调查，留下了丰富的史料，其中有大量的市民呈文。这些材料现在大部分保存在南京市档案馆。

【采访】南京市档案馆研究馆员 夏蓓：**市民呈文，它有三个特点：一、它来自社会的底层；二、它来自民间；三、市民呈文的主人都是南京大屠杀案直接的受害者。目前已经梳理出来的市民呈文大约有2000多封。**

从留存下来的照片中可以看到，当年南京市内散布着许多大屠杀遇难者的丛葬地。

【采访】南京市档案馆研究馆员 夏蓓：**这是位于汉中门外二道埂子的一处丛葬地，这个丛葬地埋尸1123具。这个丛葬地位于莫愁湖广州公**

夏蓓在整理当年控诉日军暴行的市民呈文

墓旁，这个丛葬地共埋尸772具。这两张照片的一处丛葬地位于中华门外兵工厂，两处丛葬地共埋尸26612具。

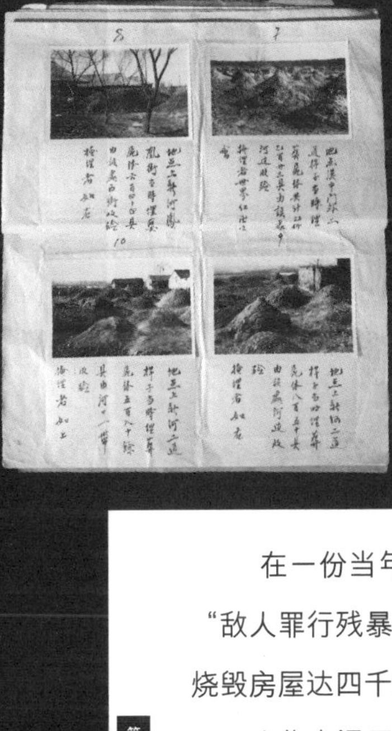

汉中门外二道埂子丛葬地

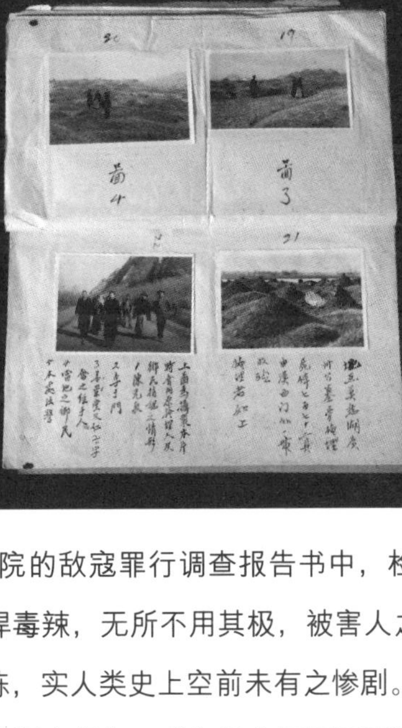

莫愁湖广州公墓旁丛葬地

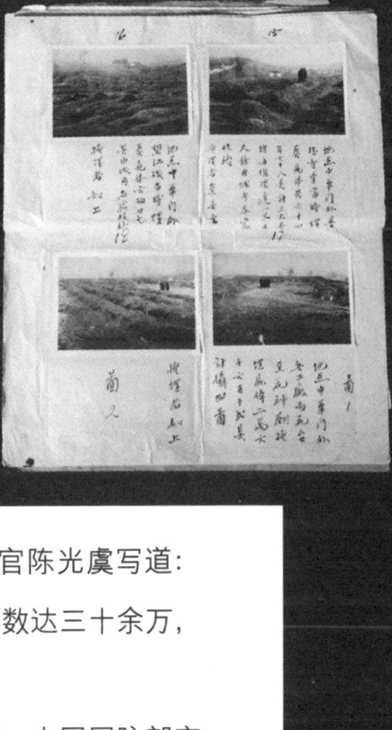

在一份当年法院的敌寇罪行调查报告书中，检察官陈光虞写道：“敌人罪行残暴凶悍毒辣，无所不用其极，被害人之确数达三十余万，烧毁房屋达四千余栋，实人类史上空前未有之惨剧。”

这些血泪写就的调查报告，成为远东国际军事法庭、中国国防部审判战犯军事法庭审判南京大屠杀案凶手的重要证据。

【字幕】1947年新闻纪录片

国防部军事法庭公审南京大屠杀的主角谷寿夫。民国三十六年二月六日，在南京励志社首次公审。审判长石美瑜严训被告，并指出当年日军入城后大屠杀的实证。为了这个实证，石美瑜庭长曾在中华门外设立临时调查庭，并且挖掘当年日军屠杀平民后草草埋葬的万人坑。这些尸骨经检验后证明非壮丁军，而是女人同小孩的尸骨，有枪伤有火伤。这些确实的物证还不够证明谷寿夫部队的罪行吗?

1947年3月10日，中国国防部审判战犯军事法庭对当年侵入南京的日军第六师团师团长谷寿夫进行最后一次公审，宣判其犯有危害和平罪、战争罪和违反人道罪，判处死刑。

当年参与南京大屠杀的部分战犯得到了惩治，但侵华日军南京大屠杀的血腥与残暴却无法被忘却，它深深地印刻在中国人民特别是南京市民的记忆中，对于这些记忆的保存一直延续到中华人民共和国的成立。

【字幕】上世纪六七十年代对南京大屠杀的记忆

【采访】南京大屠杀史研究者 孙宅巍：**1962年，南京大学的高兴祖老师，带领4位老师、7位同学，首先对南京大屠杀的事件，从学术意义上、学术层面上来进行收集和整理工作。他的这些工作到1972年的时候，用内部出版的方式，出版了一本《日本帝国主义在南京的大屠杀》小册子。从学术研究上来讲，这是第一本研究南京大屠杀史的著作。**

【字幕】上世纪80年代侵华日军南京大屠杀遇难同胞纪念馆建馆缘起

1982年7月，日本在教科书问题上否定南京大屠杀，中国针对教科书事件向日方正式提出交涉，《人民日报》也发表了《必须牢记这个教训》的评论。

【采访】侵华日军南京大屠杀遇难同胞纪念馆原副馆长 段月萍：

1982年有名的教科书事件，这个事情在报纸上公布以后，老百姓就非常气愤，特别是南京，因为南京遭受日本侵略者屠杀了30万人，那时很多阶层，有学生，有公务员，还有老百姓就写信给市政府，要求市政府为死难的同胞建馆、立碑、编史。

1983年11月，南京成立了“南京大屠杀”编史、建馆、立碑办公室，筹备建立纪念馆。1985年2月，邓小平同志亲自为纪念馆题写馆名“侵华日军南京大屠杀遇难同胞纪念馆”。

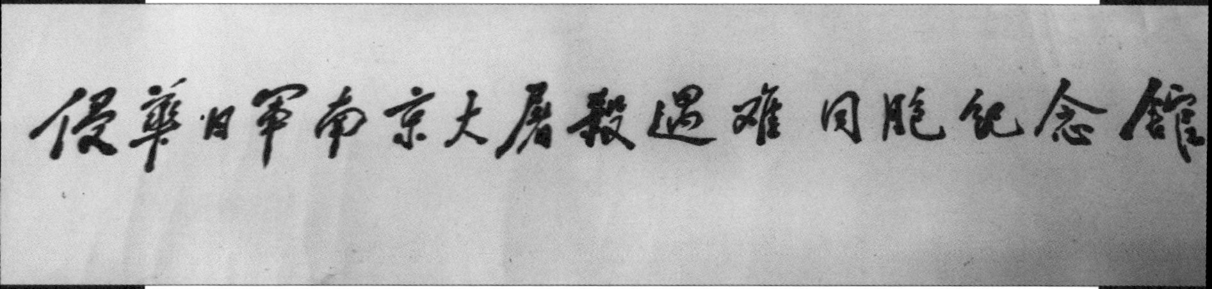

邓小平同志题写的「侵华日军南京大屠杀遇难同胞纪念馆」馆名

【字幕】侵华日军南京大屠杀遇难同胞纪念馆一期介绍

纪念馆一期的设计者，是中国科学院院士齐康。

【采访】侵华日军南京大屠杀遇难同胞纪念馆一期设计者 中国科学院院士 齐康：**原来那个地方是荒地，周围没有任何建筑。那么我第一次去设计的时候，地上一挖，白骨就有了，所以我就用生与死来表现，生就是草坪，死是鹅卵石，中间还有枯树，还有母亲寻找自己的子女**（雕像）。

纪念馆广场上以鹅卵石铺地，寸草不生，象征着累累白骨，象征着死亡；远处《古城的灾难》大型组合雕塑，由残破的城墙、残缺的军刀、历史的桥梁和遇难者的头颅、手臂组成，表达着悲与愤的情绪。形似十字架的标志碑则矗立在广场一侧，上面铭刻着1937年12月13日至1938年1月的黑色阿拉伯数字，肃穆、凝重。

侵华日军南京大屠杀遇难同胞纪念馆广场

侵华日军南京大屠杀遇难同胞纪念馆《古城的灾难》大型组合雕塑

侵华日军南京大屠杀遇难同胞纪念馆标志碑

在这里，人们仿佛看到覆土之下的无数死难同胞在挣扎，无数冤魂在呼喊，让前来凭吊的生者随之悲痛，为之祈祷。

1985年8月15日，抗日战争胜利40周年之际，侵华日军南京大屠杀遇难同胞纪念馆落成开放。

侵华日军南京大屠杀遇难同胞纪念馆揭幕仪式

【采访】侵华日军南京大屠杀遇难同胞纪念馆原副馆长 段月萍：**建馆以后反响很大，我们没有想到的，老百姓参观的简直就像看电影那个挤的。陈列厅又小，挤来挤去，人啊，每天都是五六千，老百姓热情非常高。有很多人自己的亲属被害了，他们都往这里跑，来祭祀，自发地献花。因为那时候还没有建立名单墙，**（他们）**就把花放在平台上。**

【字幕】徐志耕长篇纪实报告《南京大屠杀》的故事

1987年，军旅作家徐志耕的长篇纪实报告《南京大屠杀》出版发行，在社会上引起轰动。

【采访】作家 徐志耕：**这件事情快过去50年了，很多人不知道。一个记者、一个作家的责任，应该让人们知道历史，特别是南京人民这样一个大的悲剧事件。所以，基于这样一个事情，我就决定要写。**

军旅作家徐志耕和他的长篇纪实文学作品《南京大屠杀》（1987 年版）

当年的徐志耕，就像今天这样骑着自行车或步行在南京城四处寻找大屠杀幸存者，寻觅着大屠杀的遗迹或遗址。在采访过程中，幸存者对那场劫难的记忆，就是埋藏在心灵最深处的痛楚。

【采访】作家 徐志耕：**后来我去采访一个老太太，在梅园新村后面，叫桃源新村，这个老太太叫邓明霞。我一敲门，开了，满头白发个子小的一个老太太，小步走出来了，走到门口，我递给她介绍信，她拿过介绍信一看，全身都发抖，肩膀都发抖，眼泪哗哗流出来。一见到**

“大屠杀”这几个字，要回忆过去的悲痛，她就很伤心，这是她心中永远的痛。

徐志耕当年的采访，按照纪实性创作原则，把真实性和可读性很好地结合了起来。他撰写的这本著作，是一部全面反映南京大屠杀的历史长卷。

当年他所采访的近百位幸存者，现在大多数已经离世。

受害者邓明霞

【字幕】侵华日军南京大屠杀遇难同胞纪念馆自上世纪90年代的大事记

侵华日军南京大屠杀遇难同胞纪念馆，在这里，简朴和深沉的建筑语言，向每一位来此参观的人讲述着生与死、悲与愤的故事。

1992年，朱成山来到纪念馆工作。

此时的朱成山年富力强，他开始思考和探索：如何将民间的记忆汇聚成国家的记忆？如何在国家的纪念设施中体现出强烈的中国民间的呼声？

【采访】侵华日军南京大屠杀遇难同胞纪念馆馆长 朱成山：**南京大屠杀这段历史，当它和中华民族的苦难史联系在一起的时候，我们就会有一种民族责任感、国家责任感。这种责任感促使我们加倍地工作，勤奋地思考，把它作为国家记忆、民族记忆的一种载体来建设好。**

1994年，朱成山代表纪念馆倡议每年12月13日在全城拉响防空警报及火车、轮船鸣笛，以悼念南京大屠杀遇难同胞。这在新中国历史上是第一次。

1997年，纪念馆和一批学者开始大规模搜集幸存者证言、海内外档案资料，以及当事人的日记。

在朱成山和南京高校的专家、学生的努力下，纪念馆搜集到了1万

侵华日军南京大屠杀遇难同胞纪念馆的遇难同胞名单墙（长43米，高3.5米）

多个遇难者名字，这些名字今天被刻在纪念馆内的“哭墙”之上。

为了揭示历史真相，朱成山带领纪念馆工作人员不远万里，先后在日本、美国、加拿大、俄罗斯、丹麦、意大利等国举办南京大屠杀史实展览。

在此期间，纪念馆的面积从一期的30多亩扩大到二期的111亩，2015年将扩大到150多亩。

历史的证言藏在每一个细节之中。对于南京大屠杀期间文物的考证、搜集、珍藏，朱成山总是那么积极投入，不遗余力。他意识到，每一件证物对一个主题纪念馆都那么重要。

【采访】侵华日军南京大屠杀遇难同胞纪念馆馆长 朱成山：**应该说博物馆首先要有物，没有物的博物馆、纪念馆不能真正称为一个博物馆。现在我们已经发展到有十几个仓库，有15万多件馆藏。**

南京大屠杀历史证物的搜集近年来取得了很大进展。纪念馆一方面派人到全国各地及日本、美国、德国、丹麦等国家搜集文物，一方面委托海内外友人帮助征集文物。

在纪念馆的馆藏中，许多藏品具有极高的价值，它们向后人诉说着那段真切的历史、惨痛的记忆。

【字幕】东史郎《战时日记》（又称《东史郎日记》）的故事

这些用日文写的泛黄的日记本，出自一名日本老兵，他就是东史郎。东史郎原为日军第十六师团的一名士兵，1937年年底参与了南京大屠杀，日本投降后，东史郎被中国军队俘虏，羁押在上海十六铺码头。

侵华日军第十六师团士兵东史郎写的《战时日记》

【采访】侵华日军南京大屠杀遇难同胞纪念馆馆长 朱成山：**当时有一个（国民党的）营长，这个营长就说，东军曹，我就是南京大屠杀时在下关中山码头被压在一个个战友尸体下才得以逃生的，然后和万恶的日军战斗了8年。一想到我死去的战友，一想到当年在中山码头你们日军对我们的屠杀，我恨不得把你拦腰砍断，扔到黄浦江里面去，但是上司有令，以德报怨，今天饶你一命。东史郎听了以后，当时扑通就跪下了，所以他当天晚上在日记里就说，他的生命是中国人宽待俘虏不杀之恩，从这时起，他开始反思。**

这名中国军人以德报怨的宽大胸怀，一直深深影响着东史郎。晚年的东史郎开始说出历史真相，真诚谢罪。

1987年，东史郎公布并出版了他的日文版《战时日记》，在长达6年时间里没有任何异议。直到1993年4月，日记中涉及的东史郎的原分队队长桥本光治在日本右翼的操纵下，以日记对在南京原中国最高法院门前残忍地杀害一名中国人的记述“不是事实”“损害名誉”为由，起诉东史郎。

在东史郎与日本右翼围绕何为历史真相长达8年的诉讼案中，纪念馆和南京市民给了他有力的支持和无私的帮助。

1998年3月，东史郎亲手向侵华日军南京大屠杀遇难同胞纪念馆捐赠了自己的《战时日记》，共5卷37万字，日记记述了他1937年9月至

1998年3月，东史郎《战时日记》捐赠仪式

1939年7月在中国的战事，以加害者的视角记录了南京大屠杀及日本对中国的侵略，成为见证那段历史的重要证物。

【字幕】美国牧师约翰·马吉的摄影机及胶片的故事

纪念馆的另一件重要藏品得来非常不易，它就是当年约翰·马吉牧师记录南京大屠杀的16毫米摄影机及4盘胶片。

约翰·马吉牧师记录南京大屠杀的16毫米摄影机及4盘胶片

为了收藏这架摄影机，朱成山专程去美国纽约看望了约翰·马吉之子大卫·马吉。

【采访】侵华日军南京大屠杀遇难同胞纪念馆馆长 朱成山：**我本人去了大卫·马吉家，住在一个海边，去过两次。开始就想要他那架摄影机，老先生舍不得。后来，他们突然提出要到南京来访问，而且是带着摄影机来。哎呀，我感到高兴。**

在南京，朱成山陪同大卫·马吉夫妇参观了挹江门外的第十二中学，这是他的父亲约翰·马吉牧师当年传教的教堂，也是大卫·马吉童年生活过的地方。朱成山的热情接待，使大卫·马吉夫妇很受感动。

【采访】侵华日军南京大屠杀遇难同胞纪念馆馆长 朱成山：**人都是有感情的，到临走的那一天早上，他太太说，我们家先生有一点松动，再做做工作，否则来不及了，我们要上飞机回美国了。哎呀，我很高**

兴。吃早饭的时候和他一讲，这位先生竟然答应了。他说：“可以，我决定把这个摄影机给你们。”

2002年10月2日，大卫·马吉将他父亲当年使用过的摄影机捐赠给了侵华日军南京大屠杀遇难同胞纪念馆。两个月后，他又将他父亲当年拍摄的4盘胶片从美国寄给了纪念馆。

历史的黑匣子在瞬间被打开，记录南京大屠杀的珍贵影像在时隔60多年后重回中国，日军的残忍、暴虐，被永久地凝固在这锈迹斑驳的铁盒子里。

【字幕】侵华日军南京大屠杀中村庄记忆的故事

21世纪初，南京师范大学、南京大学相继成立了关于南京大屠杀史的研究机构，对于那段苦难历史的研究，正在向着广度和深度继续延伸。

【采访】南京大屠杀史研究者 南京师范大学教授 张连红：**我们对记忆的一种认识的提高，就是突破了我们的家族，进入村庄，再上面就是我们国家这样的一个概念，所以我觉得到了最近10年，我们对这种南京大屠杀的记忆，已经由传统的家庭记忆，到村庄记忆，到国家记忆，形成一种立体的记忆，我想这个是非常重要的。**

【字幕】南京汤山　湖山村

湖山村是南京东郊汤山一个宁静的小村庄。2001年，南京炮兵学院教师费仲兴为调查日军的侵略行为，走遍了汤山包括湖山村在内的100多个自然村。

【采访】南京炮兵学院教授 费仲兴：**日军第十六师团佐佐木支队，到了湖山以后，天黑了，就地宿营。封锁消息，将整个村包围起来，外面人可以进去，里面的老百姓不让出来。在那种情况下，他们发现了可疑人就打死。**

湖山村共有61位有名有姓的村民被日军杀害。

【字幕】南京汤山　西岗头村

在湖山村东南9公里的西岗头村，费仲兴找到了幸存者陈广顺。陈广顺老人回忆起日军进村后他躲在一个地主家照壁后面看到的情形。

【采访】南京大屠杀幸存者 陈广顺：**后来（日本兵）就把二十几个人带到小学球场上，带到球场上，两排跪下。跪下来的，怕二十几个人夺他枪，跪下来以后，他这个脸对南，屁股对北。那个日本当官的就讲了，好比那个开枪，对不对啊？他日本（人）讲话我又不懂。用机枪对这些人“跨啦跨啦”，两排人来去两回就扫死了。**

逃出来的陈广顺在山上树林里找到了躲藏在那儿的父亲和其他村民。

【采访】南京大屠杀幸存者 陈广顺：**我父亲对我讲，他说乖乖你这么晚才回来啊。我讲喜德哥（我三哥）被打死了，我把这一番话告诉了我父亲，我父亲就哭了。不敢大声哭，哭的时候怕日本兵找得来的。**

2005年的8月和12月，湖山村村民和西岗头村村民相继建起了两座纪念碑，碑上分别刻下了61个和37个遇难村民的姓名。

灾难记忆如果仅仅是幸存者的个体独白，就会很快消失，只有把个人记忆转变成人们的集体记忆矗立起来，才会在社会框架中获得延续并产生意义。

【字幕】南京民间抗战博物馆

位于南京安德门外的南京民间抗战博物馆始建于2006年，对公众免费开放。虽然不在市中心，但每天仍有一些人前来参观，他们是对这段历史真正感兴趣的人。

【采访】南京民间抗战博物馆馆长 吴先斌：**我们大屠杀史的教育，那种口口相传的教育，从来没有停止过。我小时候，我的外公曾经跟我说过，南京发生过大屠杀。走到南京汉中门的时候，他跟我说这里曾经有大屠杀，日本人在这里杀了很多人。像大屠杀史这种深痛灾难的历史，需要国家的记忆，也需要民间的记忆，因为它不仅仅是国家的记忆，或者是民间的记忆，它是我们整个社会的记忆。**

随着越来越多的人参与到对南京大屠杀记忆的挖掘工作中来，征集大屠杀证物，开办民间的纪念场所，这扇记忆之门由最初的张开一条缝，到被彻底打开，成为全民族的集体记忆。

【字幕】侵华日军南京大屠杀遇难同胞纪念馆二期工程，从历史走向和平

进入新世纪后，关注“和平学”在国际上的发展，开始成为侵华日军南京大屠杀遇难同胞纪念馆学术研究的重点课题。

2005年，侵华日军南京大屠杀遇难同胞纪念馆开始了第二期扩建工程，它由中国工程院院士何镜堂主持设计，新的设计方案既体现出战争的历史，又使人们看到未来的希望——和平。

2007年，南京大屠杀70周年纪念日，扩建后的新馆正式开放。

历史、祭奠、和平三个序列的构思在设计中体现得十分明显。纪念馆前半部分“白骨为证、废墟为碑”，用有特色的建筑语言固化历史，给观众极强的震撼力。

【采访】侵华日军南京大屠杀遇难同胞纪念馆二期设计者　中国工程院院士 何镜堂：**施工的过程里面，突然发现了一批骨骸，一共有19具。经过验证，就是当年大屠杀时候日本人屠杀中国人的。我说这是非常重要的新发现，一定要好好保管。最后我们专门为这个设计了，保留了这19具骨骸，上面用玻璃把它盖起来，由上面就看到底下。我们开了一个天窗，后来就把它命名为“苍天有眼”，就是我们受难的同胞终于见到苍天了。**

侵华日军南京大屠杀遇难同胞遗骨坑之一，保留了19具骨骸

从1937年12月13日开始，南京大屠杀发生的6周时间里，共有30多万人遇难。如果以秒来计算，每12秒就有一个生命消失。

纪念馆的序厅与尾厅的设计同时体现了这12秒的寓意。序厅中，每隔12秒，在悲凉的安魂曲中，水面上浮出遇难者的照片；尾厅中，每隔

侵华日军南京大屠杀遇难同胞纪念馆 序厅

12秒，就会有一滴水从高空落下，以此表达对逝者的追思，对生命的慰藉，对剥夺他人生命的加害者的拷问。

纪念馆的冥思厅设计独特，为历史营造出一个黑暗的空间，地面上烛光点点。在近乎全黑的环境中，人们从现代社会走来，在历史的情境中会去思考：南京大屠杀的历史告诉我们什么？面向未来我们应该从中得到怎样的启示？

侵华日军南京大屠杀遇难同胞纪念馆 冥思厅

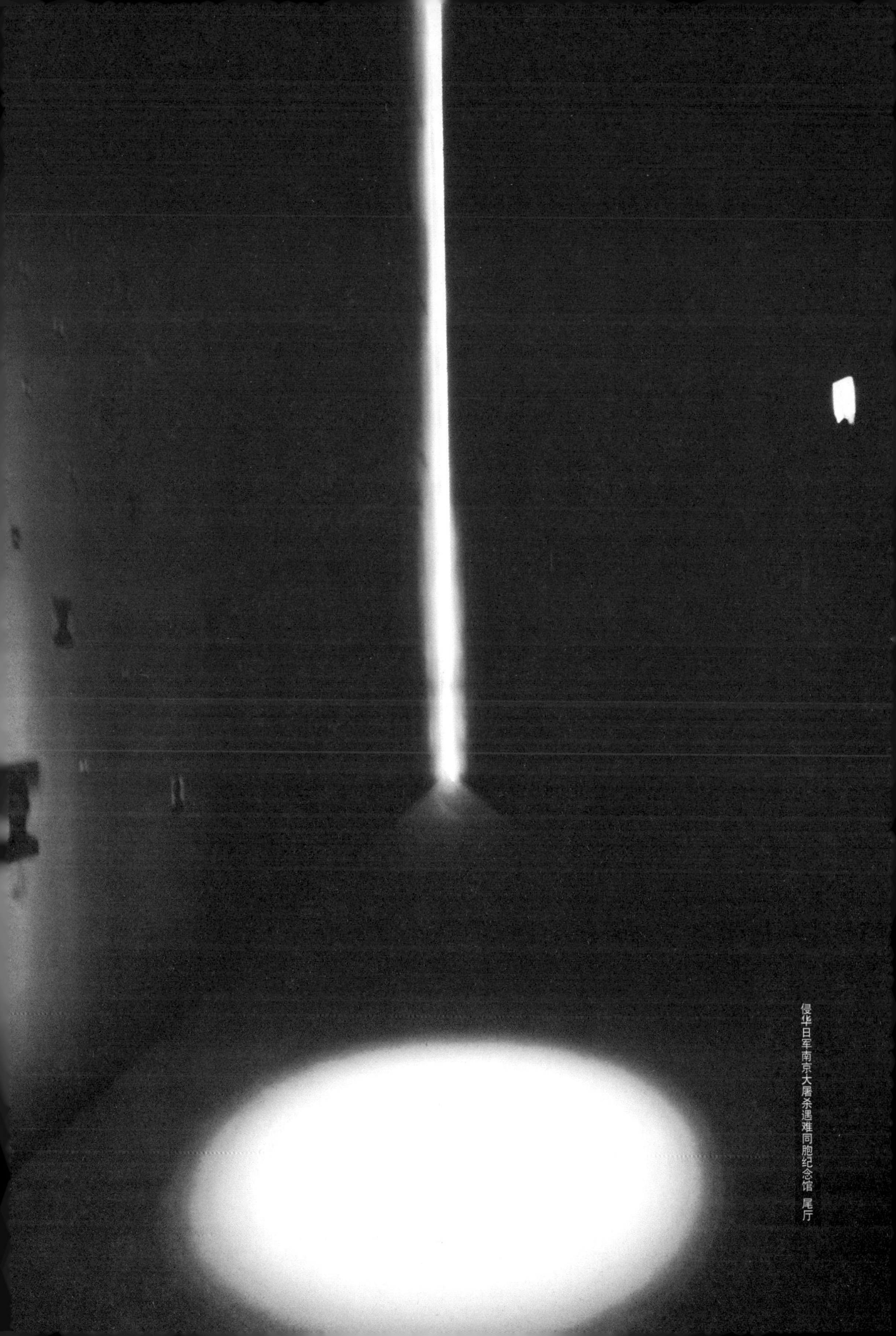

侵华日军南京大屠杀遇难同胞纪念馆 尾厅

侵华日军南京大屠杀遇难同胞纪念馆 俯瞰图

从空中俯瞰，纪念馆像一艘起锚的航船，寓意深刻的建筑语言体现出“人类家园、走向和平”的主题。

【采访】侵华日军南京大屠杀遇难同胞纪念馆二期设计者 中国工程院院士 何镜堂：就像一艘和平之舟，因为我们既是震撼，既是屠杀，又是和平，整个联系（起来）就是一个和平之舟。100多米长的清水（池）面对着和平女神这座雕塑，就是使大家既要永远牢记这段历史，又要珍爱和平，开创我们人类共同的未来，实现人类共同和平的理想。

侵华日军南京大屠杀遇难同胞纪念馆 和平女神雕像

今天，侵华日军南京大屠杀遇难同胞纪念馆已经成为祭奠遇难者与和平交流的重要场所，每年接待来客超过600万人次，位居国内博物馆前列。

【字幕】日本前首相村山富市参观侵华日军南京大屠杀遇难同胞纪念馆并留言

1998年5月24日，日本前首相村山富市参观访问了侵华日军南京大屠杀遇难同胞纪念馆，并在悼念广场上向30万中国的遇难者默哀，敬献花圈。

村山富市表示：日军的侵略给中国及亚洲人民带来了巨大的灾难，我们必须以史为鉴，才能共筑日中友好，为长久的和平做出贡献。

侵华日军南京大屠杀遇难同胞纪念馆 祭场
黑色的花岗岩石碑前，燃烧着遇难者的长明火，人们通过献花圈、敬香、默哀等形式，寄托对遇难者的哀思和反对战争、祈祷和平的愿望

日本前首相村山富市在侵华日军南京大屠杀遇难同胞纪念馆悼念广场敬献花圈

日本前首相村山富市在侵华日军南京大屠杀遇难同胞纪念馆留言：前事不忘，后事之师

村山富市是第一位到侵华日军南京大屠杀遇难同胞纪念馆参观的日本前首相，在离开纪念馆前，他郑重留言：前事不忘，后事之师。

巨大的档案墙，高12米，宽20.08米，12802名历史证人档案已经化为永久的国家记忆。

幸存者照片墙上912双警醒世人的目光，是对一切违反现代文明的暴力侵略、种族屠杀和恐怖事件的正义谴责。

在这座宏大的纪念馆中，所有的个体记忆、集体记忆共同汇聚成一座城市的记忆，一个国家的记忆。

2014年2月27日，第十二届全国人大常委会第七次会议表决通过：将每年的9月3日确定为“中国人民抗日战争胜利纪念日”，12月13日确

侵华日军南京大屠杀遇难同胞纪念馆 档案墙

侵华日军南京大屠杀遇难同胞纪念馆 幸存者照片墙

定为“南京大屠杀死难者国家公祭日”。

中国人民不会忘记为抗战所付出的巨大民族牺牲，也不会忘记南京大屠杀死难同胞。

中国将每年的12月13日这一天作为“南京大屠杀死难者国家公祭日”，为的是让世人铭记侵华日军所实施的反人类的残酷暴行，它将坚定我们维护世界和平的意志，激励我们努力去实现中华民族的伟大复兴。

下卷

后1937·历史的追问

第一章
伤痛，无法忘记

1937年的南京之痛就像一道蜿蜒的伤疤盘旋在中国历史的天空，这段无法忘却的记忆不但属于中国，属于亚洲，也属于世界。揭开尘封的往事不仅是为了控诉，更是要用那血肉筑起的纪念碑提醒我们：勿忘历史。愿我们从伤痛的原点，找到通向未来、通向和平的决心和力量。

张盈盈（张纯如之母）

战火流徙中的父亲母亲

“当时有着很多颠沛流离的故事，我们家的只是其中一个。”

1940年，我出生在重庆。那个时候，重庆是中国国民政府的陪都。我刚生下来不久，日军就开始对重庆施行无差别轰炸，不管是学校、医院，还是商业区、贫民区。我的父母亲常常向我描述他们看到的情景，说那个时候到处是火海，整个一条街都被烧光了。来不及逃的人被炸死，手啊，腿啊，都挂在电线杆上，非常悲惨。有一次，他们看到一位母亲把烧焦的孩子从火海中抱出来，还来不及救，自己也被烧伤了。

当时，日军采取疲劳轰炸，一来就是30架、50架飞机，我们家五个兄弟姐妹，每个人都有一个小板凳，一听到拉警报，每个人就抱着自己的小板凳，往防空洞逃。重庆是山城，有很多天然的山洞，我们就躲在这些山洞里，坐在小板凳上，一待就是两三个钟头。我的母亲还得在轰炸的间隙，匆匆忙忙赶回家，做事、做饭，不然一会儿轰炸又来了，连顿饭都吃不上。日军不断地轰炸，希望中国人民屈服，但当时大家都是一心一意要抗日。在重庆，物资紧缺，没有衣服穿，也没东西吃，我母亲怀我的时候，8个月只吃了几个鸡蛋，大家唯一不缺的就是一心一意要打败日本的决心。

我的祖籍是南京，南京大屠杀的时候我还没有出生，我的父亲母亲给我讲述过1937年他们是怎么逃离南京的。南京是中国当时的国都，那个时候全中国大撤退，整个中华民族都在大迁移，有着很多颠沛流离的故事，我们家的只是其中一个。很多家庭在那个时候都被分散了，我们的家庭几乎离散，但终获命运垂青，依旧团圆。

那个时候我父母在南京政府做事，我母亲有4个月的身孕，怀着我哥哥，带着我只有1岁的姐姐回娘家——江苏宜兴官林镇。1937年11月，我父亲收到单位通知，说马上撤退，上海已经打得很厉害了。我父亲就托人捎口信给我母亲，说赶快回芜湖，不要回南京了。那个时候，一船一船的难民都涌往芜湖，大家都想要到长江上游去逃难。我父亲已经撤退到芜湖，在那里等船，打算从长江溯流而上到重庆。父亲在码头上等了三天三夜，都看不到母亲的人影，急得简直要疯掉了。最后一天，船快开了，父亲还是没有看到母亲。他情急之下一直在码头上叫我母亲的名字："以白，以白！"奇迹发生了，我母亲居然说："我在这里！"这简直是上天赐予我们的礼物，让父亲此生永远无法忘记。

来到美国之后，作为对子女的历史教育，我们将经历过的这所有的一切告诉了纯如，最终引导着她走向了自己的命运，用自己的生命去撰写《南京浩劫：被遗忘的大屠杀》。

张邵进 （张纯如之父）

家国往事，遗梦一场

“纯如的英文名叫作艾瑞丝，之所以给她起这个名字，是因为我喜欢看希腊神话。在希腊神话中，有一个女神叫作艾瑞丝，她飞得很快，每当她经过天空的时候，就会留下一道彩虹，让大家知道她的经过。没想到的是，纯如真的应了她的名字，她这么快地经过这里，又这么快地离开，只留下了一道美丽的彩虹。”

我的祖辈以农为生，世代生活在一个叫涟水的地方，就在淮安跟淮阴的旁边。所谓的洋学堂，我父亲那一代才开始有。父亲是这个世代务农的家庭里的第一个知识分子，他25岁师范高中毕业以后，想去读大学。祖父相当开明，让他去考，父亲最后考取了北京大学。当时正值国民革命，国民党打压了北边的军阀，父亲来到北京大学，攻读理科。第二年暑假，父亲回到家乡。当时恰逢五四运动，父亲像一般的年轻人一样很爱国，加入国民党为当地做了一些事情。后来，当他再回到北京时，国民党的身份让他身处险境，因为担心受到军阀的迫害，于是与一批同学一起转学，回到南京中央大学读了两三年政治系。

父亲去北京念书以前，母亲已经嫁进张家了，生我大哥的时候，父亲已经去北京念书了，就给大哥取名张邵远，我想我父亲取这个名字是觉得他自己走得很远。后来，父亲在中央大学念完书，刚好江苏省开始用考试制度来选拔县长。如果是学政治的，或者跟政治有关的系的学生，可以参加当时的县长考试。因为江苏一共只有那么几个县，录取的人并不太多。被录取的人做预备县长，开始在不同的机构去学习做事，两年多后，被认为合格了，就升为县长。我的父亲就在这个时期考取了县长职位。我的二哥在这时出生，取名邵达，事业发达的意思。父亲第一任是去宿迁，于是三哥就叫邵迁。我是第四个，叫邵进。因为我母亲在快生的时候还去看新年庙会，结果在看热闹的时候就把我生下来了。

1937年1月的时候，我出生了。半年以后，卢沟桥事变爆发。当时日本非常自大，说只要3个月就可以把整个中国拿下。这让中国人觉得无比屈辱，中国政府也要想个办法让日本知道，中国人并不是那么好欺负的。于是，政府决定选一个地方，跟日本好好地磨，最后选定上海。上海是一个国际城市，有很多外国人，尤其是欧洲人。日本人是出了名的残暴，但他们在外国人，尤其是欧美人面前还是有所顾忌的，他们也担心世界舆论。这就发生了后来有名的淞沪会战。战争还没有开始的时候，政府就决定把那批新考取的县长调到上海附近。因为这批人年轻、勇敢、不怕事，要他们去帮助军队抵抗日军，他们都非常愿意。我父亲就是其中一个。于是，他从宿迁调到太仓去做县长。

那时候是7月，几个月后日军打过来了，对太仓实施轰炸。我的父亲要带县政府下到战壕，协助军队保护上海，无暇照顾妻子跟小孩，把我们留在这里也非常不安全，于是把我们送到了淮阴。这场仗打了3个月，虽然牺牲很大，但证明了中国人可以抵抗日军。后来军队开始转移，父亲跟着军队到了淮阴，接着向四川转移了。当时，我们家有4个小孩，我不满周岁，大哥也不过10岁。母亲一个人要带4个孩子，难以顾全。我的祖父母离淮阴很近，于是，把差不多两岁的三哥留在了他们身边，说从四川回来的时候再会合。没有想到，这一仗一打就是8年，父母也承受了整整8年的骨肉分离之痛。

我父母亲加上3个兄弟，跟着军队，跟着政府，慢慢向重庆迁移。一路经过安徽、湖南、湖北，受了不少的苦。母亲在路上得过一次疟疾，非常严重。最后到了重庆，我们在一个叫作南温泉的小城住下来，一待就是8年，经历了相当多的故事。后来等纯如开始长大，学会问问题的时候，她常常问我们，我们在她的那个年龄做些什么事情。我四五岁的时候正是在南温泉，刚刚有记忆，还记得一些事情，就讲给纯如听，对纯如产生了很大的影响。

她的问题，有的时候会逼着我们自己好好去想一想，才能慢慢讲给她听。我记忆里面最早就是躲警报。那时候躲警报好像是每天必做的事情，一早起来，马上就会有飞机来。淞沪会战后，中国空军几乎已经形同虚设，面对日军的轰炸，唯一的抵抗就是用地面大炮打一打。所以那个时候，日军狂妄得要命，飞机飞得很低，根本不怕中国人的抵抗。

一早起来，母亲匆匆忙忙地做家事，烧东西给大家吃。那个时候不像现在有煤气或电源，她得引火点炉子烧煤，再开始做菜。父亲在太仓打仗的时候，在地下待了3个月，肺不太好。母亲每天早上把最好的食材做给父亲吃，我们只吃普通的东西。早饭后她还得把其他东西准备好，因为轰炸总是持续很久。

一开始拉警报叫作预备警报，表明敌人的飞机已经飞过来了，大家就赶紧往防空洞跑。我们去的防空洞叫作仙女洞，大家带个小板凳或者找一个石头坐下来。过一阵儿就变成紧急警报，飞机真的是在头顶了，不时丢几个炸弹。飞机虽然不多，盘旋时间却很长，解除警报再回家，每天大部分的时间都被占掉了，非常不方便。有时候，我母亲就冒险一个人留在家里去做些事情。飞机真正来的时候她就躲在一个防空壕里头，过一阵子又出来。开始的时候飞机来，有的人胆子大就跑出去看看，没有想到炸弹刚好丢到这个山上，我看到好多大石头从防空洞的前面掉下来，过一阵子有一两个人满身是血地跑进来。

在重庆市里面，很多人被炸弹炸死，很多人的房子被烧掉，还有人在防空壕里头和防空洞里头闷死了。这是一笔账，在战争里，被日本军队空袭而阵亡、死亡的人实在很多。

“二战”中亚洲战场发生的事情，真正的美国人知道得不多。当时犹太人在德国被杀的事情，这里每一个人都知道，而且经常在报纸上看到，在学校里的教科书上都会有。但是日本人杀害了那么多的中国人、韩国人、菲律宾人，美国人知道得都不多，我觉得这是非常遗憾的事情。纯如使美国人因为她的书知道了这些，做了一件对美国人来讲非常重要的事情。

纯如的英文名叫作艾瑞丝，之所以给她起这个名字，是因为我喜欢看希腊神话。在希腊神话中，有一个女神叫作艾瑞丝，她飞得很快，每当她经过天空的时候，就会留下一道彩虹，让大家知道她的经过。没想到的是，纯如真的应了她的名字，她这么快地经过这里，又这么快地离开，只留下了一道美丽的彩虹。唯一值得欣慰的是，她的书让无数的美国人看到了中国的那一段往事。

三谷翔 (日本老兵)

大屠杀目击者的自述

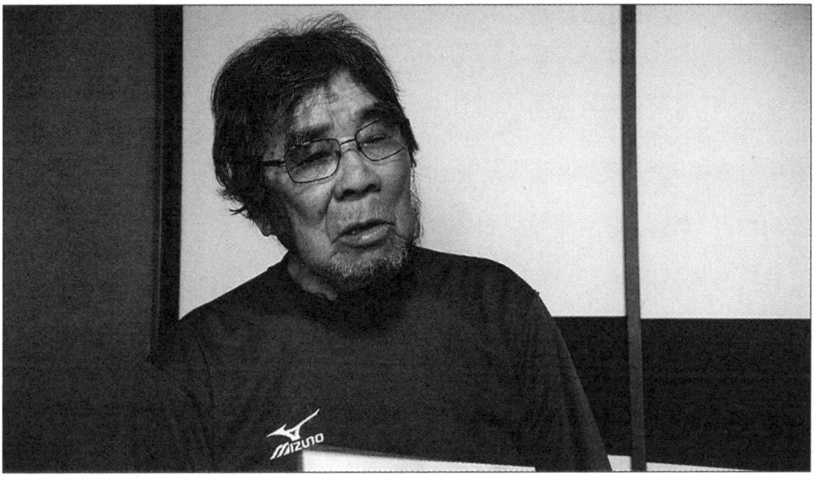

"直到东京审判时，我们才知道这是一场侵略。"

我1919年出生，今年95岁。小学三四年级，大概8岁左右，学校教育我们，为了天皇奉献生命是至高无上的荣誉。现在的人听了这些可能会说，别胡扯了，但是休战前，我26岁之前，可都是这么想的，要为天皇献身。

小学时，十一二岁拍的照片上，我已经是军国主义少年了。学校上下课都用军号。游戏时，学生一队扮中国，一队扮日本，"日本"一方的孩子一起喊"杀光中国人"。1932年，一·二八事变发生后，《朝日新闻》和《每日新闻》捏造有关上海的新闻。学校里让女老师拉琴，教学生们唱一首名为《庙行镇之战歌》的军歌，那会儿的学生都会唱，讲的是一·二八事变中，3名士兵抱着炸弹冲向上海庙行镇中国守军阵地，用生命为部队打开进攻通道的事。学校从小用这些洗脑，进行军国主义教育，动员大家赶快成为军人，接受天皇的金至鸟勋章。

那时我渴望长大，早点为天皇效忠，在18岁时参加了海军。1937年

12月13日前的一两个月，我们在上海，那时的浦东还是一片荒地。我所乘坐的船只开始向南京进发。我们的任务是随日军舰队侵入南京外围，进攻乌龙山炮台。当时我是日军驱逐舰“海风”号的信号兵，负责传递开炮等命令。这支舰队隶属日本海军第24驱逐队，同该队的“山风”“河风”和“江风”等舰艇一起，从江面上用密集炮火轰炸中国守军的防御阵地。

12月13日，南京城破，日本军舰停在下关江面。我看到，从中山码头方向漂下来4只竹筏，上面横七竖八的似乎都是人，望去有2米多高。我们怕是伪装了来袭击的，拿枪射击10多分钟，竹筏毫无反应，我才明白原来上面堆的全是中国人的尸体。

12月16日晚，传来次日参加入城式的命令。参战两个多月，双脚没沾过泥土，能上岸参加仪式，我们都有要去郊游的感觉。每艘船18～20人，4艘船不到100人，全副武装，准备登陆。从码头到挹江门，到处都是断壁残垣，尸体到处都是。在中山北路附近的广场上，我望见一堆堆尸体，每堆至少五六十具，地上全是凝固的血。死者有很多老人、妇女，甚至还有孩子，明显都是平民。看得出来，有些是被刺刀捅死的，还有头被整个砍掉的，一些尸体全身赤裸，手被反绑着……惨不忍睹。整个画面好像浮雕一样。有的人家里有无头尸体，砍断的地方我是第一次看到，完全待不下去，难以忍受。当时我问道，难道这座城里没有活着的人吗？印象中，街上偶尔有几个中国人挥着日本国旗走过，他们不挥日本国旗肯定会被杀掉。没有活物，全城死寂，我第一次有这样的体验。

12月18日下午，我在舰桥上站岗，突然听到下关南岸传来机关枪声，哧哧哧哧哧哧，惨叫声、哭声响成一片。军舰距岸约500米，我拿望远镜看去，只见一队队中国人随着枪响应声倒下，像是电影的慢镜头。从这之后，屠杀一直在持续，卡车拉着20多人，有时30多人，一车车运到江边被机枪扫射。被屠杀后，有些尸体陷入淤泥，有些在岸边层层叠叠地堆着。我看到日本兵押着几个中国人收拾尸体，有的挖坑把尸体埋了，也有的没有经过任何处理就扔进江里。

我在南京一直待到12月25日，回到九州，在老家过年。军队告诉我说，不许说出你在南京看到的。好吧，是旅游。我不知道是不是杀了30万人，但是，明明有的事却偏要说没有，在我这里是行不通的。

大屠杀确实存在，不是偶然发生的。他们不用“战争”这个词，而是“上海事变”“满洲事变”。因为说成战争，会涉及国际法等各种问题。比如，美国有中立法，不能给战争的任何一方军售。此外，说成是战争，对待战俘就要遵守相关国际法、国际公约，如果是事变的话就不会影响战俘处置。

因为战争，我没完成学业，老家爱媛县也遭到轰炸，失去家园，我开始厌恶战争。我不理解，那些老兵为什么能沉默下去？不讲出日本军队的暴行，不向南京人民忏悔，我一生不安。渐渐抬头的军国主义还会把日本拖进战争，所以必须集结反战的力量，阻止军国主义的复活。

齐康 （南京大屠杀纪念馆设计者）

追忆金陵往事

“反法西斯战争是全世界的事情，不仅仅是中华民族的事情。”

抗日战争开始时，父亲是南京金陵大学的基建处处长，负责一些建筑的设计，并且正管着金陵大学、金陵女子大学、中华女中、民德女中商学院的建设工作，所以逃难的时候，我就跟着我妈妈跑到浙江，一路从杭州到绍兴，再到天台避难。到了浙江天台，日本鬼子还是不放过我们，每年春天就要来轰炸。那会儿我大概6岁，学校要求我们6点钟上学，8点钟放学，那时候8点钟还没到，日本飞机就来轰炸，我躲在同学家的神祖牌底下，他躲到家里去，上面盖上棉被。轰炸结束以后，我就从那里头出来。那时候很艰难，早上没有饭吃，只拿山芋干往口袋里一塞，饿了就吃山芋干。

抗日战争的时候，我大哥的同学在轰炸时没有躲，睡在双层铺上，结果其他人回来一看，地下全是血，弹片击中了他，人就这么死掉了。还有一次轰炸的时候，我的姨娘，二姨娘、大姨娘、六姨娘都在，炮弹击穿玻璃击中了她们。就是这样一个小县城，日本鬼子都不放过。

我父亲当时留守在南京，有一个德国人拉贝也在南京，他对南京人民很好。作为一个洋行的经理，他组织了难民营，难民营建成十字架的形状，这样飞机轰炸的时候，就不会被炸到。拉贝走了以后有一个叫贝茨的外国人也在组织难民营，我的父亲就是这所难民营的所长。

在天台待了5年后，我们回到了沦陷区，路上，要从宁波港到上海港。走宁波港的时候，第一次看到日本兵。有个日本小兵有点良心，给一个被绑起来的游击队员喝水，结果被长官看到了，长官就狠狠地打他，也打游击队员。后来，游击队员就关在我在宁波待的地方附近，晚上都能听到被军棒子打的喊叫声。那个时候我还很小，日军命令我们过港时都要向日本兵低个头，我们不肯低就是弯着腰走过去，那个时候就已经埋下了对战争的痛恨。

在南京，最危险的一次，是我的父亲正在汉口路一带接收难民，日本兵来了，因为父亲戴上了红十字会的袖标，日本兵以为他是假的，就举枪对准了他。父亲看问题很严重，就大喊一声林查理。林查理也是帮助中国难民的一名外国人，他听到父亲的声音赶紧走了出来，那时候日本和美国还没有开战，日本人看到他是一个美国人，就把我爸爸和他的助手放了。走的时候，还不忘在爸爸助手的屁股上狠狠踢了一脚。就这样，他们捡回了一条命。

难民营的生活是非常困苦的，3万人集中在老金陵大学这一块土地上，每天吃稀饭还得筹划着。日本鬼子经常进来抓人，他们判断的标准就是看帽檐上面有没有印子，手上有没有老茧，要是有就拖出去，所以这里头保护了大多数老百姓，虽然也有一些被日本鬼子抢走了。

当时，有很多外国人保护着中国人，他们承受着很大的精神压力。最悲惨的是魏特琳。金陵女大也有难民区，魏特琳就在这里亲身救中国人，当时他们这些人跟中国人基本上是融为一体了，非常爱护我们的难民。日本鬼子要来抢女人，魏特琳用自己一己之躯去挡，日本人就打她，她尽力保护着难民，却为很多难民无法被保护而感到深深的挫败。这些经历伤害了她，让她在精神上不堪重负，她回到美国一年后便自杀了，墓碑上刻着“金陵永生”。

我想，当时反法西斯战争是全世界的事情，不仅仅是中华民族的事情。

夏蓓（南京档案馆馆员）

浸透血泪的市民呈文

“这些市民呈文，里面的每一个字、每一句话都还带着百姓的血和泪，让我们看到了日军的残忍和暴行。这是我们中华民族不能忘却的集体记忆。”

徐弘氏呈文

我手上的是市民徐弘氏写给中国陆军总司令何应钦先生的一封信，也就是呈文，这个呈文里面叙述了徐弘氏自己一家几口人在难民区遭受日军暴行的遭遇。徐弘氏的嫂子王氏被日军奸污以后，就被刺死了。王氏的弟弟也被日军在难民区刺死。徐弘氏看到这么惨烈的场面，带着自己的女儿跳到一个井里面，被难民区美国的一个黄小姐救起来，才保留了自己的性命。

这是市民哈马氏写给南京市政府马超俊市长的一份呈文，这份呈文写道，1937年12月13号日军进城以后，以搜索中国兵为由，进入哈马

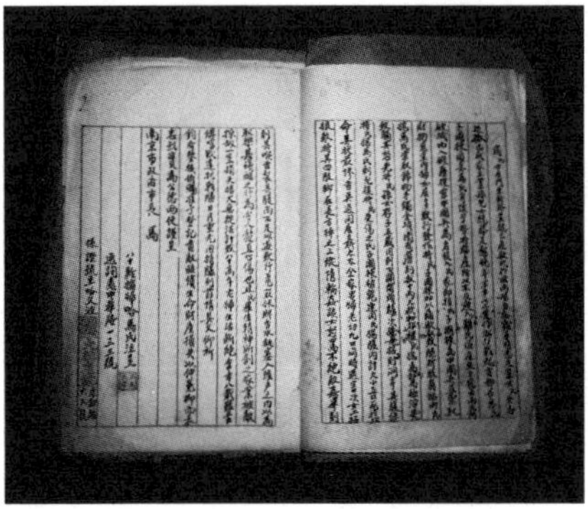

氏的家里面，先是把她长子的腿打断了，然后就在她家里面搜刮财物，然后把她孙女的头用军刀一下子劈成两半。她的媳妇肚子里面还有一个孩子，包括她的第二个孙女，一家五口人被一一宰杀。和哈马氏同住的有一个聂太太，一家九口，她也是先被奸淫，然后就枪杀。这封呈文是抗战胜利以后，哈马氏要求声讨日本侵略军罪行，要求战争赔偿的这么一封呈文。

这里所呈现的档案，是南京一部分慈善团体当时的一些埋尸记录。这个埋尸记录中写道，在1937年12月到1938年的4月，这4个月的时间里面，南京的崇善堂埋尸一共是112267人，世界红万字会南京分会埋尸43071人，下关区埋尸是26100人。还有市民个人埋尸，有的是2000多人，有的是7000多人。还有南京一个无主孤魂碑，这个碑底下埋了3000多遇难同胞，有埋尸记录。

1945年抗战胜利以后，在国际战罪调查委员会调查框架的指导下，国民政府、中央机构和南京市政府都成立了战罪调查委员会，在一份南京临时参议会南京大屠杀案敌人罪行调查委员会的调查表里面，我们可以看到很多平民百姓被杀害的原因。一个平民，因为搬移了自己自行车的零件，被日本人看见后就用枪打死。有的调查表上面写的是因为言语不通，中国百姓听不懂日本人讲话，就被一枪打死，一刀把头颅砍下。还有的调查表上面写，日本兵醉酒以后，叫中国的平民给他找花姑娘，老百姓因为胆怯逃跑，然后日军就一枪把他击毙。从这些调查表上面我们无辜百姓的死因，就能看出日军的那种残暴，对中国百姓生命的践踏，毫无人性。

另有一份南京敌人罪行调查委员会的调查报告，在这份调查报告里面，就详细记述了日军在南京屠杀、奸淫、伤害、掠夺、破坏和强制服役的罪行多达295882处。报告的起草人，首都地方法院的首席检察官在报告中指出，总之，敌人罪行残暴、凶悍、毒辣，无所不用其极。终记所获材料，被杀害的人之确数达30余万，烧毁房屋达4000余栋。国防部军事法庭检察官陈光虞先生在报告中日军杀人确数达30余万、烧毁房屋达4000余栋处做了着重号，由此可见他的心情之沉重，以及对被杀害人数之多的一种感慨。

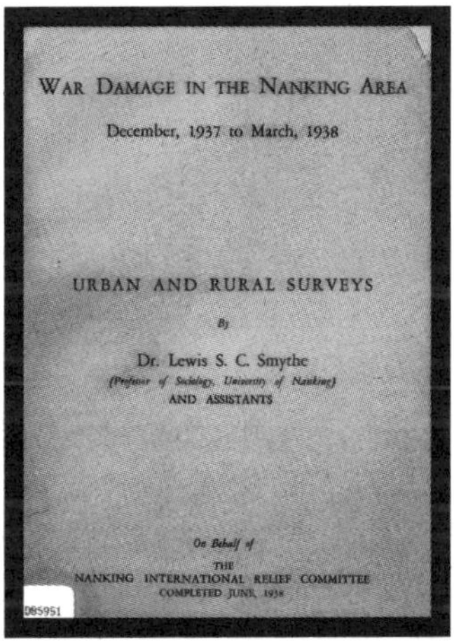
WAR DAMAGE IN THE NANKING AREA
December, 1937 to March, 1938

URBAN AND RURAL SURVEYS
By
Dr. Lewis S. C. Smythe
(Professor of Sociology, University of Nanking)
AND ASSISTANTS

On Behalf of
THE
NANKING INTERNATIONAL RELIEF COMMITTEE
COMPLETED JUNE, 1938

085951

日军占领南京期间的损坏报告

这些市民呈文至今已经有七八十年的历史了，今天我们再翻看七八十年前的这些市民呈文，里面的每一个字，每一句话都还带着百姓的血和泪。让我们看到了日军的残忍和暴行，这是我们中华民族不能忘却的集体记忆。

众人

中山码头的屠杀现场

在惨绝人寰的南京大屠杀中，集体屠杀的现场有8处在长江岸边，30里江边，洒下了10万多人的鲜血。这里，就让幸存者、屠杀者与目击者一起为历史证言。

■**刘永兴**（中山码头大屠杀幸存者）：

我们是老南京了，住了好几代了。日本人进南京那年，我24岁，我是做裁缝的，那时住在城南张家衙。家有父母、弟弟和结婚不到半年的老婆。我们5个人都躲到大方巷的华侨招待所里面。

那天下午，一个鬼子到我们住的门口，他朝我招招手："出来，出来！"我走过去了，他要我弟弟也一起跟他走。

走到对面一个大广场上，已经有不少人坐在地上了。过了一会儿，翻译官说："做苦力去，都到下关码头搬东西去！"有的不去，当场一枪。排好队就走，前头是穿黑制服的伪政府警察开路，后头是日本人的马队压阵。路上死人很多，碰到人就抓，都带走。哪个跑，就开枪。挹江门边上国民党的官兵好多被日本兵抓了，用铁丝穿大腿，一串一串的，都穿着军装。

到了下关码头天黑了。抓来的人很多，20个一串捆着，捆好就用枪扫。我在前面，连忙跟着别人跳江。这时，子弹的响声把耳朵都要震聋。打破头的，打断手的，一片哭叫声！

我身子全在泥水里，只有头露在上面。子弹从我的肩上穿过，棉袍子里的棉花都打出来了。机枪扫过后，日本兵又用刺刀一个一个地捅。没有打死的哇哇地叫。我在江水中朝岸上看，只见刺刀的亮光一闪一闪的，日本兵一边"嗨！嗨！"地喊，一边朝乱七八糟的死尸堆里用刀戳，惨叫声听得人汗毛都要竖起来！

刺刀捅完又用火烧。火很旺，吱吱的响。没有死的人一着火手脚乱动，大声地惨叫，一会儿就不动不叫了。我在水里，日本兵不下来。天又黑，他们看不见，所以保了一条命。天快亮的时候，他们走了，我才慢慢地爬上来，那天爬上岸的有10多个人。

水里泡了一夜，冷也冷死了，吓也吓死了，我上岸后躲进了一个防空洞。躲了一天，晚上转到一个尼姑庵。庵旁边有个草棚子，棚里面有个40多岁的农民。我掏出12块大洋，求他救救我。说了许多好话，他才烧了一点胡萝卜给我吃，又给我换了一套对襟的蓝布老棉袄，还有一条手巾，我拿来扎在头上，就这样逃了命。

■杀人者田所（日本士兵）：

那时我们驻下关。我们用铁丝网上的铁丝把抓来的俘虏每10个捆成一捆，推入坑中，然后泼上油烧死。有种杀法叫“勒草包”，杀时有种像杀猪一样的感觉。干着这种事，对杀人就会变得无动于衷。因为这对我们来说太司空见惯了……再者，因为是命令，也就不去多想它了。也有用机关枪扫射杀人的，把机枪左右两边一架，哒哒哒哒扫射。

■目击者今井正刚（朝日新闻社随军记者）：

来到江边，只见酱汤色的扬子江像条黑带子，精疲力尽地、缓缓地流着，江面上飘溢着乳白色的朝雾，天就要亮了。

码头上到处是焦黑的尸体，一个摞一个，堆成了尸山，在尸山间有50到100个左右的人影在缓缓地移动，把那些尸体拖到江边，投入江中。呻吟声、殷红的血、痉挛的手脚，还有哑剧般的寂静，给我们留下极深刻的印象。

对岸隐约可见，码头的地面上满是黏滞的血，像月夜的泥泞似的反射着微光。

过了一会儿，结束了清理作业的苦力们在江岸上排成了一列，接着是一阵嗒嗒嗒嗒的机枪声，这群人有的仰面倒下，有的朝前跌入江中。

——摘自徐志耕《南京大屠杀》

众人

草鞋峡的屠杀现场

据1946年中国审判日本战犯军事法庭调查认定，日军于1937年12月18日在南京草鞋峡屠杀了57418人。几十年后，当时的记者、屠杀者与参加毁尸灭迹的人给出了这样的供述。

1937年12月18日，日军在草鞋峡集体屠杀数万中国军民。这是在屠杀前，14777名中国俘虏被集中在「厂舍」前的空地上

■本多胜一（《朝日新闻》记者）：**“田中三郎”回忆“丛丛柳树的河滩边”集体大屠杀**

在南京北面有一座叫作乌龙山炮台的阵地，部队向这里进攻时，也未遇到有组织的抵抗。在沿支流挺进至幕府山脚下时，一举迫使大批中国士兵投降了。各个中队手忙脚乱地解除了这批俘虏的武装，除了身上穿的以外，只许他们各带一条毯子，然后就把他们收容进一排土墙草顶的大型临时建筑中，中国兵管此叫“厂舍”。田中先生回忆说，这些建筑是在幕府山丘陵的南侧。

被收容的俘虏，生活极为悲惨，每天只分得一碗饭，还是那种中国餐中常用的小号“中国碗”，连水都不供给，所以常看见有俘虏喝厂舍周围排水沟里的小便。

在举行入城式的12月17日那天，根据上面“收拾掉”的命令，把这群俘虏处理掉了。那天早晨，向俘虏们解释说：“要把你们转移到江心岛的收容所去。”

转移大批俘虏应当警备，所以配置了约一个大队的日本兵。这是一次大批人员的行动，动作很迟缓，先把俘虏们手向后捆起来，出发时已是下午。出了厂舍，命令俘虏排成四列纵队，向西迂回，绕过丘陵，来到长江边，大约走了四五公里，顶多6公里。不知是觉察到可能被枪杀，还是渴不可耐，田中看见有两个俘虏忽然从队伍里跑出，跳进路边的池塘，但是立刻被射杀在水里，头被割下来，鲜血染红了水面。看到这种情况，再也没有人试图逃跑了。

大群俘虏被集中在江边，这里是一块点缀着丛丛柳树的河滩，长江之流的对岸可以看见江心岛（即八卦洲），江中还有两只小船。

俘虏队伍到达后三四个小时，俘虏们也注意到这个矛盾：说是要把大家送到江心岛上，可是并没有那么大的船，江边也看不出什么渡江的准备，就这样不明不白地等着，天已经快到黑下来了。然而，就在俘虏们的周围，日本兵沿江岸呈半圆状包围过来，许多机关枪的枪口对着俘虏们。

天将黑时，在田中对面的西头，由于俘虏反抗，杀掉了一个少尉，因而传来了“小心！有俘虏要夺刀！”的警告。

不一会儿，军官们下达了一齐射击的命令。重机枪、轻机枪、步枪围成半圆阵势，对着江边的大群俘虏猛烈开火，将他们置于弹雨之下，各种枪支齐射的巨响和俘虏群中传来的垂死呼号混在一起，长江边简直成了叫唤地狱、阿鼻地狱。田中也操着一支步枪在射击，失去了生路而拼命挣扎的人们仰面朝天祈求上苍，结果形成了巨大的人堆。齐射持续了一个小时，直到没有一个俘虏还站着时，这时天已经黑下来了。

但是，就这样结束行动的话，难免会放过一些活着的人，这既有只负了伤的，也有倒下装死的。一旦真有活着逃出去的人，那么这次屠杀全体俘虏的事实就会传出去，成为国际问题，所以一个人也不能让他活着出去。田中一伙日本兵从这时开始直到第二天天亮，为了“彻底处理”而忙活了一整夜。尸体摞成了很厚的一层又一层，要在黑暗中翻遍这尸层，从上万人中确认一些人的死活是很伤脑筋的，于是想到了火烧。这些俘虏们都穿着棉制冬装，点着了以后不容易灭，而且火光也便于作业。因为只要衣服一着火，不怕那些装死的人不动弹。

尸山上到处都点起了火，仔细一看，果然有些装死的人由于经不住烧而偷偷地动手灭火，于是只要看见哪里一动，便赶上去给他一刺刀，将其刺死。

一面在层叠的尸山中翻来翻去，一面在烟熏火燎中了结事情，这种作业一直延续着，皮鞋和绑腿上都浸透了人油和人血。如此残酷的“作业”毫无疑问也是在“杀敌越多，胜利越大”“给上海开战以来失去的战友报仇”“也算对得起战友家属”等心境中干的。在把那些还在动弹的人刺死时，心里只有两个念头：这下子战友的亡灵可以升天了；决不让人活着逃出，留下证据。

田中说，能从杀人现场逃脱的人，“可以断言一个也没有了”。

1984年9月《朝日周刊》

■在长江边参加毁尸灭迹的日本少佐太田寿男：

我在十二月十五日晚到达南京下关第二碇泊场司令部之后，司令部的司令官命令我说：“安达少佐正在处理尸体，现在命令你和安达少佐共同完成这项任务。”我接到命令之后，就在南京下关码头上，分东西两个区域执行任务，安达在东部处理，我在西部处理，两个区域共使用三十只汽船、十台汽车、八百名运输兵，从十二月十六日开始，至十八日两天的时间，经我处理的尸体有一万九千多具，安达处理一万六千多，加上头两天安达自己处理的那六万五千多具，碇泊场司令部共处理了十万以上的尸体，其中除有三万多具是掩埋、烧毁的以外，其余的都投到扬子江里去了。我想其他部队自己处理至少也有五万人，共计有十五万人。被杀害的人们绝大部分是市民，有男女老少。还有一部分抗日军，估计有三万。当我刚到下关的时候，还看见有日本军队仍用机关枪向他们扫射，我记得被扫射过的许多人之中，还有很多带活气没死过去而仍在呼吸着的人。

经我处理的将近两万个尸体里边，就有三百五十多个是被扫射后仍在呼吸未死的。处理这些活人的时候，我命令部队先用装货的铁钩子将他们打死，使其绝命后再用钩子搭到船上，投到扬子江里去。我清楚地认识到这是一种惨无人道的杀人行为。

——摘自徐志耕《南京大屠杀》

众人

收尸见闻录

老人们追忆着往事，其中那悲哀和心酸，不仅仅属于他们和他们那个时代。沧桑变迁，曾经的一抔黄土今天早已无迹可寻，唯有记忆仍在控诉。

■徐金德：

喏，这辆白车子就是我开的，开着这辆车拉尸体，拉了半年多。车子上有红十字，照片上能看出来。你们看！

这辆车原来是我们警察厅的救护车，我开到十字会去，就拆掉了担架。小广东开的是这一部，黑的，是囚车，抓犯人的。小广东不知还在不在？

这个日本和尚就坐我的车。他是中岛部队的。每天早饭吃过他就来了，到宁海路国际委员会斜对面的十字会，我车停在那里，他手拿一面像茶盘一样大的鼓，咚咚咚地敲几下。他叫我“天文修（日语，即司机）”，他就坐在我的驾驶室里。

他个子不高，不穿和尚衣，穿一件皮衣，头上扎一顶灰布帽子。我们拉死人出城，由他给城门口的日本兵说几句，就能开出去，没有他，车开不出去。

十字会有不少人，有个山东人老高，见了面我认识。还有个大黑个子，拉黄包车的，圆圆的脸，他跟我的车时间长一些。那时只图活命，看着这么多死人，哪有心思互相说话。忘了，大多数人都记不得了，死得差不多了。

我的车能装十几二十几个。开始还好，天气冷，一个死尸一张芦席一卷，用绳子或电线中间一扎，抬到车上。路上死人多，忙啊，来回拉。

抬什么地方的？阴阳营、朝天宫、宝塔桥，挹江门这个地方最多。都拉，车子到处开，拉到雨花台花神庙去埋。朝天宫前面是运渎河，河里也有好多死人，最惨的是一个妇女，蛮年轻的，光着身子泡在水里，一只胳膊砍掉了，小便的地方插着一把刺刀！我看见的这个最惨。妇女的尸体都是披头散发，脸上抹灰，没有一个穿好衣服的，好的衣服也是故意撕坏的，

后来芦席不多了，两个死人、三个死人合一张，卷起来一捆，丢到车上就算，来不及了。那个日本和尚有时下车，看一看，咚咚咚地敲几下鼓。嘴里咕噜咕噜地念经，什么意思我也搞不清。

后来天暖和了，尸体臭得要命。我受不了，我老婆给做了个十八层纱布的大口罩，她在鼓楼医院当护士，她有纱布。后来，那个口罩也不行了，臭得厉害。死人都烂了啊，收尸的一人一个铁钩子，一人多长，手指粗，头上弯弯的。你不知道，一拉，肉就一块块往下掉。以前芦席上捆一道绳，后来捆两道，最后要捆三道，怕掉出来。池塘里泡着的尸体像烂鱼一样，一钩就散。“钩不成了！”“算了，钩不成了！”

还有小巷子里的，我的车开不进去，烂了的，个别的，就地挖个坑，埋了。那时城内空地多，随便什么地方挖个坑一埋就行。

说出来你不相信，一天下来，我的车子上到处都是蛆。死人烂了，长蛆，到处爬，连车窗玻璃上都是，我的身上、衣服上也不少。车一天两次用水冲。一回家，衣服先到门外抖几下，把蛆抖掉。惨啊！

黑龙江路，中央门上坡那个地方，老早是日本兵养狼狗的，那里的狼狗咬死我们不少人。哎，那个日本和尚叫什么名字？宫大山？二宫大山。哪个山？日本山，妙法寺。他走了没有？走了。以前？以前我没有同他说话，他是日本人，我是中国人，我同他讲什么？不啰唆！

■**左润德**：

敲鼓？有的。埋尸时有时候日本和尚敲几下鼓，敲起来阴森森的，怕人！怕死人？死人有什么好怕的？死人也是人，就差一口气。我干了一个多月，是难民区卖粥的人招我去的。我收尸都是在城南。这一带有

一百多，破肚拖肠的看得多了，中华门、光华门到处都是。一辆车上三个人，两个小工，收一个记一个，一个死尸一张席子两根绳，一卷一扎就完了。江东桥是国民党军队撤退时炸的。日本兵过河，就用尸体填。汽车一开，往下塌，又加上土。桥下全是尸体，数不清！妇女是最惨的，大多是强奸以后杀死的。评事街一条巷子里面有一个女尸，被日本兵四肢捆在床上，下身塞着一个“正广和”的汽水瓶！我给她解开了手脚，我哭了。

■**袁存荣**：

我收尸在城北一带，干了两个月光景。我们安徽会馆的南秀村那里埋了不少，是挖沟埋的，挖一人多深，两丈多长，一人宽，挖了四条沟，全填满了。五条巷，就是云南路那边，以前有三个水塘，死尸满满的。现在宁海路百货公司那块，当年也是个塘，死人填满了！北京路四条巷边有山，山上挖了两个大坑，一个埋满了，还有一个坑没有满。古平岗的炮台底下，我每次走过阴阳营那个厕所旁边，总要想起一个老公公，死得很冤枉。他姓吴，从新街口搬到北阴阳营来躲难的。四个日本兵强奸了一个二十多岁的姑娘。搞完，又叫姓吴的老公公干，他不干，一枪打死了。打死时我在，后来也是我收的尸，就埋在房子旁边，当时没有这个厕所。你说死得冤不冤？

我还救活了一个人。那人姓刘，也是安徽人，比我小一点。就在中山北路上，他被日本兵杀了七刀，还有气，他也是工人，我认得的，他住在关狮子山下面。我一看有气，就同另外几人把他抬到鼓楼医院去救。嗨，后来活了！该他的命好！

■**崔金贵**：

我是崇善堂掩埋队的。南京除了红十字会、崇善堂是慈善团体外，还有同仁堂、公善堂，都是埋死人的“码头”。没听说过？你多大？你当然不知道！

我第一年埋尸在汉中门外，挖坑，顺着河边挖。坑上搭木板，拉来尸体都往坑里扔。死尸没有完整的，一个头，一只手，一条腿，用铁钩子钩的，一块块扔进去。臭啊，臭得吃不消！都是枪打死后又用火烧过的，黑乎乎的像木炭。第二天我叫老婆做了个口罩，口罩外面再抹上万金油，这样气味稍微小一点。但也不行，我受不了，回家饭都吃不下。干了三天，我对队长说：“给我换个地方。”队长给我换到二道埂子。那边有个全华酱油厂，现在是第二制药厂。不得了，酱油缸里尽是死人，厂里有个一间房子大的大铁桶。里面的死尸都卤过了，血红血红的，像酱鸭酱肉的颜色，臭味小一些，我们二三十个人捞了三天！里面男女老少都有，也有当兵的，老百姓是大多数。看到这副惨相，我不忍心，我不干了！

■**高瑞玉**：

雨花台的坟山都是我埋的，现在还在嘛，那地方以前叫宪兵操场。一个坟山埋千把人，你算算，百十米长，三米深，一个人宽，十个人一垛，正好一千人一个坑。我们那个队埋了一个大坟，两个小坟，有一个小坟堆埋的是女尸。每天早上去，晚上回来，我们队有四部车子，工人不少是江北招来的。收尸的满城都收，汽车上有白布红十字旗子，坟山埋人时也插上十字旗，我们埋了几个月。我管埋尸的。每天埋了多少，用自来水笔记下，回来报告给账房。账房叫周建玄，大个子，胖胖的，今年活着的话有九十多岁了。

尸体大都烂了，有的在防空壕里，有的在路边，都是枪打死、刀刺死的。很多不成个了，一钩膀子、腿掉了，臭得厉害，我却闻不到臭，也不生病，奇怪不奇怪！

怎么埋的？先挖好坑，坑上架着跳板，拉尸车一来，钩子钩，芦席卷，十个一排垛起来，一排一排垛过去，上面堆上土。有时候日本和尚来念经敲鼓。

日本兵也有来帮忙掩埋的。是工兵部队，人不多。他们胆子大，来发洋财。尸体身上到处摸，摸出手表、钢笔、金戒指、大洋、钞票，都往腰包里装。人死了，本来要烧纸钱，给他们到阴间里用。日本人连阴间的钱也不给他们带到地下去。人烂了，死尸身上的银洋钱变成黑色的了，钞票颜色淡了，还有一股臭味。市场上流行的这种钞票叫作“臭票”。

那时东西多，从中华门到挹江门一路，汽车、自行车、皮箱、大衣、皮鞋、包袱，什么都有。我不眼红，跟我的人都不准弯下腰。我对他们说：这个年头，我们自己的命还不知在哪里，要这些不义之财干什么？

下关码头死人堆得比车高，那里尸体最多。都是男人，女人、小孩很少。南京各个掩埋队合起来埋尸有十几万！

红十字会就是发慈悲善心的，见死要救，见难要助，像如来佛、观音娘娘那样。国民党的飞机把日本飞机打下来了，打下好几架。有八个日本人炸死了，我收的尸，我把他们在中华门外面找一个地方掩埋了。后来日本人来找尸骨，我领他们去挖的。他们给了我四桶汽油。人家死在外面，家里人要惦记的。叶落归根，入土为安。做人要行善积德，要对得起自己的良心，对不对？

——摘自徐志耕《南京大屠杀》

陈广顺（南京大屠杀幸存者）

一个村庄的生死劫难

日本兵打来的时候，我没离开陈庄，早出晚归往山上跑。那会儿我挺辛苦的，14岁挑80斤的东西——被子和米。米在山上吃光了，因为我父亲的腿一步都不能走，我就回家给他烧山芋，那口锅很大，是煮猪草用的，能烧五六十斤山芋。我还准备了4只老母鸡，给我父亲增加营养的。谁知这么巧，日本兵老远就闻到山芋的香味，闯到我家里来，锅一揭，就说，芋头米西米西的。

山芋烧熟后，我把大锅里的山芋装到筐里。一个日本兵找不到绳子，就一只手抓着两只老母鸡，朝地下一坐吃了起来。

这些日本兵是从江边来的，大概有二三十个，看到村上二十几个人往后面平山松树林里跑，就把他们包围了。其中有个当官的，指挥着日本兵围在周边，东西两面站岗，看着这二十几个人，让他们分两排跪在小学的球场上，脸朝南，屁股对北。

可能知道我不是军队的人，那个当官的看我也坐在地上，就指着我让我走。这个我懂的，这些坏人叫我走，我就赶紧走了。走到巷子里面，两面都是山墙，我一回头，发现日本兵没追我，我就躲在一个隔半墙里头偷看。

那个当官的下令对着那二十几个人扫射，然后机枪哗哗一阵乱响，来去两回就把所有人打倒下了。为什么不躲枪呢？赤手空拳躲他的枪还不是个死。然后，他们把人一个个拖开，全部脸对天，用刺刀往身上戳，死的戳，不死的也戳。看日本兵把人都杀了，我吓得跑起来。后面小山上有个小松原，我一头就栽到松树林里，哭也不敢大声哭。天黑了，我才回到父亲跟前。他说乖乖，你怎么现在才回来。我说我三哥被鬼子扫死了，我父亲就哭了。我三哥叫陈广寿，我弟兄四个，一个姐姐，一共五个。当时我14岁，嫡亲的三哥17岁，就在1937年，人就这么没了。当时我父亲不敢大声哭，怕日本人找来。山芋给日本人拿去了，鸡也给日本人拿去了，我父亲就只能挨饿，没得吃了。

那二十几个被打死的人我都认得，名字我都知道，外地人住在我们村庄的我也知道。年纪大的大概60多岁，陈志福是我大大。还有我父亲的姑姑，她71岁。我三哥不在那二十几个人里面，他是在后面准备往小松原跑，想躲进松树林，结果被日本人看见了，日本人一枪就把我三哥打死了。还有好多被打死的人不在那二十几个人当中的，那个时候我记忆力蛮强的，哪个叫什么名字，在什么地点被打死的，我都知道。

我帮着抬尸，村西边有一个道场，日本人用机枪扫死了的人，抬到道场，然后才让去收尸。收尸的时候我哭了，村里好多人都哭了，他们有的父亲被打死了，有的老婆被打死了，都是被当枪靶子打的。这都是我亲眼看到的。

那个松树林离村子有5里路远，不是我一家在躲，所有老百姓、妇女都躲到这个松树林里。日本人到中国来，汽车的汽油用光了，他们就叫村民到处烧木炭，用木炭发动车子。日本人的车子我坐过，全是用木炭发动的，走不快。

那时候，房子也被日本人烧光了，放火的时候用硫黄，弄一捆烧着了，用点火药，“轰”的一下，房子就被全部点着了，我家的房子就是这么烧没的。日本人还放细菌，看到有流水的地方就把细菌放下去，细菌顺着水流扩散，喝了这些有细菌的水以后，就会得大肚子病。当时又没有医院，我父亲喝了这样的水患了病，被抬着到土桥看中医，当时很可怜。

被日军炮火击毁的中山门城墙（选自［日］《村瀬守保写真集·我从军在中国战场》）

南京汉中门附近的残破景象（［德］克里斯蒂安·克勒格尔拍摄）

惨遭日军洗劫后的西华门一带（选自《南京大屠杀图证》）

被日军炮火摧毁的中山陵永慕庐（选自《侵华日军南京大屠杀图集》）

遭破坏的南京中山北路（选自《侵华日军南京大屠杀图集》）

日本兵杀人，日本兵围观（中国第二历史档案馆藏片）

日军把南京青年缚于柱上，当作活靶子刺杀（罗瑾、吴旋保存，现藏中国第二历史档案馆）

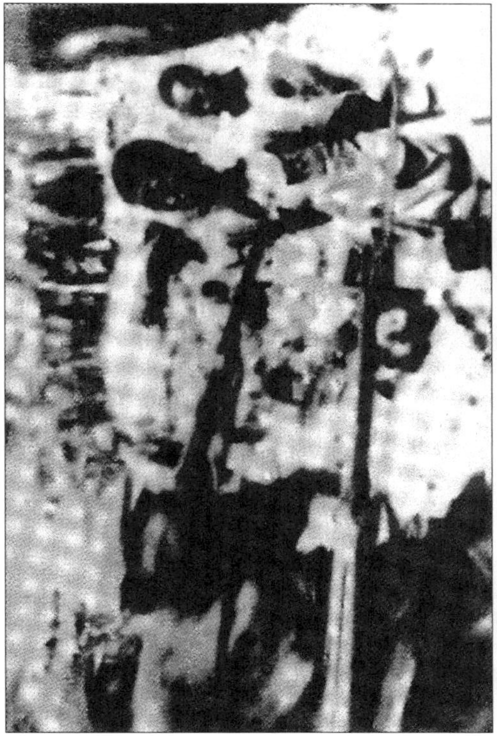

中国平民和俘虏成为日军练刺杀的靶子（日军南京兵站医院卫生伍长坂本多喜二拍摄）

一位抱着孩子的妇人自南京沦陷时就在其丈夫尸体旁痛哭，其丈夫被日军杀害（选自 *The War Illustrated*）

在南京近郊区被日军杀害的无辜农民（选自《日寇暴行实录》）

被日军集体枪杀的中国俘虏的尸体堆积如山（罗瑾、吴旋保存，现藏中国第二历史档案馆）

1938年1月上旬，日本航空兵井手纯二拍摄的南京下关长江中，日军工兵队站在船上用木棍将浅水处的遇难者尸体推入激流中，顺江水漂走的场面（选自［日］《南京大虐杀写真》）

南京城郊失去了战斗力的中国军队官兵，被日军反绑枪杀，掷入池中，此池中的尸体达300多具（选自《日寇暴行实录》）

第二章
用生命，追问历史

1997年12月，南京大屠杀60周年。张纯如在此前用近3年的时间，在世界各地访问了许多幸存者，参阅了大量的历史文献，在各种触目惊心的资料的基础上，用英文撰写、出版了《南京浩劫：被遗忘的南京大屠杀》。此书一经问世，就震惊了西方世界，在随后数年内再版十余次，迄今印数已近百万册。张纯如用自己无可挑剔的努力和勇气，直面了人类历史上那一段惨绝人寰的记忆，她告诉世人：人类同胞相残的历史是漫长而凄惨的，而没有哪几次劫难能与“二战”期间的南京大屠杀相比。

张盈盈

女儿张纯如与《南京浩劫：被遗忘的大屠杀》

我曾经送给女儿一张贺卡，上面写道："生命里诸多美好，但再美也美不过一个女儿的微笑。生命里各种辉煌，但没有比养育一个女儿更值得骄傲，生命给予我们众多回报，但最珍贵的礼物是你，我深爱的女儿。"

纯如的书出版之前，在美国，很少有人知道南京大屠杀。纯如怎么会写这样一本书，并不是说有一天突然想起来，而是源于她从小对家庭、对中国文化的好奇，对历史的认识。我和她父亲的家庭都经过抗战、逃难，我们的故事影响了她。

1994年的时候，她搬到加州后，她有一个朋友说要拍一个《以天皇之名》的纪录片，这引起了她的兴趣。潘美如说："既然你那么有兴趣，我知道湾区的史维会有一个图片展，你可以去。"她就开车跑去了。她看到这个图片展，才第一次了解到原来父母亲讲的南京大屠杀是这么可怕，图片比讲述更深刻地刺激到她，她不敢相信会有这样残酷的事情发生，就在那个时候她决定要写这本书。

在那个图片展上，她马上就与当地的史维会成员联络。丁元是当时的负责人，他很热心地接待了纯如。后来丁元告诉我，他还以为纯如是一个高中学生，只是来做一个学校报告或图书报告而已。看她很热心，就说："那我把你介绍到东岸去。"因为，东岸耶鲁大学神学院的图书馆有很多南京大屠杀时外国人（教士、医生或商人）从安全区发出的家书、信件。

在耶鲁大学查资料时，纯如意识到，快60年前的事情，幸存者已经不是很多了，而且都是高龄，必须马上去访问他们，以记录、证实这件事情。她说，即便出版商不愿意出这本书，她也要写。在南京有很多资料，所以她要去那边。

她写过《钱学森传》（即《蚕丝——中国飞弹之父钱学森》），想重温一下钱学森是怎么回到中国的，所以她就从深圳到广州，再坐火车到南京。到了南京，她好久都不给我回信，我急得要死。后来才晓得她生了病。坐了两天火车，大概又吃了不干净的东西，所以到了南京又是感冒又是拉肚子。那个时候已经联络上杨夏鸣、王卫星和孙宅巍教授，还有段月萍副馆长，好几个人都很照顾她。孙宅巍请几个人来帮忙。一个帮她做翻译，一个陪同去采访，因为南京的本地话她听不太懂。她在南京待了3个礼拜，带着病日夜工作，从早到晚不停歇，访问了大概有12个人。她采访的人，现在除了夏淑琴还在，其他的都已经去世了。

她最佩服李秀英。在那样恶劣的情况下，一个女人打两个日本人，还能存活下来，这让她非常感动。当时李秀英不太愿意被人采访，后来她看到纯如很真诚地问她，她就表演给她看，她是怎么打，怎么来防卫的。这些都记录在她的录影上面。纯如在1995年用影像留下了这些重要人证的记忆，我想，这也是在为历史证言。

在南京的时候，她打电话讲到受访者，相当激动。她觉得她们好可怜。她说他们被日本人残害，有的一家人都被杀光了，只剩下那些受访者了，到了晚年，仍然如此可怜。她说她到一个小巷子里找到某位受访者，简直是住在垃圾堆里头。她问我为什么会这样。她觉得，如果能给他们一点钱，改善一下房子或者冷气也是好的。她说为什么没有人帮助他们，他们已经是受害者，为什么不去跟日本人索取赔偿。她从潘美如那里知道，日本的退役军人个个住着漂亮房子，享受政府的补助。她很激动，她说："将来如果有一天我能够做律师的话，我帮她们去打官司，去国际上打官司。"她还说，那些人接受她采访的时候，都很高兴，很想在死之前把故事都告诉她。有的人哭起来，一把鼻涕一把眼泪讲述自己的故事。她讲述南京郊外的墓地："草丛里面那些人就这样死了，没有人问，也没有什么碑，只晓得这

张纯如塑像

里曾经是被屠杀的场地，只有一个记录，是哪月哪日大概多少人死在这里。”因为这些，她很受伤。

纯如在这本书的写作中，非常的努力。每次写一个稿件，她都给很多人看，她晓得她爸爸跟我都经过这场战争，所以她很尊重我们的意见。她回来以后只有几个月，就写好了第一稿。我觉得她有的地方太细腻，有的地方又太简略了。因为她看的案件太多，比如强奸、虐杀的那种，到后来也有点麻木，每一个案件都要讲一下。我说这太多了，一定要总括。我们给她很多意见，她很伤心，她说：“我想我已经失去写作的能力了。”

在写作《南京浩劫》时，她的资料很多。最困难的是两年之内要完成。因为她认为应该在1997年12月完成，那是南京大屠杀60周年，她知道对中国人来说，60周年是很重要的。她在1995年1月开始写，两年多的时间里，又要到东岸去搜集资料，又要到中国，她感觉到很大的压力，在时间上的压力。她在南京档案馆搜集到了很多资料，一层一层的案件报告。比如，某月某日某个人被强奸，怎么被杀。她一直看一直看，一个案件一个案件看，我觉得这对她身心的伤害比较大。后来她跟我讲，说她都麻木了，洗澡的时候掉很多头发，睡不着觉，常常做梦。我很心疼，就说“这么痛苦，那就不要写了”，她说：“不，那怎么能行呢？我跟他们这些人比起来算什么，我一定要为这些受害者，为这些不能再发声的人发声！”

在撰写《南京浩劫》这本书的时候，纯如找到美国国会图书馆的约翰·泰勒先生，他对她给予了很多的帮助。他是美国国会图书馆里面的一个资深图书管理员，对亚洲历史资料非常了解，他对国会图书馆里每一个部分非常熟悉，你要问他什么他都知道在哪里。纯如第一次去找他，两个人一拍即合。他很喜欢纯如，纯如也觉得这个先生非常和蔼可亲。他看到纯如这么年轻的女孩子这么远跑来找资料，就尽量帮忙。要哪一方面资料，他就告诉她在哪里找。纯如告诉我，国会图书馆里面的资料当时并不是太科学，并不是集中在一个地方，某一部分藏在一个地方，另一部分却在另一个地方，要坐车过去拿。泰勒都清清楚楚知道在哪里，他对纯如的帮助非常大。他还介绍给纯如一些非常细的资料，关于战争的，关于日本方面的，还有各种小的胶卷，他都拿给她去看。纯如在图书馆查资料，一早就去，一直到晚上。有些资料，纯如在里面来不及抄，都是复印，然后打印。

泰勒还在寻找《拉贝日记》的下落方面帮了很大的忙，他介绍纯如联系了解德国的人、在柏林的人，才找到拉贝的外孙女。纯如非常感动，对他非常尊敬。很不幸，在纯如去世不久，他也去世了，大概有80多岁了，是相当好的一位老人。

纯如在写这本书的前期，在美国和中国，在纽约、华盛顿、南京、台湾，做了很多调查。那么多档案，时间很迫切，她要在一年之内写好，但她写得很快，出于她当记者的训练。当然，她压力也很大，每天晚上写作，白天睡觉，连续看资料，写了好几个月。

这本书是在1997年的11月出版的。出版的时候，她也很卖力，想要人家都知道这件事情。每一个地方新书签售会，都是她自己安排的。纯如告诉我说，旧金山有一个书店，店老板说，从来没有看过这么多人来他的书店，把他那个小小的书店都挤破了。在1月的时候，她的书就变成了美国畅销书之一。那一天我们好兴奋，纯如在飞机上打电话告诉我，她说出版社告诉她，她的书已经到了《纽约时报》畅销书榜第15名，我们都非常激动。在海外，我们这一辈的人对南京大屠杀事件的宣传已经搞了好多年，直到纯如这本书出来，才真正地让国际上看到这一事件，关注这一事件。

在美国，只有中文报纸登华人社区的事情，美国报纸不太登的，要突破那个界限不是很简单，当时纯如做到了突破美国的报纸和媒体。因为纯如不但会写还会讲，她的英文非常好，即使和美国人辩论也不成问题，很多话我们讲不出来但她可以，所以人家很尊敬她，尤其是记者。美国记者看她很年轻又很活泼，有问必答，所以她那一阵子简直就是被记者追踪，几乎美国所有有影响力的媒体都对她做过报道。

她的书畅销之后，很多日本右翼媒体攻击她，说她的研究不彻底，她只是一个记者，根本不是历史学家，也不懂日文，有什么资格写这样的书。甚至说她的照片是假的，用各种各样的谣言来诬蔑她。纯如对此非常生气，虽然不予理会，但我想，有谁不会被这样的诬蔑所深深伤害呢？她晓得，我们很担心她的人身安全，所以很多事情都不会和我们讲。后来我们搬到这里来以后，我才知道她收到过一封信，里面有两颗子弹。我想，因为纯如是第一个让西方深度了解南京大屠杀的人，她的书戳中了日本右翼势力的要害，所以才会被当作一个靶子来攻击。当然，他们只是希望用信件、谣言来动摇她的精神，似乎并未对她进行人身攻击。

纯如每次去签书，每到一个地方，都会做一个半小时的演讲，到后来，她还没到现场，就有很多人充满期待地排队等待她的到来。她的演讲总是那么令人激动，非常感人，每次讲完都有很多人站起来鼓掌。有一次，我亲自飞到华盛顿那个犹太人大屠杀纪念馆听她的演讲。她被邀请演讲两场，一场是给普通民众的，一场是给有学术基础的听众的，每场都是五六百人，大家听的时候鸦雀无声，结束后，掌声雷动。

外人会看到纯如的成功，但我知道，纯如签书是一个非常辛苦的过程，从一个城市到另外一个城市，每一个城市有好几个书店要她签书，每一场她都不放弃，拼尽全力，甚至不顾自己的身体。最糟糕的是，没有一个人陪着她开车，有时她还要自己租辆车自己开，在一个地方讲完几场，第二天又飞到另一个城市。这样一站站下来，她的身体已经受不了了，但是她觉得应该让更多的听众、观众、读者了解南京大屠杀，她应该尽她的本分，她有着如此强大的勇气与责任感。

我觉得用一句话来讲我的女儿，她是一个追求真理，很有正义感，而且心地很善良的女孩子。

在纯如去世了以后，我们参与史维会，就是希望能够继续她未完的梦，未完的理想，就是要告诉下一代最真实的历史，要让日本像德国一样，来承认这段历史，道歉、赔偿、建碑、建馆，这是我们海外华侨的心声。

纯如去世已经10年了，我想她的影响依然会继续下去，纯如用自己的生命去挖掘、去追寻这段记忆，让它成为全世界的历史遗产。我们希望，后来的年轻人能够看见这一事件，这一段历史，因为从前的教训引导我们走向光明的未来。

布雷特·道格拉斯（张纯如丈夫）

她想回到从前的样子

“如果拿她1997年11月与1999年5月的照片做对比，你就会发现短短两年不到，她好像一下子老了10岁。疲惫让她的精神越来越压抑。”

我和张纯如是在伊利诺伊大学相识的。那时大概是1985年秋。我第一次见她的时候，深深被她吸引了，她身材高挑， 非常漂亮，穿着一件皮大衣，当时女学生这样穿着的并不多见。那时候她的隔壁邻居是个数学教授，她有时会去他的办公室，请教数学方面的家庭作业。我当时是那位数学教授的学生，有天在办公室遇见了她，那天是1987年2月。不过，我第一次跟她说话的时候并不在那天。那是在她参加的妇女联谊会和我参加的社团组织的聚会上，当时已经是夜里12点，我准备上楼回房间休息，在楼梯上遇到了她，然后与她聊了几个小时。在聊天过程中我发现，许多我的同学正好也是她的同学。许多她孩提时代和中学时代的香槟城同学，后来到伊利诺伊州上大学，又成了我大学和研究生阶段的同学。除了这些，我们都打排球，打篮球，我和纯如有很多地方非常相像。

我记得她在数学和计算机专业学习了两年半，然后转到了新闻系。我认识她的时候，她已经念大三下学期，学习新闻专业有一年多了。其实她可以读数学及计算机专业，只是她更热爱新闻专业。我记得她大二的时候，也就是学习计算机专业第二年，在微软公司获得了实习机会。她擅长写作技术说明书，由于工作很出色，即使当时她还只是一名大二的学生，公司居然给了她一个助理的岗位。所以说，她在计算机行业也能做得很好，但很明显她更热爱写作。

她曾经在《芝加哥论坛报》实习，《芝加哥论坛报》在当时是家规模很大的机构。这家报纸发现，不管交给她多少工作，她都能够设法完成，所以后来分配给她的任务越来越多，她每天至少需要写作5～6篇文章。其实她的身体正在遭受摧残，开始消瘦，她在吃的方面不大注意，也不大会照顾自己，但她还是很高兴，因为能全身心投入工作。通过在《芝加哥论坛报》的实习，她发现自己很喜欢写专题文章，喜欢做研究，找到事物之间的联系。所以，她经过考虑，决定以后从事写作工作。后来她去约翰·霍普金斯大学进修写作课程，获得了写作硕士学位，那个课程在美国很有名。

一直到她离开之前，她都对书、报、杂志、电影等非常喜欢，尤其是那些获奥斯卡奖的电影和获诺贝尔奖的书。那些拍得最好的电影、写得最好的书，她从来都不会错过。

她总是会做一些出人意料的事情。比如我们住在湾区的时候，她突然想打曲棍球，然后就去参加曲棍球队了。还有《南京浩劫》宣传活动结束后，她突然想健身，然后她就每天早起，到武馆练习武术，还跟十几岁的老师学习打拳。我也跟她去了一次，因为肌肉拉伤，后来就没再去过，而她差不多坚持了一年。她一直是专注于某个事物的，清晰地知道自己专注的对象。她是个规划师，在新的一天开始之前，就把一天要做的事情都安排好了。直到她离开之后，我才知道她居然把档案归类整理得那么好，就像个图书馆一样，我从没搞懂她的那套系统是如何运转的，但是可以看出来，这套系统为她存取和参阅资料提供了很多方便。

她搞研究的时候，一天能读两本书，而且能快速记忆书中的大部分内容，然后全凭记忆把故事讲给我听。她能把书写那么好，有个原因是她阅读了大量的书，在她下笔写书之前，脑海里已经储藏了很丰富的素材。

1989年的夏天，她赴芝加哥实习，当时我们住在一对夫妇的家里，夫妻俩都是从中国来到芝加哥的。纯如和他们谈起南京大屠杀的事情，结果发现夫妻俩都知道那段历史，而且讲到日军残害儿童时，大家情绪都非常激动，尽管事情已经发生了52年。当时她就说有一天要写这本书，结果没过几个月，她就开始写了。

大家常说，最后让她正式下定决心写书是因为她在库布提诺的会议上看到了一张照片。其实，如果你去她的档案室看，你会看到“新书主题”文件，她准备了400多个主题，并且做了仔细分类。其实在1989年之前，她就有了这本书的主题构思。1994年的9月到10月她写了第一稿。当时她觉得，这是她最好的新书构思。那时我们住在湾区，离库布提诺有些距离，去之前她就已经做了决定。

她在写作这本书的时候，历尽艰辛，去南京采访时，已经怀有身孕。然而，她在那边竭尽自己所能，尽量多地收集材料。她先去香港，然后从广州乘坐火车到达南京。她不按时吃饭，刚到南京就生病了，第一周她就瘦了10磅左右。即使她当时身体很不好，还是在南京从早到晚地工作。她的工作方法是这样的，先请人用中文把采访材料读出来，然后请助手将中文翻译为英文，自己再逐字输入电脑。我还记得她采访受害者的事情，那让她很伤感。她对受害者能坚强活下来感到很惊叹，因为他们能够放下过去，勇敢地继续生活下去，尽最大的可能克服困难。

她给我打电话，谈到某些采访，讲述发生的事情。虽然担心在南京辛苦工作的她，但是我依然表示了支持。对于中国历史，我以前并不感兴趣。我是个电气工程师，关心的都是电气专业的事情。但是，我跟她相伴16年，确实从她那里学到了很多有关中国的历史知识。

后来，这本书出版了，她受到了广泛重视，收获了许多的名声和奖项。她因为自己的努力工作而获得认可，我很为她高兴。我认识很多努力工作的人，但是从来没有发现比纯如工作还要拼命的人。当《南京浩劫：被遗忘的大屠杀》一书获得成功，荣登畅销书榜首的时候，我们非常开心，一起去夏威夷、意大利度假。这件事对她很重要，她成功了，非常高兴，那是她生命中的巅峰时刻。

但是，后来，从1997年5月到1999年5月，作为她最亲近的人，我其实很少能见到她，因为她经常到全国各地宣传售书。那段时间我感到很孤独，周末我经常一个人在家。我想那段时间的她也是非常疲惫的。有一件很奇怪的事情。如果拿她1997年11月与 1999年5月的照片做对比，你就会发现短短两年不到，她好像一下子老了10岁。其实就是在那一年半里，她一直在路上奔波劳碌。直到我在脸谱网上张贴她的照片时，才注意到了这件事。1999年的时候，她才29岁，本来看起来还像个20岁的人，似乎一下子就变成了30岁的人。疲惫让她的精神越来越压抑，一直到她36岁，她越来越艰难，我认为她确实已经承受不了了。她面临了太大的压力。

大家一直在说，这本书的出版受到了日本的干扰。我能记住的是，这本书的出版时间莫名其妙地被《新闻周刊》推迟了。我并不能说这一切是因为日本的压力，但是我想日本广告的变化可以说明一切。在那篇文章发表前后两周，广告是有变化的。出版时间被推迟两周后，文章最终出版了，出版后日本广告一则都没有了，这足以说明《新闻周刊》和日本公司之间有关系，但到底是什么情况，我永远也无法知道。那两周时间感觉好长。

在对日方面，我觉得最大的压力来自于书出版之后，是否要出版日文版。我不确定这本书的出版会给美国社会带来什么变化，但可以肯定的是，对日本一定会带来影响。我记得她为此事奔波了将近一年。书是1997年感恩节出版的，从1998年感恩节开始她就不停地奔波。本来我们策划了一次旅行，她从迈阿密飞到檀香山，去夏威夷大学为书做宣传，我从旧金山飞往檀香山去陪伴她。本来我们可以一起在夏威夷那个世界上最休闲、最安静的度假胜地好好休息一下，结果她整个假期都在接电话，与日本出版社谈判，结果我们整个假期都被毁了。

纯如是一个精力充沛、善于辩论、富于探索精神的人。这一点成就了她，然而最终也将她引向毁灭。1997年12月纯如发表《南京浩劫》一书时，我们根本没想到会如此成功。当时计划，等她新书宣传完成一两个月后，我们就开始等待孩子的到来，但是在新书宣传的路上，由于旅途颠簸劳累，她流产了。之后，我们等了5年时间，才迎来了儿子克里斯托弗的出生，这让我们非常开心。然而孩子后来得了自闭症，她就治疗方式做了很多的研究，她喜欢到医生的办公室，一个接着一个地问许多的问题，医生也回答不了。等到她的精神出了问题后，她就认为她自己可以做研究，医生帮不了她。

她自杀那天，我平时夜里12点睡觉，两点钟我醒来时，发现她还没有睡。她不停地和我说话，我告诉她“已经两点了，你需要休息”。那段时间她服药很多，我看着她躺下来，也就回去睡觉了。早上5点我再去看她时，她已经不在书房。通常这个时候她会在书房里写作。我立即给警察打电话，尽我所能，寻求帮助。早上8点，我给她的父母打了电话，他们马上赶到了这里。整整一天，我们希望她只是带着笔记本出去收发邮件了，我们继续寻找一切可能的线索。直到晚上9点多到10点钟，才有个警察从办公室的角落里走出来，告诉我她自杀了。我感觉糟糕透了。

在她生命最后的这段日子里，我不能离开她太久。一般早上8点上班，11点半回来，跟她一起吃饭，吃完饭去上班，然后下午5点就下班，尽可能早地回到家，这样我们可以一起做些事情。我的工作性质决定了我要经常出差。其实在她自杀之前，我们已经策划了旅行，我去开会，她正好可以跟着去旅游。我们有20多项计划让她恢复起来，比如注重饮食、锻炼身体、做她喜欢做的事情、与朋友打电话聊聊天等。因为当她的书获得成功时，她要忙于工作，跟朋友就逐渐疏远了。

她有精神抑郁症，但是服药效果不是很好。湾区这边的心理医生不好找，本来我们享受顶级的医疗保险，但是保险清单里不包含心理治疗。我好不容易求到一个医生，刚刚治疗了两周，可是他马上要去纽约一个月，跟我们说5个星期后再见。最后找到了一个我们觉得还不错的医生，带她去看了几次之后，医生帮她换了药，她以前的药量很大，其实她不想吃药。原本她的思维很快，像跑车一样。后来她得了抑郁症，服药之后，思维就不快了。我知道她恨自己那个状态，她想回到自己原来的样子，她不想吃药。

2004年的夏天，我永远失去了她。从我们结婚起，我就知道她是我这一生遇到的最有才华、最值得信任、最有自信的人。只要她认准了要去做的事情，她都能完成得非常漂亮。经过一些事情，得了抑郁症之后，她开始变得消沉，就像完全变了一个人。这真的很让人吃惊，以前那么有才华、有自信的人，什么都难不倒的一个人，最后生活变得一团糟，她生命的最后3个月就是那样的。

芭芭拉·梅森（张纯如好友）

她的强大源于她感知的痛苦

“她告诉我，她要去南京采访幸存者。当她回来的时候，她已陷入了极度的、复杂的绝望和愤怒之中。我觉得正是这种愤怒感鼓励着她，因为有一个故事必须让世人知道，她必须将其公之于众，不惜牺牲一切。”

我是在圣巴巴拉遇见纯如的。她1996年搬到这里，参加了当地的一个作者俱乐部。我们有一个共同的朋友也在这个俱乐部里，我朋友说：“你们俩应该见见面，一定会很投缘的。”她是对的，我们很快成了好朋友。她做事情非常专注，清楚地知道自己想要什么，并且会大胆地提出自己的要求。我喜欢她这一点。

我想我们真的是志同道合，我们有着共同的兴趣爱好。她充满好奇心，对一切都充满兴趣，总是喜欢问问题，求知若渴。她拥有记者的思维，总是喜欢打破沙锅问到底，这一点我十分欣赏。她刚刚搬到这里的时候，正在创作她的第一本书《蚕丝——中国飞弹之父钱学森》，书完成之后她向我推荐了这本书。也正是在那个时候，她开始了《南京浩劫》的研究。德语是我的母语。在她开始研究约翰·拉贝，想要找到

《拉贝日记》的时候，需要做一些原始资料的研究。她向我寻求帮助，问我如何才能找到约翰·拉贝，还有他的亲戚。我帮她草拟了登报的广告，并且当她收到回复的时候，我帮她翻译。当她历尽艰辛找到德语的《拉贝日记》时，显然需要翻译，我帮她翻译了出来。这是一个非常大的项目，也非常重要，因为没有人用这样的方式对其进行研究。纯如在做研究的时候，总想要追根究底。当她去档案馆的时候，她尽可能地寻找第一人称视角的记述，做了非常详细的研究。

当她在写作的时候，我相信她一定带着一个记者的敏感性。历史学家写一本书的时候，一定是客观的表达。但纯如写这本书的时候，是更多瞬间的情感流露。写作时的感同身受，是使她真正与众不同的原因，她从不害怕走出去挖掘信息，获取事实。也正因为如此，她承受了很多。她感受到完全的愤怒、痛苦、悲伤等等，这一切让她感触巨大。我记得她告诉我，她要去南京采访幸存者。当她回来的时候，她已陷入了极度的、复杂的绝望和愤怒之中。我觉得正是这种愤怒感鼓励着她，因为有一个故事必须让世人知道，她必须将其公之于众，不惜牺牲一切。

她感受到了幸存者的痛苦，这正是她如此强大有力的原因。她将这种感情付诸笔端，用一种快速的、有力的方式传达出去。的确，她不是用笔而是用心写出《南京浩劫》的。她失眠，有的时候无法入睡，因为她一直在想着自己读到的以及幸存者告诉她的暴行。她开始掉头发。很明显，这些事情从内心深处影响着她，对纯如来说，发生的一切太过于触目惊心。对于很多人来说，当他们面对恐怖事件时，往往会建起一些栅栏，与之隔绝，以一种聪明的方式将自己与痛苦隔离开来。当纯如接触到这些痛苦的时候，她发自肺腑地感觉到那种痛。当她在写作的时候，愤怒和痛苦交加，她将讲述者的痛苦内化为自己的痛苦。

这本书的整个创作过程在很多方面都是一个无比痛苦的经历。她告诉我，她见到了一些幸存者，采访了他们。她通过受访者的眼睛和经历，了解到发生在他们身上的一切，感知了属于他们的痛苦。她聆听他们的述说，询问着问题，关心着事情的真相，并将此记录下来。那些受访者能够感受到她的投入，她不仅仅是在问一大堆问题，而是真正关心事实，想要把真相公之于众。

南京大屠杀事件在中国家喻户晓，但是在美国却鲜为人知。纯如的书改变了这种状况，有了用英语表达的真实素材，人们可以阅读参考，了解历史。而在此之前，人们根本没有任何渠道去获取相关知识。当这本书在公众之中引起轰动，开始成为最佳畅销书的时候，一些权威人士、出版商发表评论，更多的人接触到了这本书。美国人第一次了解了中国的南京大屠杀。

对于刚开始写作的人来说，我觉得她写得非常好。如前所说，她的研究非常全面，基于最透彻的研究和最确凿的事实。书出版的时候正好赶上美国人对“二战”重新产生了兴趣。当时也有另外一些描述美国参与太平洋战争的书籍出版，一定程度上唤醒了大众的意识。所以，我认为这本书出版的时机恰到好处。在一些重要的出版商对此书做出评价之后，人们对此愈加关注，开始和朋友们分享，然后做出评价……另外，美国庞大的华人群体是这本书天生的读者。

当它最开始成为畅销书后，纯如做了诸多努力。她对许多公众演讲，去大学演说，上不同的电视节目去谈论这本书。她花了很多时间用事实真相“教育”美国大众，我觉得这种“教育”也是重要的一方面。她不止步于写了一本书，而是继续通过不同的方式去谈论这本书。她没有任何恐惧，她可以向任何人谈论书的内容。对于很多人来说，当面对一些在公众领域身居要位的人物时，可能会觉得害羞，和这类人聊天有种不自在。但是对纯如来说，这从来都不是问题。在20世纪90年代末，有一次比尔·克林顿出现在一个场合，纯如走上去说：“这是我的书，你应该读一读，这本书非常重要。”

对于她来说，一旦有好的主意，她从来都不会犹豫。就像对于南京的惨案，她会直接揭开真相，说："看，它很丑恶，一点也不美好，你必须正视在南京所发生的一切，你不应该视而不见。"这就是纯如，一贯如此。

南京大屠杀绝对是令人毛骨悚然的事件。她在脱口秀中直接驳斥那些否定历史的人。那些人说："这根本没有发生，即使发生了，也没有像书中所说的那样死那么多人。"可纯如并不畏惧，据理力争。我敬佩她的勇气。是的，她能感受到他们的痛苦，但是她照样能保持客观的态度，来搜集信息，将事实串联起来。感受到的痛苦并没有使她失去勇气，她将这本书的写作进行到底。我肯定，如果同样的事发生在另外一些人身上，他们会说："我干不了，我需要接受治疗。"但是，纯如不是这样，她尽其所能将事实汇聚在一起。

她的去世真的是一个巨大的悲剧，因为她留下了最挚爱的儿子，她愿意为儿子付出一切，她非常关心他。有那样一个小孩需要照顾，又对自己的写作付出了巨大的感情，全身心地投入，这对一个普通人来说，实在是承受得太多。她不断鞭策自己，希望尽自己最大的努力，为她的孩子、家庭、工作做到最好。然而，这一切毕竟太困难了。在她去世之前的一个月我去看过她几次，似乎她所有精力都消耗殆尽，她曾经是如此的精力充沛，充满力量，目标明确，有紧迫感，充满好奇心。但是，这一切似乎瞬间消失了，她变得压抑，不想让别人知道她的情况。

她去世之前，我们还在计划，请她来我这边一起度过感恩节，我想，换个环境可能会对她的身体有所帮助。她打电话给我，我们讨论着这次旅行。她开始有些犹豫，我说："来吧，我们会玩得开心的。"然后她同意了。快要挂电话的时候，她说，我爱你。沉默片刻之后，我们说了再见。这有点不正常，因为平时在谈话中，她不太会做出这样的表达，当时我并没有太在意，却没想到，这竟是我们的最后一次通话。失去她让人非常痛苦，我觉得她是独一无二的。

苏珊·纳比勒（《南京浩劫：被遗忘的大屠杀》编辑）

她承担了很多人不敢承担的课题

“她还很年轻，她没有历史博士学位，她不是一位资深记者，但是她却承担了很多人根本不敢承担的课题。”

纯如非常美丽，她很高，身材苗条，就像一个公主，总是那样的优雅得体，举止大方。正如你们所说，她不喜欢谈论自己，非常谦虚，总是充满好奇。我们的认识，开始于纯如给我写了一封信。那时，她正在参加一个学习如何写作科学史的项目。她想写一位科学家的自传。一开始的时候，我对她说的这部自传丝毫不感兴趣。但之后，我在参加加州理工大学召开的一次会议时，有人站起来发言谈起了钱学森。这让我对钱学森的故事产生了很大的兴趣。我对纯如说：“纯如，我对你要写的那位美国科学家不是很感兴趣，如果你能找到钱学森的住所，采访他，他的自传我倒是很感兴趣。”3个月后，她打电话给我，典型的“纯如式”风格，她说：“我刚刚在车里和他的儿子谈了4个小时，然后我拿到了合约。”

之后我们开始了合作。她资历不深，非常年轻，但是她就像一个

“发电站”，精力充沛。我知道她是那种非常执着、不达目的不罢休的人。我们一起工作，慢慢地，我提供给她一些资料，她自己则从其他地方获取资料，将这些资料整合起来做出了一个提案，之后我将提案交给了基础读物出版社的编辑部。出版社冒险雇用了她，和她签了合同。那本书获得了非常好的评价，却没能引起人们的兴趣。

一天，她在一个广播电台做节目。那是一个电话广播台，可是没有人打电话进来。广播员问她：“你下本书会写什么？”纯如说：“我刚从加州库布提诺市一个南京大屠杀的展览参观回来，那里所有人都在谈论南京大屠杀。在我上学的时候，尽管从我父母以及祖父母口中听说过南京大屠杀事件，但是我在图书馆里从来没有找到过一本关于南京大屠杀的书。我想要写一本关于南京大屠杀的书。”当她说完之后，配电盘亮了起来，电话接二连三地打进来，节目组将节目延长了一个小时。

再后来，她跟我说：“当我还小的时候，学校要求写一篇有关历史的文章，可以选择任何话题。我决定写南京大屠杀，但是在我们学校的图书馆里，却找不到任何与之相关的资料。所以我要写本书，告诉美国人南京大屠杀是‘二战’中真实发生的故事。‘二战’不仅仅是对犹太人的迫害或者美国人的越岛作战，中国也为‘二战’做出了卓越的贡献。中国牵制住了数百万的日本军队，使得日本陷入了对华作战的泥潭，为战争的胜利做出了巨大的贡献。”

事实上，她以为我们不会对这本书感兴趣，因为这是日本和中国之间发生的事，与美国无关。我记得在编辑会议上，历史方面的编辑说别做这本书，却没有说明原因。但是，我的发行人却说：“我去过中国，知道南京大屠杀，你相信纯如，你来负责这个项目，我们来出版这本书。”

决定做这本书之后，我们常常讨论，一次讨论就是好几个小时。

纯如无法理解，为什么人类可以对自己的同类做出如此惨无人道的行径；她无法理解，为什么人类能够如此地怒不可遏以至于对自己的同类犯下如此灭绝人性的罪行。我们会谈论她那个时候所做的研究，讨论这些事件是怎么发生的，我帮她梳理这一个个事件。我觉得她是那种全身心地投入工作的人，作为一名采访者，她坚韧不拔。

就像很多的第一版书籍所面临的典型问题一样，纯如写的书第一稿罗列了很多史实，没有足够的故事。我们坐下来开始研究，研究怎样组织材料。我们决定把这本书分成4个部分，采用“罗生门”的手法，从3个不同的视角来讲述南京大屠杀的故事。一、从经历过南京大屠杀的中国人的角度；二、从参加南京大屠杀的日本老兵的角度；三、从她发现的这群留在南京目睹了南京大屠杀的美国人或者欧洲人的角度；四、我们会问一些问题：为什么美国的历史书上没有南京大屠杀的记载？我们就此进行了修改，然后开始编辑。

很多地方让人毛骨悚然，编辑这些内容让我感觉厌倦和痛苦，有时甚至无法将工作进展下去。我想，好，我必须接受这些耸人听闻的材料，尽管我们之中的很多人无法承受暴力。但是，这本书不仅仅是关于暴力，它还包含了人类对同类所表现出来的人道主义。所以，我们决定将所有暴行浓缩进17页当中。在书的一开始，我们就做了注脚：“如果你承受不了，那么就跳过这17页，你也不会错过任何东西。因为这不是一般的暴力行为，这是一场有组织的、策划好的暴力行动。”之后，一切进展非常顺利。

在书正式出版之前，我们把样书送给一些重要人物阅读以便获得一些评价从而进行宣传。一般而言，如果寄书给名人，他们很少会回复。但是纯如的书寄出以后，回复铺天盖地而来。我们知道一些重要人物对此将会非常感兴趣，他们的书评将会起到很大作用。我们进行了一项调查，发现了一个有趣的现象。这本书最初的读者都是中国人，尤其是中国妇女。慢慢地，一些年轻孩子走到她面前说："我是日本人，但是我想知道真相，在我的国家我们无法找到真相。"然后，读者群体逐渐扩大，读者会走到她面前说："我是犹太人，我们也遭受了大屠杀，我想了解你们的大屠杀。"然后，黑人也来了，加入了读者群。她向我描绘了读者群体是怎样不断变化的，直到最后读者遍及全美国。这些读者想要知道为什么这一历史事件从美国的历史书上消失，而原因却不为人知。

这本书出版后引起了轰动，我想，在未来的日子里，这本书还会卖得很好。

我想我们是一个团队，我们合作得非常成功。对于我让她做的所有事情她都欣然接受，我觉得她不把这些当作是一种义务。她还很年轻，她没有历史博士学位，她不是一位资深记者，但是她却承担了很多人根本不敢承担的课题。我记得斯坦福大学的一位教授评价她的书时曾经说："这种课题的研究几乎寥寥无几，我感到非常恼怒。因为我对自己说，每年，历史系的学生都在寻找课题写论文，但是却没有人读到过有关南京大屠杀的书。问题不是有关这个课题的研究寥寥无几，问题是为什么是纯如最先开始这个课题的研究？为什么是社会人士将这个事件暴露出来？学者们都在干什么？"

纯如的离开简直不可思议，我知道她病得很严重，我知道她遇到了麻烦，但是她对生活有如此大的热情，这一点读她的遗书你就会了解。她在遗书上说：“我不想人们所记得的我是那个脆弱、软弱、哭泣或者迷失的我，我想大家记住我生病前的样子。”

我尊重她。我从来不认为纯如的自杀是脆弱，因为我从来没见到过她被任何东西所打倒。她沿着海岸采访了一年，和读者聊天，然后记录下来。一天，她走进我的办公室，对我说：“我要去美国公共广播公司新闻一小时做节目，日本大使也会去，我该怎么说？”我说：“你就问他，你现在要代表日本人道歉吗？”她去了那里，果真这么问了，现场所有人都惊呆了。日本大使说：“不幸的事情发生了。”没有名词，没有动词，没有第一人称。然后纯如对主持人说：“你听到道歉了吗？我没听到道歉。”当她说这句话的时候整个电台都震惊了，观众纷纷打电话进来。那是一个不可思议的时刻，有多少人能有勇气站出来这么做呢？她做到了，她没有退缩，只是想追求真理。这一切真的需要很大的勇气。

如果某个人精神崩溃的话，不仅仅是心理上的问题。在她生病的时候，她知道她是能够活下去的，可以过完自己的一生，但是她也知道她再也不是从前的自己了，她失去了自己的身份认同，她失去了作为张纯如的“特性”——她的动力，她的自信，她的目标，她的逻辑。那时的她只是一个生命里的游荡者，那肯定无比痛苦。她去世后，大家说：“她依然是那么完美无瑕。”我想，这也许就是纯如期望的。

保拉·卡曼（美国作家）

寻找张纯如

“我甚至会把她当成勇气的象征，当有人胆小得不敢向任何人提任何问题的时候。”

我和纯如是在大学里相识的，当时我们同级，在伊利诺伊州立大学不同的学院，我在新闻学院，她在计算机专业。大概是20世纪80年代中期，她联系我，咨询转到新闻系的事宜。当时，在电话中，我被她的坚定意志和旺盛精力折服了，她说话非常直接。

大四的时候，她写了很多科技故事，帮不懂科技的读者普及知识，她通过文字，让艰涩难懂的话题变得浅显易懂，这让人钦佩。

我们在学校的时候，还不是亲密的好朋友，和她成为好朋友，那是毕业几年之后的事情。当时我出版了一本书，她主动联系我，然后我们就开始讨论怎么写书、出版，后来发现我们俩在生活中有很多类似之处。也就是在那个时候，我开始了解她，喜欢她，更加理解她。我甚至会把她当成勇气的象征，当有人胆小得不敢向任何人提问任何问题的时候。

第一次听说南京大屠杀，就是从纯如那里，她说起当时的照片，说她受到了照片影响，然后萌发了写书的念头。她开始写这本书。当在中国的时候，她会给我寄明信片，告诉我她在做的事情、她采访的人，所以我知道很多细节。当然，她也告诉我她很累，一个人奔波在中国，行程又很仓促，不免感到身心俱疲。

在她自杀后，我细致查看了那些邮件，才开始明白她出了问题。在当时，我只是觉得她很紧张，富有激情。她死后我才发现，当初还是有一些危险征兆。她很专注，睡眠很少，但是后来，事情变得糟糕起来，这些当初让她精力充沛的因素也威胁到了她的健康。一些不合常理的恐惧慢慢生成，最后促成了她的死亡。

1997年，她撰写的《南京浩劫》出版了，获得了巨大的反响。我觉得这不是运气，而是因为她真的很有天赋，她是个很出色的研究者和作家，而且她坚持不懈，从不轻言放弃。正是她坚持不懈的努力，帮助她在早期完成了常人无法完成的任务。但是后来，她还是不知道要停下来去接受治疗，休闲放松。

我作为她的同学加好友，毕业后又一起从事写作，2004年11月当听到她开枪自杀的消息时，我迎来了一生中最糟糕的日子，从来没有一件事情让我如此震惊、沮丧。那天早上起来，我一打开电脑，就看到了张纯如在加利福尼亚自杀的新闻。我打开语音留言，都是关于张纯如自杀好可惜之类的留言。本来那天早上我还昏昏欲睡，看到网上消息、听到留言之后，我一下子惊醒了。我觉得很内疚，我应该多留意那些预兆，或许能够阻止她的自杀。当然，这件事情真让人想不通，因为她各方面都令人羡慕，她拥有其他记者羡慕的一切，所以真的搞不明白。我突然想到4天前她给我打过一次电话，现在想来，那次电话算是一场告别电话了。那次电话后，我第一次觉得她遇到大麻烦了，她对儿子因为自己的影响患上了自闭症而自责，就像在给自己做总结陈述一样，她感到很内疚。她还说有人疯狂追踪她，但是又没有说太多细节。她说话的语调听起来非常抑郁和悲伤。那个时候我有写日记的习惯，那天我在日记中写了一句话："张纯如遇到麻烦了，因为她看起来已经与现实脱离了，非常沮丧。"但是，我仍然没想到她会自杀，即使遇到了严重的问题。

张纯如过去经常说，日本人否认曾经发动南京大屠杀，而且他们往往会抓住非常小的细节，然后指责张纯如的整本书都有问题。比如说，书中的标题错了，然后就对她进行无端指责，称她完全错了。这个现象直到现在都还存在，日本人经常揪住书中一点点很细微的错误，然后攻击整本书，说所有内容都是编造的。张纯如在接受采访时也经常提到这些，她还比较了德国人对犹太人的大屠杀和日本人发动的南京大屠杀，她为自己书中的事实进行辩护。

对于这本书出版前是否遭遇过日方的压力，我确实做过调查，事情确实有点不明朗，有些事情看起来很可疑，我觉得任何人站在张纯如的立场，都会觉得出版方《新闻周刊》受到了日方的压力，他们很奇怪地拖延发表张纯如的文章，等他们最后发表她的文章时，杂志上根本找不到日本公司的广告，他们彻底去除了所有的日本广告。所以事情很复杂，一方面人们确实看到了日本势力的庞大，另一方面文章最后还是发表了。不过，她所有的那些恐惧都是基于真实的威胁与恐吓，日本右翼势力确实打电话威胁过她，特别恐怖。

创作《寻找张纯如》这本书有很多原因，最重要的原因是，我想搞明白她到底怎么了，我对这一切想不通。有人说她累了，还有谣言说她被谋杀了，有许多错误的流言，我想予以澄清，因为我知道一些内部消息。那些不知道实情的人随意报道，所以，有了很多的报道和材料，但是我发现根本与事实不符。如果像有些报道分析的那样，是不是哪天我写了这种话题的书之后也会自杀？所以，我想要搞清楚究竟发生了什么事情。此外，对于很多人而言，她很有象征意义，值得撰写。她的经历对记者很有激励意义，她求上进，有抱负；对亚裔美国人来说，她捍卫正义，做出了重要贡献。在我的心里，每当想到纯如，聪明、精力旺盛、有才华、专心致志、人权主义斗士，这些都是一下子闪入我大脑的词汇。

思比德（世界抗日战争史实维护会前会长）

她让活着的人继续努力去追寻那段历史

“张纯如虽然不在了，但是她还在很大程度上影响着我们对于南京大屠杀的认识，她让我们逐渐了解到那段历史，她使得我们活着的人继续努力，去帮助美国民众了解那段历史。”

我叫思比德，我出生在美国伊利诺伊州的芝加哥市。“二战”时，我还是个孩子，因为当时我们家有无线电收音机，每天都会收听广播新闻，会订一些杂志，所以我知道在中国发生了非常恐怖的事情，只是不知道具体情况。

我在芝加哥上小学、中学、大学，直到1961年我在芝加哥大学获得了数学专业的博士学位。后来，我认识了我的妻子，她和她的家人告诉了我他们在中国遭遇的苦难。当时我就在想，这就是战争，平民被伤害，整个战争就是一场悲剧。但是我当时还不知道悲剧的范围，直到1997年张纯如出版了《南京浩劫：被遗忘的大屠杀》一书。阅读了那本书后，我问妻子，这是你想告诉我的吗?这是我该知道的事情吗？妻子回答，是的，你应该知道这些，当然应该知道。

从此以后，我开始研究“二战”历史。我对那段灾难的了解越来越深入，尤其感兴趣的是从美国人的角度来解释那段历史，并且试图让美国政府了解战争的影响。不仅是对中国人的影响，也包含对美国人的影响，我的叔叔曾经参加美国太平洋舰队，但是他们似乎对太平洋区域的“二战”了解甚少。如果你问普通的美国民众他们对太平洋区域的“二战”了解多少，他们会说，我知道珍珠港、广岛，还有原子弹。我觉得很奇怪，美国民众好像并不知道日本从1931年开始侵略中国东北，用炮弹轰炸中国大陆无辜的百姓，并且于1937年8月占领上海。

现在我了解了，其实日本对中国的野心由来已久。早在20世纪初，日本就屡屡侵犯中国，他们觊觎中国的原材料、劳动力、人才，还有食物，他们觉得上天赋予了他们权力，可以直接到中国来攫取他们想要的东西。他们将中国民众、东南亚的菲律宾等岛国的民众视为二等公民。这些认识都是我通过自学获得的，而不是从学校的课堂上学来的。

为什么“二战”会在中国大陆爆发？为什么日本人参拜靖国神社，尤其是日本首相经常做这些事情？为什么日本在建设自己的军队？日本说，“我们要变得强大，抵御中国人”。其实中国从来没有侵略过日本，倒是历史上的日本经常攻击和骚扰中国。中国民众没有武器对抗日本人，他们也不想杀日本人，但是日本经常否认在太平洋区域发生过侵略战争。这些对美国人而言是很难理解的，所以我自己觉得很有必要做点事情让美国人了解这段历史。

张纯如是如此有名，她写的《南京浩劫》在亚洲和美国引起了极大的轰动。20世纪90年代末，我们曾经一起参加过南京大屠杀讨论会，我们一起努力把这段历史教给美国民众。每次我们对她发邀请：张纯如，你可以来参加我们的活动吗？她都会参加。她给我留下的印象是，非常的专业。

坦白讲，我们对她的个人情况一无所知，直到她英年殒逝，我们才意识到她也具有凡人复杂的一面。我们开始了解她来自哪里，认识她的父母。现在我和她的父母成了很好的朋友，她的父亲张绍进、母亲张盈盈住在香槟湾，他们经常会参加我们的活动，乐于奉献出他们的时间与努力。

张纯如虽然不在了，但是她还很大程度上影响着我们对于这件事（南京大屠杀）的认识，她让我们逐渐了解到那段历史，她使得我们活着的人继续努力，去帮助美国民众了解那段历史。从这个意义上讲，张纯如还活着。

丁元 （世界抗日战争史实维护会常务副会长）

她的努力改变了身后的很多

“我相信一个人愿意做的事情能够让整个世界的未来有所不同。”——张纯如

世界史维会的起源是在1991年。纽约有一批朋友在过去的20多年中，每年12月都举办南京大屠杀纪念活动，他们希望我们这边的华人也能够举办同样的活动。1991年第一次举办活动以后，我们觉得应该让这件事变成更普遍的群众教育。经过两年的筹备，到了1994年，我们邀请全美各地加上香港的代表到这里来商讨怎么样成立一个世界性的组织。我们觉得，这不是一个单独的、地方性的活动，这是世界性的群众教育。就在那时，我们举办了南京大屠杀的纪念活动，也就是那一次，我们认识了张纯如。

那天傍晚，快到5点钟时，义工来找我，说有一位小姐想跟我谈事情。我看到一个面目清秀的年轻女孩子，穿着白衬衫、黑长裤，扎了一个马尾辫，可是非常严肃。她跟我商量说，要借我的照片。我很好奇，说：“你为什么要借这些照片呢？”她自我介绍说：“我是张纯如，是职业作家。我从小有一个心愿，要把南京大屠杀这件事用英文写出来，公之于世。因为据我所知，世界上还没有一本从头到尾用英文来描述南京大屠杀的历史作品。”

我说：“你是要写读书报告吗？”她说：“不是的。我再重复一遍，我是职业作家，是专业的。”我非常好奇，因为她的面貌如此清新年轻，可是呢，她的态度非常严肃认真。后来，我发现她的从业精神极佳，做事情一板一眼、一丝不苟，所有写的东西、用的照片都去考证。她所有写的东西，或者跟幸存者做的口述历史，统统录像，不偷工减料，甚至跟我打电话的内容她都会记录下来，简直拥有仔细到不可相信的毅力。

其实当时，我们大家，包括她在内，对于南京大屠杀都了解得非常肤浅。她对南京大屠杀的认识，据她告诉我们，是在餐桌上从她父母的回忆中得来的。所以，看到展览上的那些照片她非常震惊，简直难以相信世界上会有这样的事情。同样，我们也是一样，小时候读到的历史都是比较简单的，轻描淡写，没有深刻的口述历史，也没有真人作证。后来，我们像她一样，到国内访问，不管是到南京，还是到中国其他地方，才发现在中国接触到有血有肉的幸存者的时候，你的感受和你看到书、纪录片和照片时是完全不同的。

我一直在各种场合讲，张纯如非常聪明，非常有策划能力。在她写书的过程中，我们几乎每个星期都通电话，我们不仅讨论书的内容，也讨论书出版以后怎样上市，怎样吸引人，能够让主流社会接受，尤其是教育界——中学和高校接受这一事件。

经过研究，我们发现美国的畅销书是在出版后的前6个月，尤其是在前几个星期，如能达到5000本的话，就能够印第二版。能印第二版的，就能称之为畅销书。在美国有两家大报，一是《纽约时报》，二是《旧金山报》。上了这两家大报的榜的话，就能够家喻户晓。有了这个计划以后，我们告诉所有愿意买书的人，不要在网上订购，因为网购没有记录，全部去书店买。

一个星期之内，我们就卖了5000本，第二个星期这本书就变成了畅销书，这是第一步。然后，我们跟出版公司说，这么重要的一本书，为什么只到5个城区轮流签售？他们说我们没有这个预算。我们就自己策划，到五大城以后，安排华人社区的汽车在机场接纯如，在美国140所大学的中国同学会办读书会，附近的书店也去讲演。两个月后，出版公司发现这本书已经非常畅销了，于是连续推出了很多很多版。一年之内，我们办了几百场讲演。出版社决定除了英文版以外要出7种不同的文版。这个时候张纯如的名字不但登在报上，而且电视台也访问她。很多的学校不仅把她的书列在历史参考书目中，也列为心理学的参考书。她成为中国社区的发言人。

在美国主流社会，尤其是年纪比较大的男性，有一点儿歧视华人，他们认为这些故事与自己无关。张纯如最开始是一个杰出的作家，却不是一个演说家。可是在这一年的历练之后，她变得言辞丰富、犀利，有非常强的说服力，在美国和欧洲，在电视台录制节目时，变成了绝对主角。美国的教育电台还邀请她去跟日本驻美大使当面辩论。她也是第一个到美国国家浩劫博物馆去讲演的中国人，因为场面火热，讲演加了两场，这是史无前例的。

她也打动了犹太人。在犹太人的意识里，其他种族的事情与他们无关，张纯如破天荒地开启了犹太裔和华裔的合作。犹太人在影剧界、学术界，甚至在政界的影响力超过我们中国人。在我们推进史实教育时，犹太朋友对我们帮助非常大。

美国人，包括华裔的年青的一代，别说对南京大屠杀了，对“二战”历史也是非常缺乏认识的。张纯如的这本书，让他们对日本侵华的暴行和中国人对“二战”的贡献都有了新的认识。加上主流社会的报道，在那几年，尤其是在该书出版后头3年的时候，在美国几乎没有一个人不知道南京大屠杀的。跟过去完全没有人知道比起来，是天壤之别。

华人有民族情感，纯如在世时口口声声说我们中国人，她从来没有把自己称作美国人。她的性格和她对中国的认同，让她成为中华民族的好女儿。

全美华裔社会对她都非常支持，在这一点上没有任何分歧。尤其是当时40~60岁的华人，在这边都有一点经济能力，有能力来帮助她。她在美国旅行，到任何一个城市，几乎都住在华人的家里，每个人都愿意接她回去，听她说故事。她也影响到下一代，从那时到现在，十几岁到二十几岁的年轻人，不单是华人，很多白人学子也受到张纯如的影响。这样的影响我不敢说绝后，但绝对是空前的。我知道有很多年轻的学子在国内或者海外，因为张纯如而改学历史、法律，甚至学心理学。澳大利亚的一位老师，由此开始专心研究“二战”史，发现了在亚洲战场上的一些事情，写了一本书，后来得了张纯如征文的第一名。这是张纯如身后的影响。

纯如有一个口头禅：一个人所做的也可以改变世界的命运。希特勒可以造成“二战”的一个开端，昭和可以造成亚洲的浩劫，东条英机可以造成战争。她说：“我张纯如可以有好的影响，一个人也可以改变天地玄机。我相信一个人愿意做的事情能够让整个世界的未来有所不同。”

史詠 （世界抗日战争史实维护会芝加哥分会副会长）

她的书通向下一个和平的世纪

“在这个暴动与动荡的世纪行将结束的时候，张纯如的书唤起了公众对‘二战’中最黑暗的一章——南京大屠杀的认识，照亮了通向下一个和平世纪的道路。”

我第一次遇见张纯如是在1994年。当时，我正在筹备出版一本关于南京大屠杀的书，书里有很多照片。然后有人给我打电话，请我做一场图片展览。我打印出十几张，卷着它们去展览。这不单是一次展览，我们也在那里共同成立了抗日战争史实维护会。

在这次展览上，张纯如来了，一个女孩子，高高的，有点像中学生，到处看，也到处问。我记得她问我照片是怎么来的，这是我们最初的交流。在那次会上，我做了一个发言，大意是我们应该把所有的注意力集中到教育后人身上，通过出书、出杂志、出电影、出录像带，以及口述历史这些方式告诉后来人真实的历史。就在那时，张纯如告诉我们，她准备写这本书。我们当时策划说，这本书一定要在抗日战争胜利60周年的时候推出。

从这以后，我跟张纯如有了比较多的交往，因为她也需要一些资料、图片。关于南京大屠杀的死亡人数，我们也进行过多次讨论。我去做过南京大屠杀幸存者的采访，比如说夏淑琴、李秀英、倪翠萍等。张纯如同时也在做这些资料。当时我有一个很大的学术困惑，就是这些幸存者的证言和身上的刀痕累累，证明他们被日本人残害过，这是无可争议的。同时又有很多外国人的证词，比如拉贝、威尔逊医生、魏特琳。但在这中间缺少证据的纽带。换句话说，中国人自己的控诉和见证，与外国人的控诉之间没有链接在一起，证据链不完全。我觉得这是一个很重要的学术问题，在多次交流中，我跟张纯如讲过这一点。我说，比如夏淑琴，能够在外国人的证言里也找到她，这个证据就圆满了。

后来我接到张纯如一个电话，她说："似乎你想找的事情，我这儿找到了。"她找到了《拉贝日记》。那时她还没有把它公之于众，也没有把它翻译成英文。《拉贝日记》里有一张照片，似乎说的就是夏淑琴一家。拉贝在这张照片下的描述说得比较详细，"这一家13口人"，这个数字，可能跟11口人有出入，后来我们知道，夏淑琴家还住了两个邻居，那两个邻居一块儿死了。数字对得上了，而且讲到这个小女孩带着她的一个更小的妹妹，在自己的母亲身边爬了一个星期，其他人全都死了。外国人来了，把她们救了。有非常详细的记录。

我问她能给我传真过来吗。让我很惊奇的是，过了大概三四天，她用UPS寄来了一大箱东西，就是所有的《拉贝日记》的复印件。这件事，让我印象非常深刻。在那一刻，我认识到，张纯如在做学问的时候是很无私的。她通过自己执着的学术精神千辛万苦找到了《拉贝日记》，还能跟别人完全分享，用自己的钱一篇不落地为他人复印了全部资料。

后来，我找人把这些资料翻译成英文。那时候我的书第一版已经出版了，我问纯如可不可以在第二版的时候加以引用，她说当然可以，还说这是所有人都可以分享的，希望能把它变成公共财产。

纯如发现《拉贝日记》，把学术上的证据链给补充完全了。几十年过去了，夏淑琴跟无数的人讲过自己的故事，都是口述历史，没有文字的记录，也没有照片的记录。而在《拉贝日记》中，一切都得到了证实。我觉得这是张纯如最大的贡献之一。

我还记得1997年她的书出版前，她的出版商找到了我，让我为她的书写推介，我这样写道："在这个暴动与动荡的世纪行将结束的时候，张纯如的书唤起了公众对'二战'中最黑暗的一章——南京大屠杀的认识，照亮了通向下一个和平世纪的道路。"

李竞芬（世界抗日战争史实维护会前会长）

让全世界的华人凝聚起来记忆历史

“我们这一代人是有责任、有使命的，我们要让这段历史完整地保留下来，也希望侵略者能够正确地面对这段历史。”只有正确地面对历史，真诚地道歉、忏悔，才能够真正抚平中国人民的伤口，才能够真正地维持亚太地区的和平，才能够真正地维持世界的和平。

世界抗日战争史实维护会（简称“世界史维会”）于1994年成立。我们邀请世界各国的人来参与，不管他们是相关的组织还是历史的见证人。1996年，我正好做旧金山世界史维会的会长，我承担的责任是比较多的。世界史维会草创，我们搜集了相当多的资料，从日本、马来西亚、中国香港、中国台湾来了许多历史见证人，还有美国的许多学者专家，包括各个组织。我们曾经说要做一件什么样的事情，能够让世人永远不忘记。除了要保存史实、史料，保存历史见证人的口述之外，我们应该选定一个纪念日，为全球所纪念的。那个时候我们就想到了，南京纪念日。

没有想到在2014年“两会”的时候，中国国家主席习近平宣布12月13日是全国人民纪念的国家公祭日。从1996年到今天，18年，能够看到中国政府确定公祭日，我非常地感慨和感动。我们当时选择纪念南京，不光是一个追悼纪念的仪式，而是全世界各地的友好组织，都要保持一种公祭的方式。但每个地方的条件不一样，依据每个地方的不同情况，比方说，你可以办音乐会来追悼，也可以办研讨会来追悼，我们叫作同步南京祭。这样的同步南京祭，每两年办一次，持续到今天，辗转18年了。

很多人说，你们为什么要做这些事情，不是提倡中日友好吗？我说，我们不是为了挑起中日两国人民的仇恨，最重要的是让大家正确地面对这段历史。因为有这样一个历史教训，大家都应更珍惜世界和平，但前提是不能够篡改历史，我们要对抗日战争中死伤的3500万军民同胞负责。虽然今天日本军国主义继续复苏，继续篡改历史，但是我们相信，只要我们所有海内外的华人华侨，大家有志一心，相信终有一天能够让日本正确地面对这段历史，让世界各国人都知道，第二次世界大战的胜利，中国人民做出了巨大的牺牲。

如何让大家正确面对历史？最重要的还是教育。世界史维会在这方面是非常有策略的，比方说1998年，我们在多伦多召开了双年会，当时张纯如也在现场为大家说明她为揭露南京大屠杀做了些什么事情，非常多的义工参与这个活动。1998年的特殊性，在于我们提出要通过诉讼的方式，来正视这段历史。起诉日本政府是非常难的，但律师说，通过诉讼的过程，能够让许多的史实、史料公之于世，这是一个非常好的切入点。为什么在2000年的时候，美国国会能够解密“二战”亚洲战场的很多历史资料，这跟1998年世界史维会的双年会有关系，我们当时的诉求就是抢救历史。那时丁元跟所有史维会的朋友，纷纷帮助张纯如，也帮助其他国内的相关组织，比方说北京大学历史系的同学，比方说除了南京大屠杀之外，细菌战的受害者、烂脚村的受害者、劳工民工做口述历史，那个时候叫抢救历史。现在在史维会的档案里，有非常多这样的史料，这是保存历史的见证。

另外，我们从教育着手，推动教科书改革。有一个全美中文学校联合总会，写南京大屠杀的教材，放进中文学校的补充资料里，让老师来教授。让美国社会学的老师来了解这些，希望能够为他们提供资料。我们的人，包括很多义工都到加州州政府去陈述。第二次世界大战欧洲战场在美国社会学的历史教科书里占很大的篇幅，而亚洲战场只有两行字，我们希望能更加详细。我们还邀请了许多美国高中历史老师，带着他们到（中国）大陆去实地了解第二次世界大战中在中国战场发生的事情，包括南京大屠杀，包括慰安妇。他们回来之后写了一些历史教材，通过种种方式，让第二次世界大战、日本侵华这样的史实史料能够公之于世。

第二次世界大战时中国是战胜国，伤亡3500万人。不光是中国人牺牲了，日本也屠杀了许多亚洲其他地区的人，我们联合日本的左派——反对日本政府篡改历史的一群人，也联系了许多调查韩国慰安妇的组织。联系亚洲其他国家的人，是希望大家能够凝聚起来，成为一股维护公理正义的力量。我们在美国也参与公共事务，跟许多美籍的民选官员保持相当好的关系，有些什么事情，我们也会寻求他们的支持和帮助。

我觉得张纯如是我们在海外维护抗日战争史实的一位斗士、英雄。1994年我第一次认识她的时候，她还在学校读书。大家认为这么一个女孩子，很难写下有关南京大屠杀的这本书。然而，这本书不仅写出来了，还影响到非常多的人，尤其亚裔的年轻大学生。那时在全美国的各大院校里，张纯如去做演讲，披星戴月，不辞艰辛，发挥了非常大的影响力，影响了许多的大学生。张纯如是海外维护抗日战争史实的年青一代的代表。她如此执着，一个如此年轻的女孩子，到南京去了解、记录和保存这些口述历史资料。她看到的都是又多又悲惨的历史，我想这不是每个人都能够承受这么大的悲痛和历史所赋予的使命的。我觉得没有任何一个字能够形容张纯如在这件事情上面所做的努力和贡献。

我去过侵华日军南京大屠杀遇难同胞纪念馆好多次，每次去那里，都觉得还有非常多的冤魂在鸣不平，他们死不瞑目。我们这一代人是有责任、有使命的，我们要让这段历史完整地保留下来，也希望侵略者能够正确地面对这段历史。我希望日本人民能够拿出勇气，正确面对过去的历史，让这段历史画下一个句点，我们史维会要求的是道歉、赔偿、建馆、立碑。

如果我们不能够正确面对历史中这样的行径，就会纵容我们自己磨灭这段历史，纵容我们的下一代不汲取历史的教训，让历史可能重蹈覆辙。所以，我觉得，追根究底，就是要正确地面对历史，让历史回归真相，大家共同吸取教训，这样才能有一个真正的、世界的永久和平。

第三章
南京记忆，承载与延续

几十年过去了，南京记忆没有被遗忘，反而以各种形式被重新唤醒、抒写和纪念。美国电影导演比尔·古登塔格拍摄的纪录片《南京》，从欧美视角描绘出这场屠杀的惨绝人寰与其间人性的光辉和力量；侵华日军南京大屠杀遇难同胞纪念馆馆长朱成山发动许许多多人，经过20多年的努力，让这座纪念馆真正做到了“继承历史，走向未来”；而学者步平奔波于中日之间，用教育的力量改变着民间对于历史的认知……无数人凭借一生之力承载与延续这段记忆，只为祭奠亡魂，走向和平的未来。

比尔·古登塔格（纪录电影《南京》导演）

我们拍摄的是“反战”而非“反日”电影

“当人们看到电影的时候，他们会看到成百上千万人的死亡。这不仅仅是数字，这是人的生命。我们想要将数字赋予一个个鲜活的生命。”

泰德·莱昂西斯打电话给我，我才第一次得知这个拍摄计划。在此之前，泰德寄给我一本书，书的封面上写着《南京浩劫：被遗忘的大屠杀》。当我读到这句话的时候，第一个想法就是遗忘和大屠杀永远都不应该出现在一起。所以我从一开始就产生了兴趣，觉得如果我能为这部电影做些什么，那也许在某种程度上可以纠正人们忘记大屠杀的行为。我想贡献出自己的一份力量。

泰德问我：“你想拍这部电影吗？”

我说：“当然，我想拍摄这部电影。”

之后，我想我必须用不同于其他历史纪录片的方式来拍摄这部电影。我想到拍摄这部电影时需面临的3个挑战：一、我们怎样把它拍摄成年青一代想要看的电影。二、我们必须采访一些老人，但是这些老人可能已经不能很清楚地陈述他们的故事了。不过，当我到了中国，我才发现事实并非如此，老人们能极其清晰地讲述发生在他们身上的事情。三、我以为没有足够的资料片或者照片。可是当我们花时间开始研究、寻找的时候，我们发现事实也并非如此。当时最大的挑战是在你不能采访已逝者的情况下，如何生动地再现他们的故事。你可以采访中国的幸存者，你可以采访日本的士兵，但是你无法采访已经去世的那些人。我记得在答应泰德拍摄这部电影以后，我在斯坦福大学里徘徊、思索，我问自己："我要如何拍这部电影？我要如何重现历史？如何用电影将那段历史带到21世纪，并同时忠实于故事的真实？"然后，一个想法产生了：将中国的幸存者、日本士兵以及演员结合起来，用真实的语言来讲述这个故事。

在南京发生了很多悲剧，其中一大悲剧就是南京大屠杀的历史不为除中国之外的世界所知。我之前曾听说过南京大屠杀。我的孩子在加利福尼亚一个很好的学校上学，他们学校专门用一天讲述了这个故事。但是，总体上来说，人们对此一无所知。而我所了解的也只是最宏观、最粗略的方面。当我开始深入学习那段历史的时候，我发现这是一个振聋发聩的故事。当我在拍摄电影的时候，我学到了很多很多东西。

在拍摄时，我担心的是如何才能制作出吸引人的电影。故事非常重要，而仅有重要的故事情节并不代表观众就想看。所以我在寻找一个入口，一个不一样的讲述故事的方式，希望以此吸引观众。我提出了一种"织锦式"的拍摄手法。我们知道，织锦上有各种颜色、各种线，而在我们的电影中，一条线是幸存者在讲述故事，另一条线是资料片，再一条线就是日本方面的讲述。一些地方用的是照片，另一些地方是演员们在朗读真实的文字记录。所以，这确实是一个巨大的挑战。但当你在做一个非常重要的东西的时候，你一定会竭尽全力迎接挑战。

整个电影的拍摄花了两年时间。之所以花这么长时间，一方面是因为我们想要自我教育，想要尽可能地找到更多的资料片。当我们开始寻找资料片的时候，我们在中国大陆、中国台湾、日本找到了一些。我们还在意大利、美国、德国等国家寻找。我们想要尽可能地寻找更多的资料片。我们必须研究这些资料片，还需要查阅不计其数的资料来创作剧本。另一个方面，我们希望我们的电影能够无懈可击。南京大屠杀的一部分问题被否认或者抵赖，他们说："只有中国人说发生了南京大屠杀，其实这根本就没有发生。"所以，我们希望我们的电影制作出来以后没有人能够攻击其真实性。人们可以说：电影里的一切都恰如其分，证据确凿。我们希望让一切都真实可信，我们也做到了。

我们团队的每一个人都会说中文或日文，也有人两种语言都会。我觉得有人能够研究第一语言的资料是非常重要的。这主要是由于要尽可能保持准确性。我们是一个国际化的团队，我们是一个团结统一的队伍。我中国的同事Violet Du Feng在中国采访幸存者，她来到南京，经常眼含热泪地打电话给我，讲述她听到的故事。我会说："既然这些故事这么铿锵有力，那么我们就来拍一部振聋发聩的电影。"我将这些故事告诉我的伙伴丹 · 史度曼,我们尝试将这些故事和其他史料编织在一起。

我们希望战争幸存者能从个人的角度陈述战争中的经历，所以，当制作这样的电影的时候，我们需要有人讲述炸弹袭击的经历；制作这样的电影，还需要有人谈论战争中死去的家人；还有那些被强奸的妇女讲述自己的经历。不同的方面由不同的人来陈述自己的故事。而他们讲述的都不是抽象的，而是个人实实在在发生的事。我想说，这部电影想要让经历者说："我在那里，我做了这些，我看到了那些。"有很多优秀的电影纪录片采访了专家学者，我自己也在大学任教，我对专家和学者充满敬意。但是，在这部电影里，我们需要亲身经历者的陈述和评价。

当你看着一场战役的时候，你可以给出很多关于战争的观点。斯大林说过一句很有名的话：“100万人的死亡是一个历史运动，一个人的死亡是一场悲剧。”所以，我们想把一个巨大的历史事件、历史运动浓缩成一个故事。有数以万计的南京妇女被强奸，这是一个巨大的、有力的数字，但是当你听一个人讲自己的故事的时候，那才是真正的力量。因为人们通常不会和数字发生共鸣，他们只会和人发生共鸣。所以，我想要让每一个故事都由具体的人来讲述。当你面对这些讲故事的幸存者的时候，你自然而然会很感动。我自己就非常感动。

有一次采访进行到一半的时候，突然翻译出去了。我当时感到不能理解，这种情况从来没有发生过。之后，我才知道发生了什么。那个翻译哭得非常厉害，已经无法再继续翻译下去了。一分钟之后，我们的翻译回来了，翻译了那个故事，被访者的母亲在被刺刀刺中后，依然向着儿子跑去，她拼命扯开衣服，想要给哭喊的儿子喂奶。听到翻译的这个故事后，我也开始哭泣，我望着摄像师，摄像师也在哭泣。我们所有的人都被打动了。这种力量无比震撼。我的任务是在剪辑的时候保存这股力量，将这股力量注入电影之中。我记得，在电影结束后，在圣丹斯电影节的首映礼上，整个屋子里的人都在哭泣，就如我初次听到那个故事哭泣一样。而电影的力量，就是努力让个人的情感在所有人身上获得共鸣。

我们希望电影的场景能够很好看。我们花了很多时间增加镜头的亮度，我们花了2～3小时提高镜头的亮度，大多数采访的场地都非常的漂亮，但是非常冷。在一个古老的中国宫殿里，没有暖气，但是我们的目的是要把场景拍得漂亮，也要让受访者感到舒服。所以，我们在受访者周围摆了尽可能多的取暖器，尽可能让他们感到温暖舒适。我们想要创造一个环境，在这个环境里，人们可以舒适地去讲述自己的故事。很有意思的是，通常我拍摄电影会亲自去采访，但是在这个特殊的电影里，所有的采访都是由Du Feng完成的。她是这部电影的联合制片人，她在伯克利大学读书，她是我的好朋友。我觉得由她去完成这些采访可能更适合。作为一位年轻的中国女性，她受到了触动。对那些战争中的幸存者，她表达了自己的尊重和敬意，那些幸存者因此也对她敞开心扉。

要完整地讲述南京的故事，你必须将外国人包含进来。有无数关于中国人、日本人，以及日本人对中国人所犯罪行的有力的故事，但是你需要把外国人的声音加进来。我们将幸存者的证言进行整理，浓缩在我们的剧本中，剧本中的每一句台词都是真实存在的。我们希望观众们最初也许是奔着玛瑞尔·海明威去的，但是在观看影片的过程中的某个时候，他们可能会忘了作为演员的玛瑞尔·海明威，他们会把她看作魏特琳，会将伍迪·哈里森当作真实世界里的罗伯特·威尔逊。他们去电影院的初衷可能是为了看演员，看明星，但是渐渐地，他们会忘却演员本人，而去思考他们在剧中所扮演的角色。我们想要和观众产生更有力的联系。我想，对于很多观众来说，他们都不想去电影院看纪录片。所以，你必须给一个他们去电影院看纪录片的理由。一旦有理由之后，他们就会被吸引。你希望这个有力的故事是吸引他们去电影院的理由，但有的时候吸引他们的却是演员效应。有些去电影院的人会说："我想去看伍迪·哈里森。"你给了他们另一个去电影院看电影的理由，并没有削弱故事本身的力量。这只是一种吸引他们去看电影的方式。

在南京大屠杀中，呈现出来的两样东西截然相反，一个是人性最善良的一面，一个是人性最丑恶的一面。说起在南京建立安全区的人的勇气与人道主义精神，有这样一个故事可以简单类比，某人掉到了地铁的铁轨里，而地铁即将到来，我们都希望自己是那个挺身而出，跳到铁轨里，在地铁驶入之前拯救落难者的人。我们都希望自己拥有那种勇气。在当时的南京真的有人这样做了，而且人数众多。他们冒着生命危险拯救了成千上万的人，这真是一个鼓舞人心的故事。这个故事如此深入人心，一方面是由于人性最穷凶极恶的一面暴露了出来：入侵的军队在进行大屠杀，他们屠戮儿童、妇女、男人，这绝对是人性最丑恶的一面。然而，与之截然相反的另一面也出现了：有人冒着生命危险拯救了成千上万条生命。我想，这个故事在很多人心中引起共鸣的一部分原因正在于此。你不仅仅看到了所有这些骇人听闻的场景，你还看到了一丝希望，在最黑暗的时刻仍然有一些光明，你仍然能够为人道主义做出贡献。这也是这个故事的力量所在。

我，还有我的伙伴丹·史度曼、Violet Du Feng，开始拍摄这部电影的时候，我们并不是想拍摄一部“反日”电影，我们想拍摄的是一部“反战”电影。我们需要记住的一点是，日本并不是众口一词的，确实有很多人否认日本在南京所做的一切，但是也有人，他们承认历史。但我觉得日本的主流群体是否认大屠杀的。在德国，如果你否认犹太大屠杀，人们会觉得你疯了，没有人把你当回事。但是，在日本，一些在重点大学里教书的教授，一些政客，他们否认历史，并且还受到尊重，任何对事实真相感兴趣的人都有理由惊骇于否认者的所作所为。因为，在南京发生的一切，有证人证言，有法庭证据，有图片证据，有影像证据，各种各样的证据证明这发生过。所以，否认它的发生无疑是错误的。当你发现这是事实的时候，你会觉得日本的行为实在是匪夷所思。日本对南京罪行的抵赖是可怕的。

关于我们的电影，日本政府并没有明令该上映什么，不该上映什么。我本希望我们的电影可以在日本上映。我们的电影几乎在全世界上映。我们在法国电影节，在南美，在亚洲上映，我们在圣丹斯电影节首映，但是我们在日本所有电影节的参展申请都被拒绝。我们被告知，如果有影院上映我们的电影，那么影院老板将会接到骚扰电话，甚至会发生暴力冲突。影院老板觉得不值得为这部电影而承受威胁，所以电影《南京》未能在日本上映。但是我觉得对于日本来说，承认历史至关重要。那些进行南京大屠杀的日本人现在几乎都已去世，而日本很多年轻人对此觉得很惊恐。我有一位日本朋友，一位和我同龄的女士，看了电影之后对我说：“我很高兴你们拍了这部电影。”我想这正是我们希望从日本人身上看到的回应。当我们在圣丹斯电影节上放映这部电影的时候，一个人在电影最后走到我面前说：“我的父亲是大日本帝国陆军的军人，他们入侵了南京。”我正在想他接下来会说什么。然后，在黑漆漆的电影院里，我看到他脸颊上流下来的泪珠。最后，他告诉我说：“我真的很高兴你们拍摄了这样一部电影。”

每次，当日本首相参拜靖国神社的时候，他们就像在中国人的胸口刺上一把匕首，这是一种极具挑衅性的行为。他们一直这么做是没有任何理由的，因为靖国神社里面供奉的是战犯，这种行为会一次又一次地激化矛盾。

我觉得如果接受事实，那么就不会有争议。在日本，争议主要存在于那些否认事实的人。在我们拍摄电影的过程中，有一些原本打算参加电影拍摄的日本人后来退出了，因为他们觉得这太令人难堪了，会给他们的家庭带来耻辱。他们说不想再和这部电影有任何关系。我们发现，那些退出的人普遍年龄较大。然后，当我们开始招年轻一点的日本人的时候，他们说：“是的，这确实发生了，这些可能是我祖父那个年龄的人们做的，但是最重要的是将真相呈现出来。”美国著名的法官路易·布兰戴斯曾经说过一句著名的话：“阳光是最好的消毒剂。”要清除掉肮脏的东西，只有把它暴露于太阳之下。

我觉得人们想要记录下来历史的声音，在这部电影中，采访持续了好几小时，但只有一小段能放到电影里面。我希望采访的其他部分能够进入档案馆，让后来的人们看到。我感到非常荣幸能够参与采访，为历史记录下人们的声音。我很荣幸地看到，当电影在全世界公映的时候，那些发生在60多年前的事件依然在触动人们的内心。这一事件振聋发聩，每个人的故事都震撼人心，我希望这种震撼人心的力量能够延续下去。这些故事最后会变得久远，但这并不意味着它们的重要性会因此减弱。这是世界历史的一个重要时刻，我们去聆听那个时刻幸存者的声音，尽可能地让这些声音延续下去。

我想，所有电影的拍摄者都想做出一些积极的贡献，所以我希望我们的电影也能产生一些积极的影响。当人们看电影的时候，他们会看到成百上千万人的死亡。这不仅仅是数字，这是人的生命。那些人们实实在在所经历的：有人被杀死，留下了自己的亲人；年轻的女孩被强奸，一辈子都生活在那样的阴影里。我们想要将数字赋予一个个鲜活的生命。我想当你在揭露真相的时候，你所做的就是一种积极的贡献。我们希望通过我们的电影，让西方世界对此不甚了解的那些人能够有所了解，被感动、被打动。这就是我们小小的贡献。

泰德·莱昂西斯 (纪录电影《南京》投资人)

我所相信的“电影人道主义”

“我希望全中国、全世界的人都能看到这部电影。这部电影会将他们带回某个历史的时刻，使他们从战争中学到宝贵的一课，了解一个人在战争的黑暗时刻里站起来用正确的方式去做了正确的选择到底有多大的意义。”

我从来没有见过张纯如，很不幸，我是通过报纸上的一个讣告才知道张纯如的。在《纽约时报》上，我读了她的讣告，看到了她的照片。她的书的封面上的文字以及她的样子吸引了我，我上了谷歌，输入了她的名字。我买了她的书。这本书令我感到震撼，因为书里谈到了“被遗忘的大屠杀”。之前我并不知道这段历史，而我也从来没想过“遗忘”和“大屠杀”这两个词会联系在一起。南京大屠杀中人们所展现的尊严和勇敢，以及幸存者所讲述的故事使我深深地感动，激励我将这些故事讲出来。

我想要拍摄这部电影的初衷是由于我对这个时期的历史不甚了解。我觉得了解“二战”之前的日本和中国的动态关系非常重要，但是我更热爱故事中的幸存者们，我觉得去捕捉和纪念他们在那段战争时间中的记忆非常重要。我们在中国南京花了好几个月去采访战争幸存者，通过电影捕捉住他们的记忆，使之不至于随着时间的流逝而消失。通过制作一部高质量的电影，将这个故事在全世界几十亿人面前讲述出来，让我们觉得很自豪，觉得这是高尚的行为。

所有的采访我都在场。我在南京待了3个星期，我去了侵华日军南京大屠杀遇难同胞纪念馆。之后，我去了上海和北京寻找其他的幸存者，寻找相关人士去讲述他们的故事。最后，我们在美国的洛杉矶编辑了这部电影。那些故事都非常感人，令人惊叹。它也显示出了人对人所表现出来的人性的光辉。

今天你们在采访我，但是就在同一时刻，中东地区在发生冲突，儿童和妇女被杀害。就在今天早上，新闻广播里还在播报炸弹袭击，孩子被炸死，受重伤，它们播放那些连续的镜头。我们听说了太多这种悲惨的故事。我们现在所坐的地方是我的体育竞技场，这座楼里有两万人，他们来打篮球或者打曲棍球。当我们回顾南京大屠杀中的孩子和少女时，有数不清的妇女被日本官兵强奸。而一个女子魏特琳站了出来努力拯救这些女子，她还建立了一个安全区。我觉得这是一个英雄主义的行为。

我们的研究一丝不苟，用了3年时间去做了所有的研究和拍摄，然后在全世界公映。它经受住了时间的考验，成为一部被高度赞扬的广受好评的电影。它在圣丹斯电影节上获得了最佳电影奖，获得了新闻奖项，还获得了艾美奖最佳纪录片奖。我们努力使电影忠实于书，但是我们也做了自己的研究。我们觉得获取图片、视频等证据非常非常重要，去寻找并找到参战的日本老兵，以及幸存下来的人，将他们的记忆记录在电影里，我想这是我们作为电影的制作者可以做到的。

我创造了一个新词叫“电影慈善”，电影慈善是用电影来实现社会的改变，也就是引发围绕难题的交流、激励志愿的社会服务和推动给慈善机构的捐赠。所以，电影《南京》绝对不是为了挣钱，电影的拍摄花了几千万美元，这都是我私人的资金，但是我仅仅是想讲述这个故事。我在中国的生意并不多，我并没有什么私心。事实上，当我看到张纯如的讣告的时候，我把报纸扔到了垃圾桶里，当我那天再次经过垃圾桶的时候，我发现她的照片像是一直在盯着我。无形之中似乎有一种力量，让我从垃圾桶里把报纸捡起来，带回家。这促使我去寻找更多关于她的资料。我真的觉得这部电影来自于一种更高的呼唤，有一种神奇而特殊的力量。

我从来没制作过电影，这是我的第一部电影。电影里有我在中国见到的大屠杀的幸存者的故事，也有南京大屠杀的故事为什么不为美国人或者欧洲人所知的讨论。我觉得这传递出的某种信号是，一些美国人或者欧洲人喜欢中国人，他们冒着生命危险建立起了安全区去拯救中国人，他们救了数以万计的中国人的生命，但是他们的故事却被忘记。当我在家里阅读那些信件、日记，想要把它们用在电影里的时候，我努力地让自己设身处地地从他们的角度去思考。如果我处在那种情况下，我会那样勇敢地站出来吗?

当时美国总统派遣船只、飞机来到南京，对他们说：“你们应该撤离，离开这里。”在这种情况下，一小部分人留了下来，出于兄弟般的情谊，不为任何私利，冒着生命危险去救人。我们每个人都会有这样的思考：当面对极其两难的抉择的时候，你会选择正确的方法去做正确的事情吗？这些人做到了，他们的故事值得为世人所知。我相信我们需要把这个故事讲出来。

我建立了一个网站，叫做snagfilm.com,我们把电影《南京》免费放在这个网站上，上网的任何人都可以观看这部影片，上面还有成千上万的纪录片。这么做是因为我觉得这些故事需要被公布出来，需要被人们分享。

我们花了3年时间，但是我们制作出了一部优秀的电影。大部分人对于这部电影所讲述的历史事件一无所知，却在情感上和这部电影产生了强烈的共鸣。两个民族之间的战争，一个国家入侵另一个国家的领土，制造恐怖事件，这是一个胜利和悲剧之间对比的故事。我们所说的战争是抽象的，但当你和一位80岁的老人交谈，老人当年10多岁，仍然能够回忆起当时所见到的场景。电影里就有这样一个场景：一个年轻男子谈起他的母亲，他看到他的母亲被吊起来，那可能是电影里最悲惨、最让人痛彻心扉的场景，因为你可以很明显地看出，这个记忆是萦绕他一生的最恐怖的回忆。他讲这个故事，不仅仅是因为故事牵涉他的家庭，他的母亲，更是因为这个故事象征了战争的残酷。

有个词叫“电影人道主义”。我相信我们可以用电影、用媒体来激励人们，引导、教育他们。坦诚地说，很多人拍电影是为了挣钱，他们的电影里有超级英雄，有特技，或者使用喜剧效果。看到一些人花了很多钱想要获得某种经历，但是当一天结束的时候，他们会觉得空虚，这让我觉得很可悲。而我相信我们可以通过电影去教育、去启迪、去警醒人们，让他们离开电影院的时候带着好奇，让他们区分是非，让他们想去为慈善事业服务。那就是我所相信的“电影人道主义”。

让人欣慰的是，所有看过这部电影的人都被打动了，他们觉得看完电影以后变成了更好、更有同情心的人。在电影的编辑阶段，我们筛选照片的时候，工作中的那些专业人员不得不时时停下工作，走出去深呼吸，或者情绪失控开始哭泣。这真的是一种无法置信的奇妙经历。我们第一次在圣丹斯电影节放映这部影片的时候，在场的观众太过于投入到电影之中以至于开始哭泣、抽泣。因为当他们看到那些场景的时候，他们无法想象人类对自己的同类所做的一切。这一切出乎他们的预料，竟然有那么多人对男人、孩子和年轻女性做出这种惨无人道的行为，但同时他们也被那些英雄所激励。从某种程度上说，张纯如也是一位英雄，她必须面对日本右翼势力的否定和反驳。

当我们制作电影的时候，我们是从一个绝对客观的角度呈现，我们没有任何偏向，只是想把事实呈现出来。我们做研究，做采访，听人们讲述故事，那么事实的真相自然会从电影里流露出来。

当我们完成电影以后，一些日本人感到不满，这部电影从未在日本上映，这让我很失望，也很吃惊。既然类似的电影比如《辛德勒的名单》能够在德国上映，那么《南京》这部电影也理所当然应该在日本上映。现在电影被放在Snagfilm.com网站上，我相信电影已经被盗版复制，人们可以通过多种渠道来观看这部影片。一年前中国中央电视台播放了该影片，我们希望这部电影能够再次被播放。

我觉得这部电影应该被反复地播放，去警示下一代什么是战争的代价，以及个人应该怎样站出来，承担起责任，尽自己的微薄之力去拯救受难者。这些行为在时间的长河里，在书写历史时不停地产生回响。我觉得这部电影应该放映给学生看。当我们需要回顾历史，审视内心，思考我们作为一个国家的行为是对是错，我们应该怎样以史为鉴的时候，我们都可以从电影中获得启发。

我们制作的这部电影是作为一部教育片来唤醒人们的记忆的。我们宣传和平，并且认为任何形式的战争都是不当的、错误的，而且个人可以站出来维护正义。魏特琳女士推开那些丧心病狂的日本士兵，在她的女子学校里保护那些年轻的女孩，这对我来说简直不可思议。她让我看到了一个人的巨大力量。她几乎以一己之力在和一个军队进行斗争，拯救了年轻女子的生命。我觉得这些伟大的人有很多共性，他们都有精神信仰。

据说纯如和魏特琳在生活中都被那种战争的恐惧所缠绕，因为那种无情的恐惧感，那种恐怖的形象一直浮现在她们的脑海，使她们无法继续生活下去。我能够理解，我并不是在夸大其词。我连续几个小时看那些资料片。此时，你不得不退缩，因为你不敢相信历史上的这一时刻到底有多么的黑暗。但是，影片最后的基调还是积极的，最后会有光明美好的时刻来临。我们要为我们的命运负责，那是我欣慰的地方。幸存者对命运表现出了不屈不挠的态度，他们继续生活，他们生育了很多儿女，成了父亲和母亲，他们为中国社会的发展做出了贡献。生活还在继续，我觉得这才是电影所倡导的最重要的一点。

总之，这是一部无与伦比的电影，记录了历史上一个痛苦的时刻。我们带着尊严和敬意来制作这部电影，也用有力的、现代的、中肯的方式来讲述这个故事。有电影明星及奥斯卡最佳导演奖的获得者的参与，这部电影将会经得起时间的考验。我希望全中国、全世界的人都能看到这部电影。这部电影能将他们带回某个历史的时刻，这样他们能够从战争中学到宝贵的一课，了解个人在战争中的黑暗时刻站起来用正确的方式去做正确的选择到底有多大的意义。

约翰·盖兹 (好莱坞演员)

让故事呈现人性光辉的力量

"它们让你更好地理解人类，尊重这些无私奉献的人类，不管是传教士，或是国际团体，还是安全区里无私照料人们的中国人。"

在出演纪录电影《南京》之前，我从来没有听说过南京大屠杀。出演这部电影是完全没有酬劳的。我先是读了剧本，剧组让我开始了解这些人物。这是一个引人入胜的故事，故事里所有的人都很有吸引力。希望所有工作都能像这样，是一个让人们渐渐钻研其中并感到有兴趣的过程，而且通过这份工作可以学到有关某地、某人的一些历史，那么这就是做这件事的乐趣所在。

在电影中，我所出演的乔治·费奇这个人物，和我们平时所想的，可能还有些不同。他的孙女写信告诉我们，他曾经对他的儿子道歉，因为他不能长久陪伴在儿子身边。但他必须到中国去，因为他觉得中国是一个好地方。他处于那么一个时代，人们都觉得他们一生最重要的使命就是为全人类服务，到别的地方去教书，将药品、信息带给世界，还有了解当地并将这些信息带回去。但是在宗教的世界里，伦理上人类互相关怀的观点并不是那么广泛流传。乔治·费奇是一个乐观的人，他心怀全世界。他的孙女说，即使在他93岁的时候，他仍然十分快乐，与众不同，这也是因为他内心对世界的那份深情。

编剧和导演给了我一些资料，我还读了很多别的人物的故事。我查了有关乔治·费奇的资料，并拜读了一些他写的文章。我发现当我读完这些材料，并接触了他的家人后，我对乔治·费奇有了更全面的认识，同时也更难将他所有的性格融入到简单的故事叙述之中，特别是当我在讲述另一个人书中所写的话时，这也许可以表现乔治·费奇的部分性格，但肯定不是全部。而演绎者会很想要把完整的人物故事都告诉观众。

这些人物会触碰到你的生活，虽然我了解这个人物时间很短，而且反反复复也只拍摄了几个礼拜，但是我也提到了，我认识了他的孙女，品读了与他同时代的其他人物的故事。我还了解了南京，南京人和他们的生活，不管是在南京大屠杀之前、当时，还是之后。这些故事，这些人物，能让你铭记于心，就像学习其他的历史一样，就像听到你的朋友分享他们的生活。它们让你更好地理解人类，尊重这些无私奉献的人类，不管是传教士，或是国际团体，还是安全区里无私照料人们的中国人。这是一个极具魅力的故事，而作为演绎者来说，你希望这些故事能永驻人们心中，成为一个正面的例子，告诉人们人性光辉的力量。

段月萍 (侵华日军南京大屠杀遇难同胞纪念馆原副馆长)

侵华日军南京大屠杀遇难同胞纪念馆建馆伊始

"我们一方面希望用历史事实来揭露日军的暴行，让老百姓不要忘记过去的这段历史，并且教育人民更好地建设我们的国家，增加青年们的爱国热情，另外一方面，我们也用这段历史来展望和平。"

1982年，日本文部省修改教科书，把原有的记载日本侵略中国，实施南京大屠杀的内容修改为"进入"中国。当时，中国老百姓，尤其是南京的老百姓听说后非常气愤，就写信给市政府说要捐款，要求市政府为死难的同胞建馆、立碑、编史。在这种情况下，当时的南京市政府顺应民心，开始着手筹备建立纪念馆。经江苏省的批准，首先成立了一个"南京市编史、建馆、立碑办公室"，办公室当时只有3个成员，我是其中之一。12月13号这一天，我们在江东门这个地区立了一块碑，搞了一个揭碑仪式，然后就正式开始筹备。

当时什么都没有，我就到南京市档案馆、图书馆、第二历史档案馆去查。就这样，我从第二历史档案馆查到了很多过去审判日本战犯的资料、日本军队拍的1000多张照片。从南京市档案馆找出的材料也很多，都是1937年年底到1938年年初的材料。大屠杀发生以后，老百姓没法生存了，就写报告给当时的自治会要求救济。那些呈文写得非常具体，比如我家里有几口人在当时被杀掉了，我现在没有生活来源，没办法生存，需要救济，等等。这些报告都是很珍贵的，反映了日军杀烧、凌辱中国民众的一些具体事实。这些材料找到后，我们心里就有底了，接着到上海、北京等地去查东京审判的材料。

另外，就是寻找活的见证人。当时，我们办公室请示市政府，以60岁以上住在南京的人为对象，在全市范围内寻找幸存者。在大概3个月的时间里，我们找到了2756位重要的幸存者。有一个叫陈德贵的老人，当年他16岁，在和一大批人被押到江边去屠杀时，一个猛子扎到水里潜游到对面，得以逃生。另一位幸存者唐光普则讲述，他被日本兵俘虏以后，就关在下关五所村。关了3天后，他们被押出去集体屠杀。他正好站在很多人后面，机关枪扫射时没有打到他的要害。他倒下去后，就慢慢往后蹬，蹬到半个身子挂在江里面，等日本兵走了以后再慢慢爬起来。我们发现了很多此类的重要幸存者，这是筹备建馆之后所遇到的一件很值得庆幸的事。

当时，我们要建馆，请来了著名设计师齐康。建馆地点为什么要选在江东门呢？1982年，全市进行了一次文物普查，老百姓说这个地方是当年屠杀的现场，而且也是埋尸的重要场所。1984年这个馆还没有建的时候，这个地方是一片菜地，菜地中间有一个大坑，老百姓挖出来尸骨就往坑里一丢，这个坑上面就盖了一层油毛毡。我们还没有建房子的时候，有一个叫本多胜一的日本记者到南京来调查，我陪他来过，把油毛毡一掀，里面全是白骨。于是，当时就确定在这个遗址上建馆。后来，这些尸骨全都保存在了尸骨陈列室。

1985年的春节，大年初一，纪念馆（老馆）破土动工，3个月就建好了。建好后马上布展，展示我们搜集到的各种资料。同时，全市还要立碑，当时一共立了17块碑，分布在各区。纪念馆8月15号落成开放，其他的各个碑也在8月15号揭碑。除此之外，还要出版史料集，当时我把搜集来的所有资料编成了一本《南京大屠杀史料集》出版。

建馆以后，中外反响很大，而我们的陈列厅很小，每天都有五六千人挤来挤去。很多日本团体或个人也到这里来，有时候一天好几个参观团，都要求开座谈会，要求会见幸存者。我们就把一些幸存者请来，跟日本参观者见面，开座谈会，展示他们身上的伤疤。当时一共有40多个国家的民众和团体到我们这里参观。

我们一方面希望用历史事实来揭露日军的暴行，让老百姓不要忘记过去的这段历史，并且教育人民更好地建设我们的国家，增加青年们的爱国热情，另一方面，我们也用这段历史来展望和平。

朱成山（侵华日军南京大屠杀遇难同胞纪念馆馆长）

我为30万遇难同胞守灵

“我为历史守灵，我为遇难者——30万遇难同胞守灵。我为我们民族和国家守灵。”

记忆是一种值得研究的独特的文化现象。当一个城市的历史记忆与国家和民族的记忆联系在一起的时候，完全可以成为这座城市的文化名片。我到侵华日军南京大屠杀遇难同胞纪念馆担任馆长以后，才深知这些话的含义。

1992年5月，我来到这座纪念馆担任副馆长，当时这个馆非常小，用我们馆里老员工的话讲就是“一亩三分地”。这个馆占地面积只有33亩，每年的观众大概只有10万人，讲解也没有讲解词。所以我想从一个讲解员做起，去与观众交流。我还想当好一个研究人员，南京大屠杀史料书籍并不多，我就把当时的书反复看，也向一些专家，如南京大学历史系研究南京大屠杀的专家高兴祖教授请教。

一年以后，我担任这个馆的馆长，也就有了更多的思考。这是一个承载着南京大屠杀历史的遗址。南京大屠杀和我们中华民族的苦难联系在一起，这让我有一种民族责任感，有一种国家的责任感。这种责任感促使我思考如何更好地建设这个馆，使它有自己的史学研究价值，能够和那段历史相适应。

馆里的工作展开后，征集上来的资料和文物越来越多，我的研究也越来越深入。我越来越感觉到南京大屠杀的分量。有那么多的历史照片，有那么多的人证物证，我们怎么来把它展示好，发挥它的功能和作用？我们过去许多方面是表层的，解说是表层的，展览是表层的，怎么使它深厚起来，使它凝重起来，用历史教育更多的人？我主持收集了大量文物资料。我刚来的时候，馆里包括文物在内，各种东西不到100件，仓库里只有两个木柜子，这是我们全部的家当，包括我们的办公用品。当时，我们在国内，也到海外如美国、日本、英国、德国去收集资料，现在我们已经发展到有十几个仓库15万多件馆藏。

收集资料分为几个层面。首先要做好幸存者、受害者的普查。我在1997年发动了14700多名大学生、高中生，与南京市教育局进行合作来开展普查工作。首先对15个区县的教育局进行集中培训，再由他们去培训调查人员，然后在全南京市走村入户，特别是对70岁以上的人详细走访。还从日本请来26个大学生和家庭来参加，来见证。同时，还请南京市公证处做了150份公证，开创了用公证的方式记录历史的做法。这一次是有史以来最大规模的关于南京大屠杀的调查。我们用了3个月时间，查询了南京市700多万人口，最后获得了2700多份资料。我们一份一份进行核查，发现1200多份资料涉及新的幸存者。这之后也一直在做幸存者的资料。不仅如此，我们后来又成立了南京大屠杀幸存者援助协会，援助这些幸存者，使他们的口述资料能够保存下来。随后，我们和美国的南加州大学合作，按照国际通行的方式进行口述史的调查，在国际平台上去发布。还拍了一些片子，如《幸存者证言》，编了一些书籍，如《现存历史——南京大屠杀幸存者素描肖像诗画集》。我们还到222位幸存者家中，用石膏为他们做脚印模型，然后做成铜板路，这浇筑好的铜板路能够留存600年。

在受害者、幸存者方面，我们一直在深入地进行受害者口述史调查，让幸存者的记忆能够保存下来，延续下去。我当馆长20多年来，从未停止过做这件事，只要发现幸存者，哪怕只是一个，我们都会马上联系，不管他在中国还是海外，一个一个去做下来，坚持不懈地做资料的积累、史料的积累、证据链的积累。

同时，我们特别注意加强与日本方面的合作。松冈环是一位日本老师，也是“铭心会（南京）”访华团的团长。全日本一共有17个铭心会。跟松冈环接触后，在南京大屠杀60周年的时候，我来到大阪，与他们一起成立了南京大屠杀60周年联合会。不仅是大阪和名古屋，广岛、京都、长崎，乃至整个日本都进行了连线，成立了一个全国联络会。直到现在，这个联络会还彼此联系着。以松冈环为代表的一群有良知的日本人，花了4年多时间，到大阪、广岛、冈山，最远的到了福冈，到老兵家里一户一户去采访。就这样，留了254份老兵证言，讲述他们当时在南京看到的屠杀现场，参与的强奸，以及在当时用地雷炸、用机枪扫射等场景。后来，松冈环出书，我们也帮助她的书在中国出版。他们采访的录像、录音，也都放在我们展馆里。对于来这儿参观的日本人来说，没有比日本老兵自己的证言更有说服力的了。

我们还从第三国、中立国家寻找证据、证言。大屠杀期间留在南京的这些证人，像约翰·马吉、魏特琳、拉贝，他们都留有珍贵的影像资料或者日记。我本人去了约翰·马吉的儿子——大卫·马吉家，想要约翰·马吉那架摄像机和胶片，老先生舍不得。他说这不属于他个人，家里还有兄弟姐妹，这是他父亲的遗产，他没有权利单独地把它赠送给我。后来他突然提出要到南京来访问，而且带着摄像机来。我们感到非常高兴，去上海接他，带他来到南京，去他的出生地十二中学旧址参观，还为他建了约翰·马吉图书馆。我们又陪他去北京，看了长城、故宫。通过几天接触，老先生和他太太与我们建立了信任，他将摄像机捐赠给了我们。后来，他又将4卷原始胶片也捐赠给了我们。这是一套非常有说服力的证据。

《拉贝日记》，包括全套复制件、120幅照片等的收集，起源于张纯如来馆里收集资料。我们为她提供了线索，在她的帮助下，发掘了《拉贝日记》。现在，我们办了一个《拉贝日记》的展览，又出版了《拉贝日记》。我作为顾问还参加了他们的一些翻译及最后的审稿工作。拉贝的故事影响比较大，我最近也去了他的故地看望他的亲人。中国驻德国大使帮助我们，将拉贝在德国柏林的墓碑寄到了上海，我开着车往返700多公里从上海把它拉回来，现在成为我们馆非常重要的一件纪念物。

还有魏特琳。我到了魏特琳墓地，去了她的侄孙女家，征集了魏特琳的一些文物。还去了华盛顿国家档案馆，查了有关远东国际军事法庭档案，把相关资料全部拷贝带回来。为了抓紧时间工作，我们外出收集资料的员工常常睡在沙发上，非常辛苦。这些工作都很细致，需要慢慢积累，这种积累对于历史研究来说，是非常重要的。

记忆是对过去的一种重构，是可以传承的，尤其是历史的记忆。我认为，就南京大屠杀研究来讲，有三段非常重要。

第一段是祖辈或者说父辈记忆的传承。在我是小孩的时候，我的爷爷曾经在南京新街口的银行工作过，这个银行现在还在。作为长孙，他带着我到银行去。爷爷告诉我，当时日本鬼子很坏，杀了很多人，我们银行前面这个广场上就有尸体。他当时过了长江到江北，回到我们老家六合县，等到局势稍微平定的时候才回来。回来时，江上面还有很多尸体漂着，我爷爷不把长江叫长江，叫大江，所以最后讨论和平书的时候，我就力主用大江，那也是对我爷爷记忆的重构。

第二段是感性、直观的印象。我在部队的时候，有一个战友名叫徐志耕，是南京军区的一级作家。他是比较早的采访幸存者的人，在上个世纪80年代骑着自行车在南京走街入户，到幸存者家里去采访，最后写了一部报告文学，叫《南京大屠杀》。我印象最深的是，这本书中有14个名叫秀英的幸存者。他还在书中写道，30万人摞起来，体积相当于两个南京37层的金陵饭店，如把头尾相连，可以从南京连到杭州，30万人的鲜血有1200吨。徐志耕的比喻是不是科学，我没有去考证，但是报告文学里的这些话让人印象很深。历史的惨痛这样赤裸裸地呈现在眼前。

第三段是随着我对南京大屠杀这段历史研究的加深，我越来越能够理性地看待南京大屠杀，进行深入的思考。我写过80多本书了，大多数都是跟南京大屠杀有关系的。曾经有人劝过我，去别的地方耕耘吧，这么小的一个馆，经济条件也不好，你在这里就是个守灵人。可是我觉得，守灵没什么不好，这些人是我们的先辈，他们遭到了日军那样的屠杀，难道现在还不应该为他们去呐喊、去申冤吗？这里和国家民族的历史联系在一起，我在这里工作了这么久，一件一件东西去征集，对这里产生了一种深层次的情感，我乐于当守灵人，坚守在这里，为30万冤魂呐喊。

后来，我干脆提议，在每年的12月12号举行守灵仪式，为30万遇难者守灵。每一年的那天晚上我们留在馆里，点上烛光，上一束香。我在这儿当了20多年馆长，我也做了20多年30万遇难者的守灵人。我觉得这很光荣，我为历史守灵，我为30万遇难同胞守灵，我为我们民族和国家在守灵。

朱成山（侵华日军南京大屠杀遇难同胞纪念馆馆长）

为受难者证言，为历史证言

“消失的是历史流淌的鲜血，永恒的是鲜血铸成的历史。”

背景

1998年，日本亚细亚大学教授东中野修道和同为日本自由史观会成员的松村俊夫否认夏淑琴等人是南京大屠杀的幸存者，并指其编造事实。2000年，夏淑琴就此在中国国内法院提起侵犯名誉权诉讼。没想到对方在东京地方法院起诉，要求确认夏淑琴在中国法院的起诉事实“不存在”。“夏淑琴东京案”在东京地方法院公开开庭审理。让人始料未及的是，原告日本教授东中野修道委托的代理律师在庭审中突然申请撤诉，成为闹剧。夏淑琴随后委托日本律师提出反诉。2006年8月23日，夏淑琴起诉日本右翼案在南京市玄武区法院胜诉。判决如下：被告立即停止出版《南京大屠杀的大疑问》和《南京大屠杀的彻底检证》，将已出版的书籍收回销毁，一次性赔偿夏淑琴精神损害抚慰金共计人民币160万元；2007年11月2日，夏淑琴反诉案在东京开庭，胜诉。东中野修道和展转社赔偿夏淑琴老人名誉损失费400万日元。

纪念馆承载了这一段历史，我们不仅收集资料，我们也为受难者证言，为历史证言。我们有大量的证据，有对这一段历史资料的掌握和研究，所以只要律师找到我们，不管中方还是日方律师，只要受害者聘请我们作为他们的代言人、代理人，我们都会去，无论是要我出具书面证词，还是让我作为证人到庭。玄武区法院、东京地方法院、日本最高法院我都去过。这与我们馆里这么多年资料搜集、证据掌握，包括我个人的研究，得到了这些受害者，比如夏淑琴的信任，也得到了法庭和律师的信任，都有一定的关系。

当年，李秀英诉讼案结案后，夏淑琴找到我说：“朱馆长我也要打官司，到日本去打官司，日本右派讲李秀英是假的，讲我是假的，我怎么是假的？我家里死了7个人！请纪念馆帮助我们去找日本律师，我也要跟李秀英一样打官司。”老太太对我们是这么信任，我们有责任和义务帮助她。于是，我们找到了帮李秀英打官司的日本律师杜宾，他们有一个律师团，100多人。同时我为她写了书面证词。因为夏淑琴年纪很大，不便频繁去日本，而且中国律师在日本只能协助，缺乏话语权，于是我们就决定在南京起诉。

在中国从来没有过这样的案例，法院也很难决定这个案子的管辖权问题。于是，我们一级级请示，最终最高法院点名南京玄武区法院，明确了这一管辖。但我们起诉以后，第一，他们表示不来应诉；第二，东中野修道在东京地方法院提出反诉，不予赔偿。当时他们普遍认为夏淑琴不会去东京应诉，我们也不会陪她去，没想到我们最后带着律师团去了东京应诉。日本的杜宾律师也支持着我们，我们做了充分的准备。开庭之后，我们这边庭上坐的都是人，那边庭上只有一个人，东中野修道不仅没有来，其他人也都没有来，只来了一个律师，开庭以后他向法庭要求终止诉讼。我们当场提出来，他终止，我们就反诉，夏淑琴反诉。

这个案子最终在日本打赢了。从东京地方法院、高等法院，一直打到最高法院，最终打赢了这场官司。这不是夏淑琴个人的胜利，这是历史的胜利。支持夏淑琴的不仅有我们中国人，也有很多日本年轻的大学生志愿者，这让我很受感动。

这也说明，我们纪念馆有能力拿出过硬的证据，在法庭较量当中处于不败之地。作为我个人，能够得到中国、日本的律师，受害者夏淑琴、李秀英这些人的信任，能够到日本出庭，我觉得既是一种责任，也是为这段历史做的一件实实在在的事情。

我跟幸存者的接触比较多，很多来自国外的一些团体到纪念馆来，希望能对幸存者进行采访，都是由我们组织的。我们也应邀陪伴他们前往美国、日本作证，也去中央电视台和江苏媒体作证，一来二往就与这些幸存者很熟了。李秀英80岁生日、夏淑琴80岁生日，我们都去，和他们的子女一起为老人祝寿，这让老人和他们的家人都非常感动。

陪同老人到国外去作证的时候比较多。倪翠萍和我去过日本、美国。老人在国外也经受了很多的考验，无论是体力上还是心理上。有一次的经历让我记忆犹新。当时去日本比较困难，一行7人去了日本。一到大阪，日本右派就在小报上发文说我们要去讲南京大屠杀，要用武力来抗衡我们。面对这种局面，在日本的华侨讲："如果取消我们的活动就是向右派屈服，那我们就失败了，就没有办法再搞和平运动了。这样，7个人抽两个人去参加活动，一个是朱馆长，还有一个就是幸存者倪翠萍。我们保证他们两个人的安全。"

第二天早上，林伯耀和他的弟弟、儿子等几个人开了一辆面包车，把我和倪翠萍带到了大阪市下面一个叫枚方的地方。这个地方右派非常猖狂，猖狂到什么程度呢？当时播放关于南京大屠杀的电影，右派上台用刀把银幕划了1米多长的口子，不允许放映。他们经常在一起，开着车子游行，用大喇叭讲南京大屠杀不存在。我们到了活动地点以后把车子停下，这时他们还没有来，我们赶快进了会场。进去以后气氛还是很紧张的，当时日本方面在门口组织了纠察队，戴着钢盔，外面也有警察。我进去以后给我配了一名四级拳击手做保镖，上厕所都跟着我。幸存者倪翠萍一直待在我身边，我们两个人被保护着。

到了下午1点钟，日本右派出来了，36辆车子，一辆宣传车上大喇叭不停地响。正好这个会馆在中间，一圈都是公路，日本有一个规定，车子只要不停下来，警察是无权干涉的，哪怕是1小时开

10码，也是它的权利。但是一旦撞车了，或者停下来，撞到路边的交通公共设施了，警察就有权干涉了。所以我们亲眼看到有一辆车子，擦到路边一个隔离桩上，警察上去，把驾驶员从驾驶室拽出来，然后上去把车子开走了，但是其余35辆车子还是继续在那儿转，我们在会馆里讲了两个多小时，它们就在那儿转了两个多小时，用大喇叭制造噪声。

当时有个右派对我说，他是搞日本政治的，研究过这段历史，说我们大可不必到这里来讲给他们听，因为南京大屠杀根本没有发生过，什么30万数字，是中国人强加给日本的，是捏造的。后来我就说，不要讲30万，就是3万人，3000人，300人，这也是一场大屠杀！当时新华社有一个记者在现场做了报道。

倪翠萍身上有一个伤疤，当她把伤疤揭开的时候，我觉得特别有震撼力。她本来是一个城市姑娘，家住在朝天宫。后来她受了伤，她当时11岁，改变了她一生的命运。因为她已经是一个残疾人，有一只手不能上举，不能梳头，也不能提东西，只能嫁到浦口农村给农民做老婆。她在现场把伤疤揭开的时候，很多日本人都哭了，觉得她很可怜，背着伤疤过了几十年。一个日本人一边哭一边趴在她面前说，你吃了这么多年的苦，真是对不起，真是对不起！那种场面非常感人。

我们陪伴48位幸存者去过日本。随着时间的推移，南京大屠杀幸存者的人数越来越少，从最早几千人到1000多人，500人，300人，200人，现在只有100多人。我们在思考，历史还需要传承下去，怎么来把受害者的情绪表达出来。我们就让幸存者的二代、三代及受害者遗属出来说话。每年，我们在清明前后让遗属们来到馆里表达哀思，祭奠先人。

南京大屠杀死难者和其他人不一样，其他的人家有祖坟，家人可以去祭祀祖先，很多南京大屠杀受害者的遗属不知道自己遇难先人的尸体是被扔到长江里面还是放在万人坑里面了。遇难者只有一个名字刻在我们纪念馆的墙上，所以这个墙我们叫遇难墙，老百姓又叫哭墙，每年他们就是面对哭墙来表达自己的情感的。遗属有一个家族史，而家族历史联系在一起，就是南京城市的受害史，也是一个国家和民族的受害史。我觉得让遗属们进行登记，让他们出来说话，也是历史表达的一个方面。

我当了20多年馆长，接待了很多位海内外的朋友，也有一些政治家。他们到这儿来了解南京大屠杀历史，通过他们的影响力，把南京大屠杀历史带向世界各地。像卡特，他说要把历史向更多的人去诠释，介绍大屠杀历史。我想，南京大屠杀的历史是我们民族的灾难，也是对人类的警示。我们馆被评为世界十大黑色旅游基地，就是对人类有普遍的警示意义。

苏北泗洪有一个小学生讲了一句非常经典的话："消失的是历史流淌的鲜血，永恒的是鲜血铸成的历史。"我们把这句话放在馆里突出的位置上，我觉得这句话说得非常有意义。这些创伤和鲜血可能随着时间的推移已经消失了，但是这一段惨痛历史，它会永远留在我们的记忆中。它在记忆中是永恒的。南京大屠杀幸存者李秀英也说过一句非常经典的话："要记住历史，不要记住仇恨。"李秀英作为一个身体被日军刺伤多达37刀幸存下来的白发老奶奶，能讲这个话，是非常有博大情怀的。我们要记住的是历史，不是一种仇恨，不要把仇恨传递下去。

我认为历史无法改变，但未来一定会改变。历史是一本教科书，它会影响到我们的现在和未来。南京大屠杀作为一个警示，它会在现在和将来启示人民珍惜和平，传承和平。

孙宅巍（南京大屠杀史研究者）

记忆的历程

“个人的记忆、家庭的记忆，它们是基层市民的记忆，这样的记忆是国家层面、学术层面记忆的基础。”

历史的记忆，它包含着国家的层面、学术的层面，也有个人的记忆、村庄的记忆、家庭的记忆。其中，个人的记忆、家庭的记忆，它们是基层市民的记忆，这样的记忆是国家层面、学术层面记忆的基础。因此，我们对于这一部分记忆要重点去调查。这个基础不能忽略，如果没有这个基础，就会影响到我们国家层面、学术层面对历史记忆的综合认识。

先谈国家记忆的问题。对南京大屠杀的历史记忆，最早可以追溯到1937年、1938年。1937年12月13日南京沦陷以后，日本侵略军立即就在南京进行了为期6个星期的大屠杀。国共两党都十分重视对这样一个残酷暴行的调查资料的搜集和宣传。这样，就形成了最早的一批关于这个事件的国家的记忆。在1937年12月16日，一些新闻报纸开始报道日军的暴行。12月20日以后，一直到1938年1月份，就有大量的关于日本军队在南京杀、烧、淫、掠这些方面的报道。这些报道一方面来自于英美记者，包括他们的现场采访、录像、报道，另一方面来自于从南京逃出去的难民，他们以亲身经历来控诉、揭露日军在南京的这种血腥暴行。作为中国政府来讲，当时的国民政府主要是通过国际宣传处和军事委员会政治部这两个机构来收集、调查日军在南京和其他地方的暴行。国际宣传处还把这些暴行的资料，特别是马吉牧师拍摄的电影，南京大屠杀的实况带到日本、英国、美国，给各个阶层的人和一些领袖放映，取得了很震撼的效果。军事委员会政治部则编辑出版了一些书籍，这些书籍当中有文字有照片，大量地揭露了日本侵略军在南京及其他地方的各种各样的暴行。这是最早一批国家层面的关于日军暴行的记忆。

抗战胜利以后，我们先后成立了南京敌人罪行调查委员会、南京市抗战损失调查委员会和南京大屠杀敌人罪行调查委员会。这3个委员会成立后，做了大量的调查工作，这些调查的主要目的有两个，一个是为向日本要求赔偿服务，另一个就是为审判日本战犯提供详尽的资料。这3个委员会做了大量的工作，今天张宪文教授主持编辑的72卷本的南京大屠杀史料集里面，其中有十几本都是这些调查委员会调查得来的资料。这些资料对于审判日本战犯，把那些南京大屠杀的首犯送上审判台、绞刑架，发挥了很大的作用。这是关于国家记忆的问题。

学术记忆层面，恐怕最早要追溯到我的老师——

南京大学高兴祖教授，他从1962年开始，带了4位老师、7名同学来做南京大屠杀资料的调查、收集和取证工作。他们最早调查了一批幸存者，同时也翻阅了大量历史档案和报纸资料，在这个基础上高兴祖老师写出了第一本具有学术价值的南京大屠杀的史书——《日本帝国主义在南京的大屠杀》。这本书虽然分量比较轻，只有7万字，但它是我们国家日后学术界大量涌现出来的关于南京大屠杀研究著作的开先河之作。因此，高兴祖老师在南京大屠杀研究学术层面上所做的贡献和努力功不可没。

后来，在学术层面上，20世纪80年代初，南京市政府组织本市高等学校、科研机构、文博单位的一批历史专家，来从事修史、建馆、立碑的工作，又形成了80年代以后的学术层面的记忆。这个小组工作几年的成果，就是在1985年正式建立了“侵华日军南京大屠杀遇难同胞纪念馆”，在1987年修成了继高兴祖这本小册子之后的第一本正式出版的南京大屠杀史书——《侵华日军南京大屠杀史》，同时还在全市建立了13座遇难同胞纪念碑。这是我们这一批人从20世纪80年代初，大约经过七八年的工作，取得的3项成果。

侵华日军南京大屠杀遇难同胞纪念馆建立后，也开展了一些学术研究活动，组织我们的专家学者与日本的专家学者进行交流，举办一些国际学术研讨会。1995年的时候，“侵华日军南京大屠杀史研究会”成立，又一个南京大屠杀史研究机构诞生。到了1998年，南京师范大学又成立了“南京大屠杀研究中心”，这是由张连红教授挂帅的一个学术研究机构。到2006年的时候，在张宪文教授的主持下，南京大学又成立了“南京大屠杀研究所”。这些研究机构的成立使得南京大屠杀在学术层面的记忆上更为丰满，也可以说在学术研究上进入了一个鼎盛时期。

就个人的记忆、村庄的记忆、家庭的记忆来说，我认为它们是国家层面和学术层面的历史记忆的一个重要基础，是必不可少的一个补充。为什么这样说呢？我在南京的市区及郊区都曾采访过一些南京大屠杀幸存者，他们有的受到了日本侵略军的性侵犯，有的是自己的先人当年被日军屠杀了。他们的记忆都非常深刻，给我的印象很深。像有一个80多岁的老妇，她当年被日本侵略军奸污蹂躏以后，造成了她终身的残疾，她这一辈子小便都不能正常地进行，这种痛苦对她个人来说，对她的家庭，对她的儿女来说，都是难以用笔墨形容的。我到汤山采访过一个人，她的先人是被日军杀死的，她的儿子在给我们介绍的时候，拿出了保存着的日本侵略军落在她家的一个喂马槽子，又拿出了日本侵略军所戴的一个臂章给我们看。像这些罪证，对于这个家庭来说，就是他们永远不能忘却的一种耻辱，一种记忆。这种记忆，我们当时听了以后，感觉到它非常具体、形象、清晰，从这个意义上来说，也深深地震撼了我们的心灵。

徐志耕（南京军区一级作家）

我写《南京大屠杀》

“这段血写的历史是不能被忘记的。我们要记住这段历史，记住历史的教训。”

我写的长篇报告文学《南京大屠杀》出版27年了，至今已有中、英、法、日等20多种版本发行世界。这是中国作家写的第一本关于南京事件的文学作品，它是“南京大屠杀” 历史的真实记忆，在海内外有了广泛的影响。

1985年8月15日，抗日战争胜利40周年纪念日。那一天，太阳的光芒格外刺眼，当我看到新建的南京大屠杀死难同胞纪念碑后，心中有一种刺痛。南京大屠杀，点燃了我心中记忆的烛火。

我当时想，南京大屠杀到底是怎么回事？这件事情的原因是什么？结果是什么？过程是什么？到底死了多少人？这中间有什么具体的人物和故事？为什么会造成这样一个悲剧？我问了很多人，大家都讲不出来，都不了解。

历史应该让人们了解，作为记者，作为作家，我有责任去书写这一页南京历史上的大悲剧。更何况，南京大屠杀快过去50年了，当年的幸存者也都已经七八十岁了，再不去找他们，再不抢救这些史料，就要留下遗憾。同时，日本修改教科书事件引起了民间很大的反响，我觉得这个写作时机也是成熟的。

当时，侵华日军南京大屠杀遇难同胞纪念馆刚刚开馆，我去请纪念馆帮忙提供一些线索，特别是一些幸存者的线索。虽然他们事情很多，但还是很支持我。而我经过深入和具体的采访，也给纪念馆修订、补充了一些受害人和幸存者的资料。

当时，我看了1700多份幸存者的登记表，受害者各种各样，男的女的，老的少的，被枪杀的，被刺杀的，被强奸的妇女，一般的普通平民，参加南京保卫战的中国军人……什么人都有。我不可能每个人都去采访，于是决定抓住典型来写。

我从1700多名幸存者中选了100多人，然后骑着自行车一个一个地采访。

我的第一个采访对象是李秀英，当时她住在鱼市街的一个小平房里，家中非常拥挤。我当时想不到李秀英是这样一个人，她个子很小，却非常强悍，在日军暴行面前英勇不屈地抵抗。这样一位老太太，让我肃然起敬——南京大屠杀幸存者中有这样一个顽强抗争的人物。讲她的受害史时，她很激动，说她是李逵的后代，会打拳，她丈夫都打不过她。她跟我讲她怎么跟几个日本兵搏斗，最后昏死过去，风一吹她又醒过来了，她的生命如此顽强。她的故事使我感到，南京大屠杀不光是悲剧，还有悲壮——中国人敢于反抗侵略者。

后来，我去桃源新村采访了一位叫邓明霞的老太太。我采访她，是因为资料里面写着，她的丈夫、哥哥和祖父都给日本人枪杀了。邓明霞住在一个老式房子里，我采访她时，一讲到“大屠杀”这几个字，讲到过去的悲痛，她就很伤心，全身都发抖，眼泪哗哗流出来，这是她心中永远的痛。

那些日子，我拿着一张南京市地图，每天都在找什么街道，在什么巷子里面几号。采访了几次以后，我受到了很大的震动，他们的受害史让人很惊讶、很震惊，那么的悲惨，我之前没有想到。这样在市区采访了一个多月，我就骑着自行车去郊区采访。当年南京大屠杀的范围很广，不光在南京市区，还在郊区及附近的农村。我每天都很累，到晚上才回去，但我又每天都很兴奋，因为我所搜集到的材料太珍贵、太感人了。每次去采访，我心里都会有一种震动。

我采访过的南京大屠杀受害者很多，其中最难采访的就是当时被侵华日军强奸的南京妇女。1946年，远东国际军事法庭判决书指出，日军占领南京的一个月中，强奸事件有2万起以上。这么多南京妇女被强奸，她们的苦全埋在心里。这种隐秘的伤痛怎么去采访？我要去试一试，即便她们不跟我讲，我去看看这些受害的妇女，也可以有一个形象上的东西——这样的创伤究竟带给她们怎样一种悲剧。

于是，我去看望城南的一位马大娘，她当年是和母亲两个人同时同一地点被日本兵强奸的。第一次去，我认清了她家的门牌号，还从附近邻居口中打听到了那位身穿白大褂和深颜色裤子的胖胖的老太太就是马大娘。第二天，我开了介绍信，找到居民委员会马主任，说我是记者，明年是南京大屠杀50周年，我想找对面几号门的马大娘谈谈她的情况，麻烦你请她到居委会来。为什么请马大娘来居委会呢？她家里有儿女，有子孙，当着晚辈们，她肯定不愿意讲这个事情。马大娘来了以后，我跟她打了招呼，说我是记者，想请你谈谈当年你所看到的日军进南京以后的暴行。她讲她家住在秦淮河边上，日军进城以后，她从窗户里面望出去，看到草桥上面有一个年轻人被几个日军用刺刀刺死了。我说日本人很坏，他们还侮辱妇女。她说嗯。我说你是不是被他们强奸污辱过？她很警惕，说你怎么知道的？我说上次街道来调查的时候登记表上写过的。这个事情你能不能跟我讲讲？那天不是在草桥清真寺吗？她说是的。我说怎么回事？她就跟我讲，几个日军到她家里敲门，看见她是花姑娘，要抓她，她吓得连忙就跑。她知道秦淮河边上有个防空洞，出了门以后，她就逃到防空洞里面，两个日军在外面朝里打枪，叫她出来。后来，她终于被两个日军抓到，带到清真寺里面。这个时候她母亲不放心，来叫她，小英小英，日军就出门把她母亲也抓进来。悲剧就是这样发生的，清真寺里面母女两个同时被日军污辱。当时她14岁，她妈妈30多岁。

在战争中，妇女是最大的受害者，她们不但失去生命，而且失去尊严。妇女遭到污辱的很多，我在采访中听到过很多这方面的故事。有的不但是生理上被刀戳、刀刺的创伤，心灵的创伤更是永难愈合。

当年的受害者中有一位袁大娘，住在富贵山，因为被日军污辱，得了精神病。我没有办法采访她，但我想去了解她。我就按照地址找到她家，见到一个老太太站在阳台上，白发凌乱，目光呆滞，穿一件蓝底白花的衣服。后来，我就问旁边一个老太太，我说，这个大娘是不是姓袁。她说是的。我说她是精神病吗？她说是的。我说你认识她？她说我们是从小在一起的，都是这地方的菜农。我问，她是过去日本人到南京时候害的病？她就跟我讲，她和那个袁大娘两个人都是童养媳，家里穷，卖给人家的。1937年12月日军占领南京以后，有一天，袁大娘挎个竹篮子到富贵山上捡柴火，给两个日本兵发现了，就抓去污辱她，污辱完以后还把她衣服扒掉游街。当时袁大娘才17岁，觉得丢脸，不好做人了，几次要自杀，但几次都被抢救过来，后来就得了精神病。现在到处捡垃圾，什么煤炭灰，什么菜叶子，捡了以后就在锅里面烧，烧一锅倒掉。子女对她很不错，都理解她。所以，心灵上受到的创伤是永远的，这种仇恨是永远的，记忆也是永远的。

我的采访对象中有一个南京大屠杀幸存者名叫吴旋，他不在那1700多张调查表里面，是后来才发现的。吴旋这个人有文化，参加过通讯训练队，当年保存下一本珍贵的日军暴行照片。他有个同学罗瑾是金陵照相馆的，日军来洗照片时多洗了一套，留下后保存在身边。因为日伪搜查，这套多洗的照片被丢掉以后，吴旋从草丛里面捡到了，捡到后觉得这个东西有用，一定要保存好，总有一天要跟日军清算的。他冒着生命危险，把照片藏在床铺下的箱子里，走到哪里带到哪里。

谷寿夫从东京被押解到南京

1946年，战犯谷寿夫从日本押到南京来审判，当时征集日军暴行的罪证。吴旋高兴了，他说这本照片今天终于有用了。他从床铺下的箱子里把照片找出来，送到新街口的国民政府参议会。那里的人一看，说你这东西哪里来的？他就把这个故事讲了一下，那个人说好，你把经过写一写。他提了个要求，说这本东西用完后要还给他。这本东西交到军事法庭，军事法庭审判谷寿夫时，他看到这个东西，脸色煞白。当时吴旋有个邻居就在军事法庭工作，他跟吴旋讲，说你交上去那个照片是很有力的证据，当时谷寿夫看到后脸色都吓白了。

因为我要看一看集体大屠杀的现场，就是南京市的三岔河一直到燕子矶，30里长的长江边，集体大屠杀现场都在江边。当时我就请一个战友帮忙派一艘登陆艇，给我从三岔河到燕子矶跑了一趟。我乘登陆艇从三岔河那边开过来，到中山码头、煤炭港、上元门、草鞋峡、燕子矶一路看过来，弯弯曲曲的一段。当年大屠杀时长江水都是红的，为什么？中山码头5000多人遇难，煤炭港3000多人遇难，草鞋峡和燕子矶每一地都有5万多人被杀害！这一段江岸流了多少血！1937年12月13日那一天，很多人往长江边上跑，日本人就用飞机、机枪扫射，舰艇又在长江上面扫射，很多人都死在江里，江面上漂满尸体。这些感性的场景对我影响很大。

侵华日军屠杀中国人，在他们自己的资料里也有记载。据日军记载，草鞋峡大屠杀没有一个幸存者，但我在距南京五六十公里外的六合竹镇找到了一个幸存者。他叫唐广普，是一个国民党守军。12月13日后，他从燕子矶到江心洲，再从江心洲跑到江北，中间经历了许多曲折。他对当年的事讲得非常详细生动。他讲，不久前有个日本记者本多胜一也找过他。当时，本多胜一带了一本日本随军记者当年拍的照片。唐广普讲完以后，本多胜一请他看照片。唐广普就讲，这个墙是用竹片编的，泥巴糊的，房子是草盖的，讲得都很准确，全部吻合。

其实，在南京大屠杀的被害者中，不少是放下武器的国民党军，他们中很多是被日军集体屠杀的。这些事件如何求证？我就去找参加南京保卫战的国民党守军。通过一个叫“黄埔同学会”的组织，我找到了当年国民党军的少将旅长陈颐鼎，整个南京保卫战的过程他都能讲出来。他一个旅打到最后只剩身边五六个人，一种惨败的景象。

就这样，我骑着自行车，一支笔，一个本子，一边采访，一边记录，进行了3个月。有的人在我去采访前几天去世的，墙上挂着遗像，我就有一种紧迫感，要快点写。我当时计划采访100人，最终采访了将近90人，一共留下了4本记录。现在，我采访过的幸存者基本上都去世了，在他们生命的最后时光，大多数人依然生活困苦。

我下定决心，这样一个重大的题材，这样丰富的内容，这样深重的苦难，我一定要写出来。但是，这么一个重大题材，分量这么重，范围这么广，领域这么大，时间已过去50年了，怎么写？我每天采访，每天构思，结构、章节都有了，都成形了。当时面对着一大堆资料，怎么动笔，有很多难点。想来想去，我决定把真实的历史留给后人，把真实的历史告诉大家，我什么都不忌讳，脑子里没有条条框框，我采访到那些老人怎么说的，我就怎么把它们写出来。这是一个作家的责任，也是一个作家的良心。

另外，在中国第二历史档案馆，我也获得了一份重要资料，那就是南京保卫战每天的战斗详报，有用钢板刻蜡纸印的，有用毛笔写的，每天都有。这给我提供了极为重要的参考。为什么南京会沦陷？当时日军分兵三路包围南京，我军刚从淞沪战场败退，兵员、弹药不足。日军炮艇又从长江上直接开进，我方防御工事还没有修好，上面都写到了。另外，这里还有很多关于南京审判中南京市民控诉日本侵略者罪行的资料。法庭调查时，到街道去调查，受害人申诉；审判时，证人到庭作证，都有记录。

就这样，经过大量采访和查找资料，我写出了《南京大屠杀》一书。

南京大屠杀这样一个重大的历史事件，不仅是南京人民的悲剧，也是全人类的悲剧。对这样一个悲剧，肯定不能忘记。把这个记忆传承下去，不仅是我们这一代人的责任，也是我们世世代代都要记住的。我们要记住这段历史，记住历史的教训。日本右翼分子千方百计地要篡改历史，希望他们下一代淡忘这段历史，但这段血写的历史是不能被忘记的。

徐志耕

真话，为人格、良知与责任

“我的这本书，只是表明了一个中国人的立场，表明调查过南京大屠杀历史的一个中国作家的态度。”

对作家来说，讲真话是一种人格，一种良知，也是一种责任。面对历史，在《南京大屠杀》的写作过程中，我鼓足勇气真实地回答了这场大悲剧的主要原因。1937年的抗战初期，正是国共合作共同抗日的统一战线形成初期，国民党军在1937年8月13日开始的淞沪战场上浴血奋战了3个月，伤亡几十万官兵，打破了日军“三个月灭亡中国”的神话。接着，从淞沪战场撤退的部队和新补充的兵员共10多万人，又投入了英勇悲壮的南京保卫战。血战10天，敌我伤亡惨重。由于种种原因，守城官兵奉命撤退。对国民党军的英勇抵抗，日军则以疯狂的大屠杀作为报复，用血腥的屠城发泄侵略者的兽性。基于这一事实，我在书的开头用了两章篇幅，详尽描述了敌我态势及守城部队勇猛无敌的爱国斗志，讴歌了他们为民族尊严而誓死杀敌的凛然正气。

接下来的第三章，写在腥风血雨的1937年12月的南京，竟然有二十几位不同国籍的外国男女，为保护南京难民组成了一个叫作“国际委员会”的组织。这些被幸存者们称为“活菩萨”的人，在很长一段时间里，他们的壮举和善行鲜为外人所知，没有得到公正的评价。为此，我第一次披露了以德国西门子公司驻华总代表约翰·H.D.雷伯（拉贝）为首的这群高举和平和人道旗帜的正义人士的英勇行为。台湾女作家胡华玲在读了我的《南京大屠杀》后，深为美籍女教师明妮 · 沃特琳（即魏特琳）的伟大品行而感动。她去了沃特琳的故乡采访，写了一本名为《金陵永生》的传记，以纪念这位伟大的女性。

本书的第三个重要方面是对这场悲剧的自省和反思，即“懦弱一旦成了集团性的通病，成了国民性，那就会酿成灾难”。在揭露敌人残暴本性的同时，无情地鞭笞了卖身投靠的汉奸，深入地解剖了苟且偷生和懦弱胆怯者的灵魂。历史告诉我们，最强大的敌人是自己。随着时代进步的足印，我相继发表了《血债》和《跨国诉讼》，前者写两位年轻人为对日索赔奔走呼号万难不屈的精神，后者写南京大屠杀幸存者终于站在东京地方法院的原告席上，起诉加害者的伤害罪状。当然，要使诉讼得到公正的判决，还要走很长的路。我的这本书，记述的是历史，一页真实的历史。

作为报告文学，它是事实的再现，它是活的历史。感谢生活为我提供了大量真实生动的素材，感谢当今这个开放的时代给了我一个机会。于是，我放开手脚，秉笔直书。我要突破时间和空间的局限：50年后，100年后，还可能有人读我写的这本书。白皮肤、黑皮肤和黄皮肤的人，都能从这本书中找到共同的话题。

面对二十万言的这本书，我努力按照历史的真实还原历史。书中所记之事，所写之人，都有史可查，有据可依，连接受我采访的幸存者们的姓名、年龄、职业，甚至门牌号码都提供给了读者。我觉得，纪实文学的审美意义在于“真实”这两个字。对于有责任感的作家来说，“真实”这两个字，不仅仅是一种职业的道德，还是一种人格——对历史的尊重和对读者的尊重的文人的品格。

读者是上帝。这本血泪铸成的痛史第一次印刷的5万册立即销完，当月又加印10万册，10万册也很快脱销。部队、工厂、学校组织的读书活动常把《南京大屠杀》列入必读书目。北京和上海的中学生还把它作为课外读物。不久，中国香港、中国台湾、美国、日本等地纷纷出版、转载，海内外报刊多有好评，读者来信似雪片飞来。我感到了一个作家的使命与责任。

热情的读者一次又一次地感动了我。在上海的一次聚会中，一位台湾来的年轻女士得知我是《南京大屠杀》的作者时，显得很激动。她说："我是在台北买到这本书的，在去美国的10多个小时的飞行途中读完了它，边读边哭，流了好多眼泪。"旁边的人问她为什么哭，她说："我心痛。我为我们的国家和民族遭受过的灾难而心痛。"

千百位读者的来信使我激动，也催我再拿起笔来。有的老人向我提供了南京大屠杀期间的悲惨经历。洛杉矶的一位美籍华人来信表示要将书中的一切摄成图像在美国播放。纽约大学的一位教授已将《南京大屠杀》中的一些章节作为第二次世界大战的资料编入史册。

来南京参观和考察的日本人多次问我为什么要写这本书？是怎样写这本书的？中国台湾的一位年轻士兵也来信问："我不敢想象这样的暴行，这难道真的是我们中国土地上发生过的事情？"

通过这本书，我结识了许多人。一位名叫谷尾阳竹的日本老人，年复一年地给我来信问候。这位年已古稀的老人，在第一封信中这样说:“我1944年参加侵华战争，在战后的战俘生活中，蒙受过贵国人民的很多恩惠，所以我很久以来怀念中日两国人民的友情，想为两国间的友好交流协力……一次偶然机会，由外文出版社的日文专家池田寿龟先生介绍了您的著作《南京大屠杀》，让我们翻译成日文。在翻译过程中，我的双眼不时地充满泪水，看不清文字了。我茶饭不思，夜不能寐，心里难过极了，满身感觉罪孽深重。……现代日本成了经济大国，这中间有日本人的努力，但也是中国人民宽容的结果。当日本战败时如果中国要求索取赔款，日本决没有现在的繁荣和发达。日本人中间有人忘记了这件事，忘了历史的事实，我为他们而感到羞愧。我想他们应该读一读《南京大屠杀》这本书。”

和谷尾先生一起翻译《南京大屠杀》的还有盐本喜代先生和另一位古稀老人。盐本先生是广岛县日中友协理事兼中国语研究会集贤塾长。3位老人怀着“前事不忘，后事之师”的历史责任感，辛劳一载译成初稿。之后，又经外文出版社的日文专家池田寿龟和太田征先生再次校译，日文版的《南京大屠杀》已在日本和中国同时发行。遗憾的是，就在这个时候，日本前法务大臣永野茂门竟然对《朝日新闻》记者说：“南京大屠杀是捏造出来的。”这位前侵华日军还说：“把那场战争说成是侵略战争的看法是错误的。”

为了回击永野的这番谎言，为了回击日本少数右翼分子在南京大屠杀问题上否认历史事实的可耻行径，我将《南京大屠杀》的日文版通过日本驻华大使馆转给永野以及羽田前首相。我知道，关于“侵略”和“进入”，关于南京大屠杀的肯定和否定，将在日本的朝野人士中一次又一次地重提。我的这本书，只是表明了一个中国人的立场，表明调查过南京大屠杀历史的一个中国作家的态度。

历史是不能淡忘的，历史是不允许淡忘的。

2006年的金秋，当我参加中国南京国际和平论坛大会的时候，我与来自美国、日本、以色列、菲律宾、意大利、丹麦、韩国和中国香港、中国台湾等地的代表，穿着一样的蓝色衣衫，衣衫上挂着一串紫金花的时候，当我和他们共同聆听关于和平与裁军，关于人道和正义的课题的时候，当我们一起在天蓝色的图板上放飞白色鸽子的时候，当我与日本版的《南京大屠杀》的作者本多胜一站在一起握手的时候，我们呼喊着同一个声音：为了和平！我们高唱着同一首歌：和平颂！

费仲兴（南京炮兵学院教授）

调查834位遇难者的生死劫

“一代代的年轻人，每年清明来扫一次墓，就接受一次教育，在他们心灵上面就会留下深刻的影响。”

我从2001年5月份开始进行有关南京大屠杀的调查。为什么要调查呢？原来我在炮兵学院教数学，星期天经常骑自行车去汤山游玩，那里的风景名胜、人文故事我很关心，回来以后就经常跟同事和我的学生讲汤山的情况，后来资料积累多了，我就把材料发到我们学校的网站上去。

有的学生很爱看这些材料，我就又把这些材料逐步添加。有的学生就问我：这个汤山炮校解放前就有了，校长就是蒋介石，你能不能讲讲这段历史？能不能写一写？可是，这段历史没有现成的资料，哪里也查不到。我就想，有些老人可能会知道，于是我就到炮校周围的农村去向年纪大的人了解情况。

周围的老人还不少，他们对汤山炮校解放前是什么样的都给我介绍了。他们讲得最多的，就是日军占领汤山炮校的8年中，怎么样在附近农村里面犯下烧、杀、抢、掠、强奸等罪行。我听了以后很惊讶，就问以前有人来调查过吗，他们说没有。

后来，我查了《江宁县志》，还查了一本书——《民政汤山》，都没有相关记载。我觉得有必要把老人们的话记下来。因为这些资料很珍贵，以前知道的人很少。我刻意搜集这方面的资料，资料逐渐增多，我就把它们寄给了南京师范大学南京大屠杀研究中心主任张连红老师，他后来把这些资料在杂志上登了出来。他认为这些资料很重要，鼓励我把这个工作往细的方面做下去。我就这样一步一步地逐渐介入了南京大屠杀幸存者的调查工作。

最初开始调查的时候，我还没退休，工作比较多，只能利用星期天、节假日做一点调查。退休以后，我有了较多的时间进行调查，申请了南京师范大学南京大屠杀的研究基金，专门就南京城东汤山地区大屠杀幸存者进行调查，把它作为一个课题来研究。2007年，研究基本告一段落。2008年，我把我所有的调查情况写成了一本书——《城东生死劫》，由中国工人出版社出版。

几年来，我调查的幸存者一共有350多位，通过幸存者的口述，我得到了834位遇难者的名单，这里面有些是我单独调查的，有些是跟其他人合作调查的，还有些是其他人调查以后把名单告诉我的，我都写进了书里。

我前后花了很多时间，调查了很多地方，主要是在汤山、吉林、上风及其周边地区，最远到句容天王寺、宝华山、黄梅，往西到马群、孝陵卫一带。

在调查过程中，给我印象较深的是汤山西岗头日军的一次集体屠杀事件。我第一次知道这个事件，是在竹厂这个村上。竹厂的村民跟我讲，日本鬼子杀人非常凶，他们在西岗头一次就屠杀了21个身强力壮的中国小伙子。

听到这个消息的第二天，我就骑着自行车到西岗头去调查。调查了解到，这一次屠杀的时间是1938年2月8日，正好是春节期间，农历正月初九。当时好多村民都跑到了外面，可他们要回来拿粮食，于是大家就约好一起回来了，回来后一看村里还比较太平，就住了下来。不料日军第二天就来了。村民看日军来了，就往后面密林里跑。日军进村后就欺骗村民，说他们是来找老人捕鱼的，叫逃走的村民都回来。村民一听这个情况，觉得没什么事，就都回来了，当时一共有20多个村民回到村里。等到他们全部进了村以后，20多名日军就把整个村包围起来，把村民押到西岗村小学的操场上，用机枪扫射，一下扫倒了21个人。这些被打死的人都是身强力壮的男劳力，西岗头那个村一共才42户，当时一下子就死这么多壮劳力，加上前前后后其他零星被杀死的，损失非常惨重。整个西岗头房子被烧了很多，人被杀了这么多，西岗头这个村在之后几十年的时间里就一直翻不过身来，一直处于非常贫困的状态。等到改革开放以后，这个村才渐渐盖了一些房子，有了起色，老百姓日子才渐渐好转起来。

我听他们讲了这个情况以后心里很难受。后来，西岗头的村民自发筹建了一个遇难同胞纪念碑。我对他们这个行为很支持，还给他们捐了钱。这个碑建起来以后，我经常带人去瞻仰。开幕式那天更是来了好多人，场面非常壮观，有四五十个学生，有记者，还有南京市的学者，好多人都讲了话。虽然这块纪念碑规模不大，但它真实地记录了这段悲惨的历史，是西岗头惨案忠实的记录者，碑后所写的一个个遇难者的名字，都是经过他们村党小组，一家一户反复核实过的。这是村民自发搞起来的，我觉得以后一代代的年轻人，每年清明来扫一次墓，就接受一次教育，在他们心灵上面就会留下深刻的影响。

日军不但在南京城内、长江边上进行大屠杀，在农村也进行了大屠杀，这是不争的事实。汤山地区的自然村我跑了100多个，据我的调查，几乎每个自然村都有被日军屠杀的，人数有多有少，没有被日军屠杀的大概只有两个自然村，相当惨了。

的的确确，日军屠杀的范围远远超出南京市区。当时，日军正好从上海往西打过来，打下句容打汤山，再往西打南京。打过来的时候屠杀一次，后来有几支中国军队从南京城里突围出来，往东路过汤山，日军追击过程中又在汤山屠杀了一次，而且这以后屠杀的时间拉得特别长，所以汤山当时是南京郊区的重灾区之一。每个自然村都反复经过两次屠杀，是非常的惨。

西岗头就是比较典型的一个，它的屠杀事件的特点，就是南京城的大屠杀基本上平息下来后，在汤山还有这么一次很惨烈的屠杀。

像这样的村庄远远不止一个，有好多村庄都经历了大屠杀。在炮兵学院西南面大概1.5公里的地方有一个村子叫姚家边，这个小村子很偏僻。西岗头是日军已经攻下南京，回过头来又屠杀的，这个姚家边则是在日军进攻南京城途经这里时屠杀的，时间是1937年12月7日。

12月7日下午，日军攻占了汤山炮校，然后继续前进，前进途中他们发现姚家边村里有人。怎么会有人呢？这个村子很偏僻，本村的老百姓都逃光了，而外村人路过这里时一看没人，又看到天也不早了，就想在这里躲一躲。结果被日本鬼子发现了，日军就把他们中的女人挑出来轮奸，完了以后把男的用刺刀杀死，为了毁尸灭迹，又把剩下的人全部赶到一个做酒的草房里，然后从外面放火把人烧死。那次大概死了三四十人，都不是本村的。

我后来就逐个村调查，最后搞清楚姓名的大概有20个人，其中遇难最多的是上风镇李岗头的人，此外还有其他村的一些人。非常惨啊！那些人被烧死以后，尸体也分不清了，野狗就天天去吃骨头。本村的村民回来一看，已经没有完整的尸体了，就把他们的骨头弄在一起挖了个大坑埋了，堆了一个很大的坟包。后来，每年清明节都有二三百人来扫墓。那个大坟包在解放初期很大，后来慢慢被削平了，等到我去调查的时候已经看不出来了，也没有墓碑或其他明显的标志。当地人知道这回事，但其他人搞不清楚。

湖山村也有过屠杀。当时，日军第十六师团佐佐木支队中的一部分从门唐往西，直插湖山村。天黑了，他们就地宿营，封锁消息，将整个村包围起来，外面的人可以进去，但里面的人不让出来，发现可疑的人就打死。其中有一个人正好到湖山村去向他的岳父告别，说他要出去打仗了，他是当时汤山派来的军人，被日本鬼子发现后就用刺刀杀死了。在湖山村及周围的村，大概被日本鬼子杀死了40多人，他们是在不同场合、不同情况下被杀死的，其中就有苏国宝一家。

当年日本鬼子来的时候，他们都躲进了地洞里，但为了找吃的，苏国宝跟他弟弟从地洞里爬出来，没想到却被鬼子看到了。他们就被带到了一个旁边长着一棵大桑树的小学操场上。鬼子用刺刀一戳，往前面一扔，就把苏国宝的弟弟杀死了。这是我调查的时候苏国宝跟我讲的，我印象非常深刻。

当时湖山村是在火线上面，日本鬼子经过的地方必定是有大屠杀的，因为不把这些人杀掉的话他们睡觉不踏实。凡是日军行军路过的地方，一个是要杀人，一个是要抢粮，他们当时补给供不上，所以要抢粮食。再就是要强奸妇女，只要妇女被他们看到，就逃不掉。甚至在战斗进行中，枪声还很密集时，鬼子也不忘强奸妇女。姚家边那儿当时枪声还没停，那些鬼子就强奸妇女了。

最后补充一点，日军当时的进攻路线大概如下：他们从上海出发，向西进攻，12月5日攻袭句容县城，然后马不停蹄地向西攻打汤山，12月7日攻占汤山炮校，12月8日占领汤山全境，12月9日傍晚到达麒麟门，12月10日攻打紫金山。我们刚才讲的湖山村现在属于汤山街道，位于沪宁高速公路汤山出入口的西北方向，离出入口约3公里，西岗头则在汤山出入口东南方向，离出入口约2公里。这两个村的直线距离不远，但走路的话，绕来绕去要绕好远。

吴先斌（南京民间抗日战争博物馆馆长）

民间从未停止过有关南京大屠杀的历史教育

“南京大屠杀史对我们来说是一页灾难深重的历史，不仅仅需要官方记忆，更需要民间记忆。”

南京大屠杀史的教育，曾经在我们国家官方的文字里没做很好的表述，但是民间教育，那种口口相传的教育从来没有停止过。为什么不停止？因为我想中国人要记住这段历史，要把这段痛苦的历史记忆世世代代传下去。这就是我的观点。民间大屠杀史的教育，在中国从来没有停止过。

客观地讲，南京民间抗战博物馆从它诞生的那天起，至少在中国就有民间人士开始参与大屠杀的研究了。我曾看到中央电视台的网站上发表过一篇文章，就说南京民间抗战博物馆的成立，标志着南京大屠杀史由官方研究开始走向民间，这是官方的权威评价。我想这是对的，这个博物馆存在的意义就是它的民间性。有这个民间性，它就可以和官方的、政府的行为互动。

我曾多次讲过，南京大屠杀史对我们来说是一页灾难深重的历史，不仅仅需要官方记忆，更需要民间记忆，而它也不仅仅是官方记忆或民间记忆，而是我们整个社会的记忆。整个社会的记忆需要整个社会机制来传承它，这是它存在的重要意义。

具体来讲，我们做了哪些工作呢？这个博物馆到今年是第八个年头，时间还不是太长，在整个的发展过程中，我们更多的是强调史料的征集、整理，目前还没有达到学术研究或者学术探讨的层次。

我们这几年都是在做史料的征集和整理工作，因为我想，学术研究、学术探讨以后还会有时间做，但如果你不抓紧时间抢救性地去征集和整理史料，它们就会稍纵即逝，以后再有时间，再有精力，都没有办法去做了。所以，我们几年来花大量的时间和精力，抢救性地挖掘了很多史料。我们走访了许多大屠杀幸存者，收藏与之相关的一些重要史料，还做了很多关于抗战老兵的工作。目前，我们采访的南京大屠杀幸存者有70多位，抗战老兵有470多位，他们的口述历史都在我们博物馆做了存档，可以向社会开放，供专家学者研究。

我们这个博物馆，现在虽然叫南京民间抗日战争博物馆，但我个人认为它的民间性还不够，更多的是我的个人性在里面，将来我想随着社会的进步，能够做到人人参与，人人承担责任的话，这个博物馆将能达到一个理想的状态。那时候它才是一个真正的南京民间抗日战争博物馆，而不再是我一个人投资，一个人来负责，不再是我一个人的个人行为。我的理想就是希望有这么一个民间博物馆的存在，它能呼吁社会大众人人承担责任。就博物馆来讲，让每个人都承担这段历史责任，这是最重要的。

呼吁每一个人都来承担这段历史责任，相信不久的将来定

能实现。现在已经有各方面的人士在不断地参与我们博物馆的一些社会活动，包括志愿者、学者等，这将能够使我们达到一个理想的境界，使这个博物馆成为一个社会性的博物馆，人人都是其中一分子。当然，要想达到这样一种状态，还要不断努力。

在我看来，博物馆的重要功能，第一是搜集资料，第二是展示资料，第三是研究资料。现在，前面两个我们都做得比较好，只有研究方面没有跟上，这是民间博物馆的一个短板，也是我们要努力的一个方向。如果能够将收藏、展示、研究这三位一体都做好的话，那这个博物馆就将对社会产生巨大的影响。西方国家有一个对博物馆的评价，认为博物馆是推动社会变革的思考的基础。我认为这句话是对的，一个博物馆更多的是想让人产生一种思考，思考出一些理性的东西来推动社会的变革。这也是我们的一种追求。虽然现在我们离这个追求还比较遥远，但正因如此，也恰恰给我们提供了一个努力的方向和空间，让我们有机会做得更好。

步平 （中国社会科学院近代史研究所前所长）

三国历史教科书的诞生与延展

“青年是社会的未来，我们需要我们的青年一代能够有更宽广的心怀、更冷静的一种思考。我们想以这种跨越国界的历史教育，来影响我们的青年。”

经过6年的讨论、争论与反复修改，一套两册的《跨越国境的东亚近现代史》（上下卷，中国社会科学文献出版社2013年2月出版。日本版、韩国版分别于2012年5月和9月出版。）终于在中、日、韩三国出版了。这是继2005年出版《东亚三国的近现代史》之后的第二阶段的成果，参与编写的中日韩三国学者共21人。加上第一阶段的工作，中日韩三国学者围绕历史认识跨越国境的努力，已经进行了12年。

众所周知，东亚各国围绕历史问题的争论自第二次世界大战结束后直到现在都没有停止过，特别是其中围绕日本对中国的侵略战争和对朝鲜半岛的殖民统治的历史的认识，始终都存在着激烈的争论，这一争论甚至影响到战后东亚国际秩序的建立和双边及多边国家关系的发展。

中日韩三国学者共同编写历史读本的工作开始于2002年，起因是由日本历史修正主义团体“新历史教科书编纂会”编写，由扶桑社出版的中学历史教材《新历史教科书》在2001年通过了日本文部省的审定。这本历史教科书对东亚近代历史的叙述，完全颠覆了战后已经有了相当进步倾向的其他的日本中学历史教科书的基本观点，在鼓吹当年日本对外侵略战争和殖民侵略的路上走得很远，所以不仅在中国、韩国引起强烈反应，就是日本的历史学术界和教育界的主流意见，也对这本书持批判态度。尽管这本教科书在2001年的使用率极低，仅占当时所有日本中学历史教科书中的0.039%，但是，由于得到日本文部省审定通过，并且其背后的日本右翼势力还在竭力扩大其社会影响，所以中日韩三国的历史学者意识到，不能只停留在对这一教科书及其背后的日本历史修正主义学者的学理的批评上，还需要编写一部能够与之相抗衡，并且能够易于中学生理解和接受的健康的历史读本。于是，中日韩三国的学者便从2002年起开始了共同编写面向东亚三国学生的历史读本的工作。

中日韩三国学者共同编写历史书的工作，在某种意义上是受到欧洲解决历史问题的启发。

近代以来战争频发，作为两次世界大战发源地的欧洲，其实也存在为了总结战争教训与实现和平而围绕历史问题和解的努力。第一次世界大战后，德国与法国的学者开始讨论历史问题，后因第二次世界大战而中断。第二次世界大战结束后，德法两国达成了《德法关于欧洲历史争议问题的协定》（German-French Agreement on Controversial Questions of European History），于1951年成立“教科书联合委员会”（joint Textbook Commission），进行历史书的编写工作。经过数十年的努力，到本世纪初，德法两国共用的高中历史教科书的编写工作已经基本完成。第三册《1945年后的欧洲》首先于2006年夏季出版，到2010年，3册全部出齐。这可以视作到目前为止教科书国际合作的最高成就。不同社会制度的德国与波兰间也在1972年成立了德波教科书委员会（German-Polish Textbook Commission），进行了相当的努力，1976年出版了《联邦德国和波兰人民共和国历史和地理教科书建议书》

(*Recommendations for History and Geography Textbooks in the FRG and the People's Republic of Poland*)，随着20世纪90年代初期德波边界协定的签署，该教科书委员会的工作环境随之宽松，步伐也随之加快。

德法与德波编写共同历史教科书的经验虽然并不能在东亚完全复制，但是，能否找到在东亚解决历史认识问题的道路，这是参加历史读本编写的三国学者共同思考的问题。其实，从20世纪90年代开始，共同编写历史读本的尝试已经在中日、日韩学者间开展了。进入21世纪后，由于冷战时期两大阵营对立局面的结束，发展区域经济，建设东亚共同体，特别是建设东亚和平共同体的呼声十分强烈。随着东亚中日韩三国社会经济的发展，学者间的交流也越来越密切。在这样的背景下，先在学者之间开展共同研究，交换意见，就历史问题形成相互理解的状态，或许是推动东亚国际关系和国家间关系发展的积极努力，对于消除民间感情方面的对立情绪，也可能会产生积极的作用。这是中日韩三国学者共同编写历史读本的基本背景。

不过，共同研究也存在一定的困难。

2002年开始编写《东亚三国的近现代史》的时候，三国学者认为，首先应共同面对近代以来的东亚历史，特别是日本发动侵略战争时期的历史。由此确定第一本书的结构如下：

序　章　开港前中日韩三国的状况

第一章　开港与近代化

第二章　日本帝国主义的扩张和中韩两国的反抗

第三章　侵略战争和民众的受害

第四章　战后的东亚

终　章　谋求东亚的和平

这样设计全书的结构，目的是希望能够明确地反映近代以来由于日本发动的侵略战争和对朝鲜的殖民统治导致的东亚国际关系的变化，反映“二战”后东亚各国人民在结束战争，追求和平方面的努力，同时要表明对东亚和平未来的期待。结构确立后，如何落实编写人员的分工是最重要的工作。上述前四章的内容涉及相应时期中日韩三国的情况，而研究队伍中尚不具备同时对三国历史均十分熟悉的学者，所以采取了将各章分解，先由本国学者撰写本国相应的历史状况，然后将三部分组合起来的方式。当然，组合的过程就是讨论与争论的过程。由于对同一历史时期或事件，不同国家的学者的视角与认识有所不同，因而当时确定的原则是：只有在充分讨论，经过多次修改达成基本一致意见的情况下，才能够成为后来的初稿。这种各自撰写、集体讨论、反复修改的研究方式看似简单，但在操作过程中仍然遇到许多困难。最大的困难是，针对同一阶段的历史过程，甚至是同样的历史事实，三国学者的观察角度并不相同，所以结论也有差异。

比如，在讨论近代以来东亚国际关系变化的时候，三方都不可避免地要触及被西方学者归结为以中国为中心的“华夷秩序”被破坏及新的国际秩序建立的过程。但是，对于以中国为中心的“华夷秩序”即“朝贡体制”如何判断，三国学者的观察角度有很大差别。又比如，民众是战争的受害者，这一点虽然是基本被公认的道理，但是如何看待同时具有“被害者”与“加害者”双重身份的日本民众的战争被害，三国学者间的认识也并不相同。再比如，关于朝鲜战争发生前南北朝鲜的关系及战争爆发的原因，由于各国档案资料的开放程度不一，三国学者对这一历史过程的关注点也有差异。

技术方面的困难更多。如撰写好的初稿通过电子邮件传送过程中的网络联系问题，文稿的翻译问题，承担同一题目的学者交换意见的语言问题，三国学者集中在一起讨论的地点选择、资金筹措、语言翻译问题等，都存在困难。

但是，实现跨越国境历史认识的积极愿望终于克服了上述种种困难，经过3年共14次国际会议的讨论与争论，2005年5月，《东亚三国的近现代史》在中日韩三国同时出版。当时正值抗日战争与第二次世界大战胜利60周年，而日本扶桑社历史教科书又再次通过了日本文部科学省的审定，所以这本书在三国均受到重视，发行量大大超出出版社的预想，以至于一版再版，仍无法满足社会的需求。在中国，年轻人争相阅读这本书，发行量一度占同类书首位。部分学校的历史教师主动将这本书作为学生的辅助教材使用。

《东亚三国的近现代史》出版后，也收到一些批评意见。主要的意见是：本国学者撰写本国历史的痕迹仍然比较明显，在建立跨越国境历史认识方面仍有缺陷；叙述内容偏重于战争历史，缺少对社会变化的全面观察与分析。针对这些批评，三国学者认为有必要对《东亚三国的近现代史》进行修订。但是，考虑到解决上述问题需要对有关方面进行深入研究，于是决定在全面修订前，首先尝试对东亚历史问题进行全面深入的共同研究，力图在一些重要问题的认识上寻求东亚的视角。从2006年起，三国学者再次确定编写新的《东亚三国的近现代史》，中文书名为《超越国境的东亚近现代史》。新书由上下两卷构成，上卷主要从国际关系变动的角度对东亚近现代史进行叙述，下卷通过8个专题观察中日韩三国民众的生活和交流。下面是新书的目录：

超越国境的东亚近现代史（上） 国际秩序的变迁

第一章　西方冲击与东亚传统秩序动摇

第二章　中日甲午战争与东亚传统秩序的解体

第三章　列强争夺东亚霸权与日俄战争

第四章　第一次世界大战与华盛顿体系

第五章　第二次世界大战与东亚

第六章　冷战体制的形成与东亚的裂变

第七章　冷战体制在东亚的演变

第八章　冷战体制瓦解后的东亚

超越国境的东亚近现代史（下）　制度·人·社会

第一章　宪法——国家的构造与民众

第二章　东亚的城市化——上海·横滨·釜山

第三章　铁路——现代化与殖民地统治、民众生活

第四章　移民和留学——人员流动和人员交流

第五章　家庭与两性——男女关系、亲子关系

第六章　学校教育——国民塑造

第七章　传媒——被制造的大众意识与感情

第八章　战争与民众

第九章　克服过去，面向未来

编写新书的目的虽然明确，但是标准也相对比较高，即要求无论哪一国的执笔者，都要力图从东亚的角度进行观察，突破一国的角度，实现历史认识的跨越。因此，要求执笔者不仅应充分了解相应时期各国的历史状况，更重要的是要了解各国对相应历史问题的认识角度，围绕诸多历史问题进行深入研究、讨论是必不可少的作业。建立跨越国境的历史认识的确是很艰苦的工作，所以从2006年开始，对新书原稿的讨论持续进行了6年。虽然在第一阶段编写过程中曾打下了很好的基础，但是在进一步深入研究中，仍发现有许多问题需要再认识。特别是在了解了不同国家的历史认识角度后，各国学者都对本国传统的历史认识角度有所修正与调整。

2012年，除下卷第八章外，其余各章基本形成了相对一致或三方均能够接受的初稿。当然，达到这一状态，包含了激烈的争论与讨论，也包含了解和吸收其他两方对一些历史问题的不同角度的认识。调整与拓宽视角，是新书编写过程中最重要的特征。

下卷第八章的情况有些特殊。因韩国编写委员会与出版资助方签订

了2012年5月出版的协议，但执笔写作这一章的韩国作者直到最后阶段才提出初稿，所以没有像其他各章一样充分吸收各国编写者的意见。中日两方只好在韩国提出的初稿基础上附上了双方的主要意见，导致在这一章的叙述上出现了差异。这一章的内容是叙述“战争与民众”，不同的表述则证明历史认识跨越国境具有相当的难度。不过，经过6年多的努力，三国编写者能够在大部分叙述上实现突破，已经取得了很大成就。

经济全球化的趋势越来越深刻地影响着人类社会的各个领域，全球化时代的历史认识也相应地发生了变化，要求人们必须将历史认识的视角扩大。以往以本国史为中心建立的历史认识已经远远不能适应新时代的要求，突破狭隘的历史认识的视角，建立面向世界、面向未来的历史认识势在必行。

但是，在涉及东亚特别是中日历史问题的时候，经常会遇到有人对于历史认识能否跨越国境提出质疑，特别是认为作为战争被害国的中国、韩国学者不能与作为战争加害国日本的学者坐在一起共同编写历史读本。

质疑东亚地区的历史认识能否跨越国境的一个原因，是不了解战后日本同战前日本的区别，特别是不了解战后日本在认识战争责任问题上所经历的曲折过程。

战后初期的20年，日本社会就“战争责任”也进行过活跃的讨论。日本共产党和自由主义知识分子对日本天皇和军部的战争责任进行了严厉的追究，同时也反省了包括自身在内的日本人在战争中迎合军国主义势力，缺乏自主性的问题，从伦理的角度反思了为什么日本人关于战争责任的自觉性不强，以及阻碍日本人主体性地思考战争责任的原因在哪里等问题。不过，当时的追究还基本是站在日本民众的战争受害的立场上。

从20世纪60年代中期开始，日本关于战争责任的思考进入了新的阶段，其特征是开始深入思考天皇与国民的战争责任。特别是当冷战体制下受到压抑的战争被害国对日本的战争责任发出了强大的追究的声音后，日本大众层面的战争责任的认识开始触及对中国、韩国民众的人权侵害的责任，不仅思考战争责任问题，而且考虑对战争受害人的“战后补偿”问题，开始了战后补偿的实际行动。

战后日本社会关于战争责任的认识，经历了从单纯的战争受害立场向逐渐认识战争被害与加害的双重立场的转换，从追究与反省战争失败的责任到认识侵略战争责任的转换，从狭隘的日本一国的角度向东亚的角度的转换。在多元化的日本社会，虽然顽固坚持战争历史观的人仍然存在，但是鼓吹黩武精神的军国主义思想已经不占主流地位，反战和平则成为社会的主流。这就是战争被害国的学者与战争加害国的学者能够坐在一起共同编写历史读本的基本条件。如果忽略了战前与战争中日本和战后日本的根本区别，就会有意无意地将日本学者等同于战争中的“日本鬼子”，也无形中将共同研究与编写工作看成是在对立的两国关系中的谈判，那样当然也就无法理解共同编写的目的与意义。

质疑东亚地区的历史认识能否跨越国境的另一个原因，是日本的一些政治家至今仍然在顽固地坚持参拜靖国神社，至今仍然公然否认侵略战争责任，所以也有人对是否应与日本学者坐下来讨论历史问题感到不解。

其实，所谓的中日历史问题，是表现在政治外交、民间感情与学术研究3个层面的问题。政治层面即对侵略战争的认识问题，是应由政治家首先做出判断和决策。战后，日本在接受国际审判的基础上制定和平宪法，走上和平道路；根据同中国的1972年联合声明，反省了战争责任，实现了两国邦交正常化。但也仍有一些政治家不断发表否认侵略战争责任的言论，刺激战争被害国民众的感情。对于这一层面的问题，政府从政治外交层面做出明确反应，批驳否认侵略战争责任的言行，敦促那些政治家纠正历史认识，反省侵略战争责任是很必要的。围绕日本战争责任与战后责任的争论，始终存在于战后日本社会的政治界、思想界，所以，也要看到并支持日本社会与否认侵略战争责任的政治力量的斗争。

但是，解决民众感情与学术研究层面历史问题的方法，则与解决政治外交层面历史问题的方法很不相同，与其说用批判斗争的方法，不如说应更注重对话与交流，更重视相互了解与理解。

民众关于战争的历史记忆，往往侧重于集体受害意识。“南京大屠杀”“731细菌部队”“三光作战”等都是中国民众对于当年日本侵华战争历史的代表性的集体记忆。但是，日本民众更多的是关于“广岛、长崎原子弹爆炸”“大空袭”“冲绳作战”的记忆，韩国民众则对“殖民地支配”“从军慰安妇”和“创氏改名”等记忆深刻。

民众基于战争伤害的历史记忆形成的历史认识虽然并非虚构，但基本是基于自身体验，视野相对狭隘。特别是日本民众在加害意识缺失的情况下强调自己的战争被害，难以取得战争被害国民众的谅解与理解。当然，中韩两国民众如果不了解战争给日本民众带来的灾难，也无法与之进行顺畅的沟通。所以，通过学者的共同研究，给民众以更多的历史知识，更宽的历史视角，是解决这一层面历史问题的紧迫任务。

当然，学者在共同研究中，需要解决的是历史资料的共有、历史视角的调整与转换、历史研究方法的交流等问题。学者共同研究的成果，在某种程度上影响着政治判断与民众的感情，所以是相当重要的基础性的工作。希望这一次出版的《跨越国境的东亚近现代史》能够为不同层面的东亚历史问题的解决做出有益的贡献。

（步平：写在《跨越国境的东亚近现代史》出版之际）

梁美康 (韩国亚洲和平与历史教育连带共同运营委员长)

用教科书打开亚洲对话的窗户

“如何让历史和解，如何让普遍的世人都认可，这将是我们最重要的课题。”

亚洲和平与历史组织，是针对当年日本右派发布新版历史教科书这个事件而成立的，在韩国是唯一以历史研究和教育为主的民间团体。我们的特点是在市民运动领域里，以研究、教育和市民活动3个组成部分相融合的一个团体，我们的核心还有和平论坛。

我们团体是从2001年开始组建的，有市民团体也有学界人士，也有很多中国的学者和市民团体，也接触了一些日本人士。刚开始，最担心的是这些人能够和我们达成一致吗？能往一个方向而努力吗？所以，前期更多的是互相猜忌，互相探索、摸底的阶段。

从2005年编写完成第一阶段的教科书开始，经过之前四五年的积累，这些人已经变成了自己的朋友和志同道合的知己，一些人甚至比与家人见面的次数还多。这些年我们通过长久的交流，彼此已经能够做到开诚布公，也能够做到为对方着想，努力去理解对方。其实刚开始的时候，不管是我还是中国的朋友，都对日本的朋友有很多偏见，心底里一直把他们放在加害国一方。但是通过这些年共同的努力，我们已经开始模糊各自国家的成分，更多的是看成单个人或者朋友了。我们甚至已经超脱国家的范畴把自己看成东亚人，所以我们能够做到客观地、学术地去解决相关的问题。

我们也经常碰到一些因地域性差异而导致的问题，比如日本人注重细节，为了一个细节他们能准备相当长的时间，反观我们却不是。又比如经常碰到一些翻译上的问题。让我印象很深的是2008年在北京开会的时候，中国作为东道主居然把会场布置得很韩国化，让我们惊讶了一下。

创立初期，我认为这个团体首先是要纠正日本歪曲历史的工作。随着工作开展，我发现我们自己也有一些错误的历史记录。所以这个工作不只是有发现对方问题的机会，也能发现自己的问题，三国共同的历史编写是进一步认识对方和进一步认识自己的过程。

韩中日三国作为战争的当事者是不是能够解决这些问题？世界其他各方能否参与到其中起到好的作用？这些是我比较关注的问题。2007年的时候，我恰好有个机会到美国工作，期间听取了美国人对这些事情的看法。让我比较震惊的是他们对此的不关注和不了解，由此我觉得这些事情不能只局限于当事者，听取第三方的意见或者看法也很重要。当这些人听到要发行三方共同编写的历史教科书的时候，他们相当震惊，因为这不是简单的工作。虽然之前有过德荷、德法共同编写的教科书，但是他们的只是简单的版本。虽然我们编写的也只是民间版本的书籍，但是，这也是一次伟大的里程碑式的成果。

目前全世界有很多矛盾，存在很多冲突热点地区。例如，非洲、西亚就有很多类似历史遗留问题需要解决。那么我们的工作是不是也能为这些热点地区提供一个参考和借鉴呢？所以我觉得，这些问题不能片面地、局限地在国内讨论，如果有机会，也要全世界都参与进来。

另外，让我感触最深的是我们三方目的一致，要解决这些问题，最重要的是达成历史和解。那么，如何让历史和解，如何让普遍的世人都认可，这将是我们最重要的课题。需要我们不断地开拓眼界，从国际社会的角度去参考一些敏感议题，尽力淡化矛盾。

编写三国共同史是一件很困难的事情，这个提高到国家层面那就更难了。因为，中日韩三国都有各自的国情和民众情绪，调和这些矛盾是一件非常具有挑战性的事情。不过，因为我们是民间独立团体，所以才得以完成这项工作。虽然这是教科书，但是只作为辅助教材，所以相对简单一些。三方共同关注的很多敏感议题，比如领土、历史、南京大屠杀、慰安妇等问题，其症结便集中在历史认知上。所以，这个教科书就是展现共同认可的历史认知。反观各自的教科书都只是单方面编写的教材，只是自己立场的表述，所以编写三国共同史是具有相当大的意义的。这给那些学子们提供了对同一件事的不同见解，也增加了了解对方想法的机会，这样就避免了冲突和对立。正是因为有了我们的工作，所以韩国前总统李明博，甚至是现任总统朴槿惠都已经提议三方国家从国家层面上共同编写历史教科书。所以，我认为，民间团体的工作就是为政府层面的工作起铺垫和加温的作用，这是不可忽视的一环。

之前提到的慰安妇、南京大屠杀、领土纷争等问题，如果隔阂进一步加深，那么将会越来越难以解决，国民之间的感情也会越来越恶化。而且，这些历史遗留问题必然会对经济协作等方面起到阻碍作用。所以，历史认知不光是历史问题，而是贯穿所有层面的阻碍之一。

因此，我觉得这些问题要得到解决，首先日本作为当事者要摆正自己的态度，纠正自己的错误，韩国也不能一再消极地采取回避的态度，应该积极打开对话之窗。还有，就是要避免国家情绪化的蔓延。比如日本普遍存在的嫌韩情绪，这些情绪导致现在出现很多嫌韩团体，这样容易导致矛盾激化，而且也会刺激韩国国民情绪走向对立。

在第一阶段的时候，有些部分非常敏感。其中初步达成共识的是确认记录日本的侵略史，中韩是被害国，日本是加害国，这是内容的核心。但是，日本虽然作为加害一方，也有一些被害者，这个问题怎么处理？这是日本一直坚持而又担心中韩不能接受的。所以，当中韩双方认可广岛原子弹灾害可作为历史记录的时候，日本方面也就得到了相当的安慰。

南京大屠杀是非常重要的事情，也是中国最在意的核心议题。但是，不管是慰安妇问题还是南京大屠杀问题，我们学者之间都没有产生矛盾，基本上达成了共识。所以，第一阶段的教科书，也有相当部分提及了南京大屠杀的历史和慰安妇的历史。虽然双方对其数字和规模一直存在矛盾，但在韩中日三国学者层面，这些问题已经有一个基本的共识，不存在异议。

因为是第一次三国共同制作，所以相对来说，第一阶段教科书的编写工作比较简单，是针对中高等学校学生而编写的。第二阶段我们提高到学术层面以后，在学术方面出现了一些问题和矛盾，这些就是我们第三阶段要解决的问题。我们的工作是渐进式的。一步一步加深，一步一步加大涉及面，所以每个阶段的工作都是非常重要的。第一步简单易懂，第二步比较学术化、专业化，第三部化繁为简。这是我们的工作指针，所以第三阶段会更大众化一些，也要让第二阶段遗留下来的问题得到解决。但是第三阶段的工作还有待于进一步的交流和沟通。

教科书对国家关系有一定影响，首先会在缩短历史认知方面的差异上发挥不可忽视的作用，学生们也会反思原来之前的认知是片面的，等等。所以，我觉得，这是教科书在统一历史认知和历史感情方面起到的好的作用。

张宪文（南京大学历史学教授）

72卷史料集，南京学界为真实历史的努力

“无论是对南京大屠杀资料的收集、整理，还是对这一段历史的研究，我们都将继续下去。让中国、日本及西方各国，让越来越多的人了解历史，拥有正确的认识。”

南京大屠杀，过去很多人搞不清楚。从20世纪60年代开始，南京大学历史系开始搜集南京大屠杀资料做研究。1960~1972年，我本来打算出版关于南京大屠杀的小册子，可是正好碰上中日建交，当时的日本首相田中角荣访华，中日之间发表联合公报，建立外交关系。在这种形势下面，这本小册子就不宜出版了，而对南京大屠杀的研究基本上没有继续下去。

20世纪80年代，日本教科书把“侵略”改成“进入”，将南京大屠杀说成是中国人制造的谎言，说大屠杀是不存在的。那时候国内的舆论、报刊都反对日本对侵华战争的歪曲，对大屠杀的否定。所以，南京学术界，还有一些幸存者，举行了很多座谈会，讲述日本在南京大屠杀的真相。同时，南京市政府决定要建馆、立碑，组织一些人找材料、编资料、写历史。于是，20世纪80年代，在大屠杀旧址上破土新建了一座纪念馆，陈列很简单，非常简单。编了一部史稿，顶多20万字吧。出了两本资料集，加在一起100多万字。

在这之后，对南京大屠杀的研究慢慢发展起来了。但是，第一，规模小；第二，参与的人少；第三，研究成果还是比较简单的，没有达到一定的高度。原因是在20世纪80年代到90年代，我们国内学者们掌握的材料非常少，大量的材料在国外，大陆的档案馆、台湾的档案馆也有，但是那个时候档案馆的开放程度很差，不是要有意地封阻，而是档案馆里的资料没有得到很好的整理，研究个人化，很分散。

因为对大屠杀研究的不足，日本对于历史始终躲躲闪闪，反反复复。在20世纪90年代末期，中国社会科学院有一个中国历史研究中心，在日本当时的首相村山富市的支持下，成立了一个专家委员会，组织了将近100个项目研究中日关系。南京方面由我参加了专家委员会，当时这些项目都很小，我感觉到要解决3个大问题。第一，抗日战争我们到底损失多大，日本侵华导致我们的财富到底损失多大；第二，我们伤亡多少人，因为当时不是说3500万人，那么在社会上伤亡的到底是多少人，给一个科学的研究；第三，南京大屠杀到底是怎么回事，把资料都搜集起来。

这个专家委员会是由北京、上海、武汉及东北地区十几位老师组成的，南京就我一个人。后来我们费尽周折，在政府的支持下，筹到了100万元，开始派老师出去收集资料，去了日本，到了中国台湾，去了美国，后来去了欧洲，不断地出去。当时，为了节省成本，我们这些老师坐夜车往上海，第二天坐飞机去日本。到了日本以后，面条便宜，就顿顿吃面条，回国以后个个瘦得很厉害。

就在这样艰苦的情况下，我们出版了《南京大屠杀史料集》。一共分了3批，第一批是28本，由江苏人民出版社出版。出版以后，产生了很大的影响，从中央到地方都非常关注。这个时候引起了日方的重视，日本外务省叫上海的总领馆来采访。过了大约一个多月，日本外务省网站上登了一段内容，主要是日本外务省在内阁答辩的时候讲道，根据现有的材料，日军在南京对于非战斗人员的杀害这是事实，但话锋一转，提出对于被杀人数问题有不同的意见，日本外务省不置可否，不予置评。

实际上，日本到现在为止，采取的态度就是，我承认南京大屠杀，但是对人数问题进行否定，否定30万人。我们后来又出了第二批、第三批材料，这三批材料我们花了10年的时间，参与这个项目的老师有110人，以南京大学为主，还有南京师范大学、中国历史档案馆、南京市档案馆等，差不多南京地区的有关高校都参与了。我们的材料涉及8种文字，有中文、日文、英文、德文、法文、意大利文、俄罗斯文、西班牙文，我们花了很大的力气进行翻译。从2000年开始做这项工作，第一批材料出来是2005年，一直到2010年，我们出版了72卷。我们搜集到的材料大概是5000万字，史料集里面出版了有4000万字，涵盖了中方、日方及西方各国的材料。

比如说日方的材料，包含了日本的一些将领，从大将、中将、少将到士兵的日记、书信，还包含了日本军方的一些文件，比如日方命令在占领南京以后对残军进行扫荡，等等。西方的材料主要是南京沦陷以后，有一批西方的传教士、教授、记者、医生，还有商人，涉及美国、德国、英国等一些国家的二十几位西方人士，他们在南京成立了一个安全区国际委员会，亲眼目睹了日本军人在南京的罪行。这批材料包括他们写的日记，他们写给家属的信件，以及他们为了保护中国老百姓给大使馆写的信件、报告，等等。这些材料主要收藏在美国耶鲁大学的基督教档案馆里，还有一些材料保存在美国的国家档案馆里。

中国方面，南京大屠杀发生以后，中国政府于1944年开始组织机构进行调查，准备战后向日方进行索赔。国民政府的行政院，也包括南京市政府参议会，组织有关机构进行调查。最典型的是在南京地区挨家挨户去调查，这家的户主是谁，名字叫什么；这一户在南京原地址是哪里，他们家里面什么人被日本人杀害了，被杀害者的姓名、年龄、性别，被杀害的方式是什么；对财产的损失也做了周密的调查。这些调查表多半都保存在南京的中国第二历史档案馆和南京的档案馆，其中还有不少在台北的“国史馆”。

我们这套资料，应该说是对南京大屠杀这一重大事件的规模最大的一次记录。10年时间，我们100多位研究人员跑了这么多国家，收集到的这些材料都是第一手的原始材料。不仅如此，我们还收集日方的材料，比方说东京审判，我们不仅收集控方材料，还收集辩方材料。我们让读者，让材料的使用者自己去分析、去解剖。我们用客观的态度为大家提供更加全面的视角。当然，实践是不可能穷尽的，材料也不可能穷尽，有些材料散在世界各国，我们没有发现。所以，基本上来讲，我们掌握了80%的材料。

这套72卷南京大屠杀史料集，对国家记忆和民族记忆的意义在于，过去，我们讲南京大屠杀是一个事实，日本右翼讲不存在，这是最大的分歧。我们把这事情摆出来了，这就是证据，是对日本右翼的一个打击，澄清了历史的真相。对广大人民群众来说，是爱国主义教育。对历史研究来讲，提出了供研究的基本的史料。

作为历史学研究来讲，整理材料是第一步，下一步是要发表我们的观点。2010年之后，我们的工作重心转移到对南京大屠杀的研究上，我们要表示出作为中国学者对南京大屠杀的认识，所以我们出版了一套《南京大屠杀全书》三卷本。我们以4000万字的材料为基础，由12位老师组成了一个研究团队，写作100多万字，厘清了南京大屠杀的全貌，这可以说代表了中国学者对于南京大屠杀的认识。

我们从2014年开始准备出两套书，一套是南京大屠杀文献史料丛书，继续发现材料，或者将我们已有的材料进行整理。另一套是南京大屠杀学术研究丛书，就我们对南京大屠杀各方面的问题进行研究，比如有专门研究南京大屠杀的，专门研究慰安妇的，专门研究日本是怎么毁灭这个城市、怎么破坏这个城市的。

无论是对南京大屠杀资料的收集、整理，还是对这一段历史的研究，我们都将继续下去。让中国、日本及西方各国，让越来越多的人了解历史，拥有正确的认识。

第四章
日本，正视历史的艰苦努力

自20世纪50年代始，日本民间就自发地开始了对于日军侵华历史的纪念、反思，不断加强着与中国的历史、文化交流，“以民促官”，推动两国间的友好往来。与之相反，日本的右翼势力则不断地篡改、否认历史，试图用政治宣传、教育等一切手段抹掉历史真相，掩盖视听。在以和平发展为主流的今天，我们一方面谴责日本右翼势力对历史的歪曲和否定；另一方面，也需要看到日本国内正视历史的艰苦努力。有很大一批人，包括学者、教师、律师、退伍老兵等，他们用各自不同的方式挖掘证据，记录历史，传播真相。他们孜孜不倦的努力，预示着中日关系的未来。

本多胜一 （日本朝日新闻社原记者）

我为什么去中国采访南京大屠杀

“制造屠杀的一方国民如果忘记了历史，则是犯罪。”

在战后的26年中，日本政府从来也没有表示过对过去的责任进行调查的正式态度，媒体也没有努力从正面正视那一历史，没有让国民真正了解那一段历史过程。作为日本记者，我认为我们应当有这样的责任。

在中国，有千百万人在战争中遭到杀害，而一般的日本人对此即使不认为是虚构的，但也仅仅是抽象的了解，对于侵略中国的具体的情况则并不知情。结果就发生了像要求国家“护持”靖国神社那样的运动，发生了民众的力量被逆历史潮流的势力所愚弄的情况。

在越南战争中，美国军队制造了诸如莎密事件那样的屠杀，不过终于被披露出来了。于是，日本的一些人对那样的报道说：“就从屠杀事件被报道出来这件事看，还是美国人厉害啊！”美国人是不是厉害，那是另一个问题。但是，日本的报道确实没有这种情况。战争已经过去26年了，人们对当时的许多情况还不了解，与其感慨美国的报道，还不如亲自动手来实践。

最近，日本国内从战争被害的角度开展了一系列的控诉和记录的活动，所谓的被害，“广岛、长崎”自不待言，也有“东京大空袭”。这些当然是很重要的，但是更重要的，难道不是记录作为加害者对亚洲各国的侵略活动吗？在日本也出了许多关于当时日本的同盟国纳粹德国的加害的记录，可是竟没有当时日本军队的记录。

中国现在对日本的军国主义复活问题高度警惕。但是，许多日本人却不理解，觉得中国人神经过敏了。中国人之所以对日本的军国主义复活十分警惕，是有其历史与心理背景的，那就是因为战争中日本军队的残暴的形象深深地刻在他们的心中。作为中国人，“日本军国主义”并不是一个抽象的概念，因为他们至今仍然记得亲人被杀害、住房被烧毁的情景。而如果日本人稍微了解一些那样的情景的话，就可能理解中国人的警惕了。

在战争已经结束26年的今天，确实有一些人对于我进行那样的采访认为：“怎么现在还做这样的事？”但是，我倒是认为现在必须做这样的事。其实日本战败的时候就应当这样做了，只是到今天才开始。遭受屠杀的被害者一方是否忘记了是他们的事，但是制造屠杀的一方国民如果忘记了，则是犯罪。

（本多胜一在战后 26 年时的自述，摘自步平《跨越战后：日本的战争责任认识》）

松冈环 〔日本铭心会（南京）创始人〕

让年轻人知道真实的历史

“日本人忘了自己的历史，甚至可以说，让人们忘记了。政府、教科书不说事实，日本社会也是讳莫如深。然而，不能让人们忘记历史。应该加强民族间的了解，唤起人们的共同记忆。”

南京大屠杀是日军侵华罪行之一。我从1982年开始从事与该事件有关的调查工作，期间遭遇很多阻力，昨天还是好朋友的人，打来恐吓电话，但我没有退缩。从1988年8月开始，我来到中国进行调查。倾听受害者的讲述，让我对南京有了更多的了解。1990年，我成立了一个调查研究南京大屠杀真相的组织——“铭心会（南京）”，希望南京大屠杀的灾难记忆让日本国民铭记在心。

去南京之前，我知道的只限于书本，我发现书本上呈现的东西和实地听到的情况是不一样的。虽然关于南京大屠杀的书给了我很大的刺激，但是我隐约觉得去南京亲耳听听一定会不一样。当时，费了很多的周折才到达南京。当我去了纪念馆，看到那么多历史资料后，我震惊得说不出话来。比起大屠杀，女性的惨烈照片给我的震撼更强烈，让我泪流不止。一位受难者和我讲述了她自己的经历，流产、满身伤痕，我想她一定恨日本人，她却说，发动战争的只是一部分日本人，我不恨你们。但是后来当我深入与她交流，她告诉我，现在看到日军心里还是非常难受。我想，在那个中日友好的时期，她必须放下个人仇恨，但痛苦毕竟在她的心中挥之不去。从那个时候开始，我就下定决心，必须把她的痛苦告诉日本人，把客观事实让更多人知道。接着我就每年来南京调查，一直到1997年。

1988年亲历南京采访，了解受难者的痛苦之后，我回到日本去调查当时的日本士兵，期待把这些情况综合起来研究，作为大屠杀的证言。我们组织照片展等，把真相告诉与南京大屠杀有关的、无关的和给我们捐款的人们，并与中国的相关机构联手共同调查研究南京大屠杀，不断地去南京了解并报道受害者的生活情况等。日本国内看到我们的报道后，有人就会捐款。我每年两次去南京，将这笔抚恤金送给南京的受害者。我们也会邀请受害者来日本聚会。我想用证据告诉日本国民事实，中国等亚洲国家是受害国。然而我做研究，校长不支持，右翼的人来学校抗议，这让我感到非常遗憾。

我想做一名教授正确历史的历史老师，收集侵略历史的各种证据。但是，日本社会强烈地想否定这些事实。战后的日本政府不告诉人们历史，只说日本是败给了以美国为首的联合国。侵略史在课本里只有短短的一句“发生了南京事件”。教育政策是淡化侵略史，珍惜现在的美好国家。媒体对于忘记历史也起着推波助澜的作用，让大家逐渐忘掉受害者的痛苦。从民间的角度来说，日本经济好的时候，社会是接受历史真相的。那时我办展览，很多人声援我。经济泡沫破裂后，右翼势力否定历史的声音变得逐渐强大。在不正确的宣传下，大家觉得日本没有做过这些事，日本是伟大骄傲的国家，要再次强大。安倍政权不断地鼓吹新国家主义，否定历史，从世界和平的角度看，这是倒行逆施。

承认错误，谢罪，反省，赔偿，日本将会是一个正义的好国家，会得到中韩等国的尊敬。作为一名教师，我认为，应该让年轻人正确了解自己的国家是什么样的。现在的年轻人，他们不看文学、历史，社会不引导他们对这些产生兴趣。从10多年前开始，教科书里没有了侵略史，交给文部省审定前，出版社自己就已调整这一段内容了，不然卖不出去，这遮蔽了孩子们的双眼。同时，在教育上，教师也被束缚了，不被允许去学习、研修。学校师生的学习氛围不开放，不自由。学习应该是自由的，允许各种思考方式，而现在日本的教育没有引导学生自己思考。

作为教育者，我一直都在想如何能够让孩子们愿意看课本，也想过如何把历史更好地传递给他们。所以，我不断地主动学习各方面的知识，在校外学习，去广阔的社会上学习。由于这一历史话题非常沉重，用图书来教育大众的效果会差一些，所以我开始制作电影，用双方的证词告诉年轻人历史的真相。我自己筹拍的第三部电影《太平门——消失的1300人》希望可以提供给年轻人、日本人，以及希望了解南京大屠杀和日中历史的人们。

关于太平门屠杀，中国没有记载，日本也没有。在我们的采访中，太平门大屠杀是很重要的一个证据。调查那支日军的队伍时，我们才知道他们残杀中国人。开始有人不愿说，但是我有队伍的名单。在我们的坚持下，终于问出他们用地雷炸死中国人后浇汽油毁尸灭迹的事，不过地点有出入。后来明白，集体屠杀有两个地点，门右侧和门里面左侧。他们的日记记录杀了1300人。不过，中国的研究者好像不知道太平门一事，因为没有一名幸存者。

大家知道南京大屠杀，可是太平门事件被历史埋没了，受害者的家人永远找不到亲人的尸体，我想用自己的调查让大家知道这一事件。回顾历史是为了让人们在回顾之后不再发生同样的悲剧，特别是我感受到南京受害者们的痛楚，不想再有类似的事情发生。

之所以花自己的退休金做调查，拍电影，最初是觉得日本的教育不公正，而老师本应该是公正的。调查期间，我一方面发现日本不断地加强否定历史的力度，同时加强军备。另一方面，南京的受害者们向我诉说着他们的痛苦，希望我将真相告诉日本民众。否定历史的人一次次地伤害受害者，破坏人权。而我得对老人们有个交代，他们信任我，鼓励我，我得回报他们。当我的活动有了成果，并将这些告诉受害者的时候，我了解到他们的痛苦减轻了。

我做展览，出书，拍电影，把幸存者的生存状态告诉日本人，有人为我们捐款，虽然钱不多，却给了我力量。我相信，只要坚持，就会有成果，哪怕只是一点点。

相互了解，知道自己国家的以及对方国家的历史很重要，拥有共同的记忆才不会重蹈覆辙。日本人忘了自己的历史，甚至可以说，让人们忘记了。政府、教科书不说事实，日本社会也是讳莫如深。然而，不能让人们忘记历史。应该加强民族间的了解，唤起人们的共同记忆。

粟屋宪太郎（日本东京立教大学名誉教授）

日本正在用国家权力干扰历史研究

“用国家的权力来干扰历史研究是最大问题。”

我1983年去了华盛顿，在那里看到了很多人都不知道的东京审判的历史资料，看了两个半月。目前大家所知道的东京审判有很多错误，有很多是想象出来的。所以，我慢慢地开始发表一些文章。

东京审判之后，日本并没有太多变化，所以现在首相等人还在参拜靖国神社。我在30年前写了一篇论文，根据1951年的《旧金山和约》，日本对甲级、乙级、丙级战犯的审判结果是承认的，所以日本不能全部否定东京审判。我觉得昭和天皇是有问题的，有两篇关于东京审判的文章记载，他曾经和麦克阿瑟密谈，为东京审判向麦克阿瑟表示感谢。这表明，天皇也在这个时间段里进行了一些活动，与麦克阿瑟达成了某种协议。因此，当甲级战犯在靖国神社合祀的时候，昭和天皇才没有再去参拜，现在的天皇也没有去。这都是新发现的东西，看了以后才知道有很多事情是我们不知道的。

当年内务大臣的记录里写着天皇是有责任的，当时天皇对日本的不幸也有承担责任的想法。安倍首相和100多名国会议员对靖国神社的参拜是违反天皇意志的。首先是他们对《旧金山和约》不重视，其次他们违反了宪法，把甲级战犯合祀在靖国神社是靖国神社自己的做法。我的父亲在战争中战死在菲律宾，也被合祀在那里，我想把他移出来，但是他们不允许，靖国神社是非常不讲道理的。

尊重事实，重视第一手资料，共同进行研究，没有绝对的对和错。但是，现实中依然存在很多障碍，比如说，日本政府对教科书的检查审定，就是对事实呈现非常不好的干扰。他们要对孩子们从小进行民族主义教育，把日本是加害国的事实抹去。现在有慰安妇内容的教科书已经没有了，用国家的权力来干扰历史研究是最大问题。

对于东京审判，还有一些人在否定它的判决，这是错误的。东京审判是世界上的大事件，比如说美国夏威夷大学的某教授就认为，对前南斯拉夫及卢旺达的审判，都应当以东京审判为范例。今后可能还会有很多的战争审判，尤其是国际审判需要进行，所以东京审判没有死亡，它在国际法及国际人权法中是长存的。我非常同意这一见解，东京审判并没有死亡。当然，在当时的条件下会有一些局限性——我们要吸取东京审判的一些长处。

山田朗（日本明治大学文学部教授、历史教育者联系会代表）

日本人应该知道并正视历史

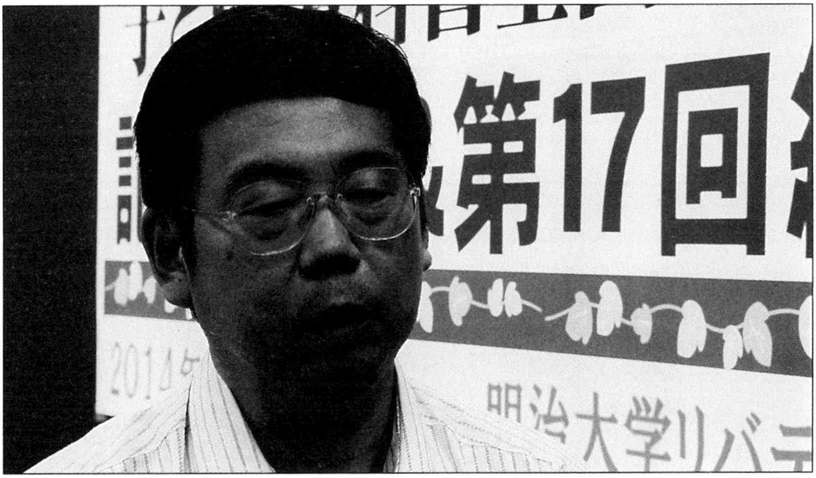

“历史是不能任意篡改的。”

日本年轻人不了解近现代历史，首先要给他们补习，利用史料向日本学生普及当年的战争历史；给他们看一些当年经历过战争的人写的书，让他们知道事实。

有关天皇的责任，大众媒体是不会宣传，不会评判的。我们作为学者一定要尊重事实进行研究，历史是历史，是我们学者研究的课题。

现在这个阶段研究的问题，最重要的是关于裁判的问题；如果2015年安倍政权继续任职的话——这种可能性还是很高的，有关历史认识就是日本非常重视的话题，所以一定要和中国建立起信赖关系。期待安倍谈话不会歪曲历史。希望大多数日本人知道历史，正视历史。战争跟每个人都有直接关系，要深挖原因，日本人要深刻地认识它。中日关系现在很不好，但我们还是要共同努力，让年轻人知道历史事实，相互理解。中日间更应该加强联系，共同研究历史。

山田辰雄 （日本庆应大学法学博士、名誉教授）

不该用感情干扰政治

“我觉得，努力创造一个新的日中关系是我们的责任。”

我1938年出生于东京，是地道的东京人，然后进入了庆应大学，毕业后从事教育方面的工作，从教授助理一直做到教授，现在已经退休了，是名誉教授。

我认识步平老师是在1999年，他作为中日关系方面的研究学者，为研究日中历史和关系做出了很多贡献，也非常辛苦。我觉得步平先生最大的成绩就是通过共同研究，让日本承认了在近代史中，日本侵略了中国。

对于中日之间的岛屿问题和教科书问题，我认为两个国家有不同的意见，这是没办法的事。我之前和步平先生也交谈过，在历史问题上，大部分事实双方都是一致认同的，虽然可能也有争议的地方，有些可能是情感上的分歧。特别是关于南京大屠杀事件，在死亡人数方面有些争议，但用中国政治家的话来说，这个事件是确凿的事实，但是有一部分日本政治家利用了爱国心去混淆概念，否定事实，我认为这样是不正确的。

关于死亡人数，我想应该交给学者们去做更进一步的研究，不要掺杂过多的感情因素。有些中国和日本媒体会做一些舆论调查，问民众：喜欢日本吗？喜欢中国吗？结果80%的人回答都是“讨厌”。但是，我认为外交问题是不能掺杂情感的，相对来说，应该探讨中日关系该如何发展。我觉得媒体不应该问喜欢或不喜欢的问题，更不要将其添加在日中关系方面。

我觉得，努力创造一个新的日中关系是我们的责任。我跟步平先生也谈过，日中关系有很多面，一方面，在历史上，日本侵略了中国；另一方面，也有友好的一面。总体来看，日中两国的关系对整个亚洲都非常重要，应该在竞争之中共存。

辻田文雄（全日本军装研究会发起人）

用照片反驳谎言

“我觉得相册是最直接的记录，纪念馆有必要收藏。”

发起全日本军装研究会这个组织的原因，是我以前经常买很多旧书，有一些很珍贵的书和军装是个人收藏的，但无论怎样也收集不全，所以我想，不如把收藏这些东西的人组织起来，资源共享。进入这个协会的人可以相互交换信息，交换资料，交流收藏。

最初研究这些只是出于兴趣，没想过那么多。比如说，南京事件之前军装是立领，之后变成了折领。有些博物馆展示的照片会出现错误的说明，我会用我的军装知识让他们避免犯这些错误。中国或者其他国家也会根据这些照片以及背后的知识去判断当时的历史，比如有很多当时的人已经不在了，考证很难，只有靠留下的那些遗物去判定。我给我们这种鉴别起了个名字，叫“军事考古学”。

日本留存的南京大屠杀的照片不多，有很多都是错的照片，我要把历史真实的东西展示出来。比如，在照片上说自己去过中国战场，但是通过调查，这个人却是1947年出生的，对于这种虚假的资料我们要严格检查，去伪存真。

我也希望中国的研究者能够参照事实进行研究，目前南京大屠杀纪念馆关于南京大屠杀的资料比较模糊，大多是一些报道、文字性资料。我觉得相册是最直接的记录，纪念馆有必要收藏。所以，我把我所收集的南京大屠杀的相册送给步平，希望尽量再现事实。要根据事实说话，什么事都要有证据。

山边悠喜子（日本ABC企划委员会副代表）

追寻731部队真相

“如果我们再不对历史事实进行讲解，那么大家就会全部忘记了。”

我曾经在中国当过解放军，回国后不能很快适应日本社会，后来经常回到中国做战争调查。ABC最初成立时是1993年，那时大家还不知道731部队的事，所以当时为了了解731的事查阅了大量的资料，问询了很多证人，还从吉林省资料馆查阅了很多资料。大家都不太懂汉语，所以找得很辛苦，证人们知道的也不敢说。那时候石井四郎（日本陆军中将，医学博士，关东军防疫给水部长，731部队首脑）还活着，他的命令是谁要是说出去就把谁杀掉。1981年还只是长崎大学讲师的常石敬一出版了《消失了的细菌部队》。当时，我的调查重心还不是731部队。在中国东北的一所大学里，我看到了森村诚一写的那本书《恶魔的饱食》。森村诚一的书中不但详述了恶魔集团731部队的由来、编制和罪恶的研究项

山边悠喜子：1929年1月10日生于日本东京，1941年随家人来到中国，1945年2月参加东北民主联军，作为中国人民解放军的一员参加中国人民解放战争。1953年回国后饱受歧视，找工作都十分困难，但始终坚持为中日友好事业奋斗，对中国人民、中国共产党和解放军感情深厚。1984年以后频繁来中国做战争受害调查，收集了大量材料，鼎力支持中国战争受害者起诉日军遗弃毒气弹伤害索赔的跨国诉讼，支持他们与日本政府对簿公堂，为维护世界和平谱写正义之歌。

20世纪80年代初，山边悠喜子偶然听说关东军731部队的历史后，十分震惊，开始研究这段历史，并与同道成立「731部队罪证展实行委员会」，在日本举行数十次731部队罪行展。后该委员会改称日本ABC企划委员会，山边悠喜子任副代表，为保护731部队罪证遗址做了大量工作。

目，还把整个日军从事生物战、细菌战和化学战的研究机构梳理得清清楚楚，其中最著名的恶魔部队731由此开始广为人知。我非常震惊，回到日本便寻找这本书看，然后才开始了对731部队的研究。我并不是什么学者，我在当解放军的时候，去了很多地方，看到的东西让我产生过很多疑问，但是没有人给我解释。后来，我把我当时的疑问告诉了步平先生。步平先生帮助我调查，到日本和中国哈尔滨去调查。我后来看到731部队用的那些医疗器械，亲眼见证了731部队的真实。

当时有一部分人看了森村的书，我们通过调查告诉人们，这不是小说，这是真实的事。当时的人们就对我表示很生气，说我不是日本国民。为了告诉日本的老百姓这是事实，现在的学者还在继续努力地研究着。我们在做着将事实告诉全日本国民的努力，但是能力还不够，所以我们从小范围开始。

我们开始办展览，来的人很多很多，比想象的多。森村的那本书有很多人在看，我们是从这点去宣传的，告诉大家这不是小说，这是事实。现在我们依旧在办展览，但是来的人少了很多。

现在，日本学校的教师如果教正确的历史，就会受到迫害。所以，现在没办法教给学生真实的东西。现在的人们想知道这些知识，但是他们不愿意去承认这些事实。所以，我们做的努力效果不大。

再者，现在的状况和我们当初在1993年开始时不同了。1993年那会儿搞展览，是当时参加过战争、在731部队服役过的人亲身讲演。最近我们搞的展览，讲述人通常是亲历者的后代。他们在家里发现了爷爷或者爸爸的日志，日志中写到了731部队杀人的经历。如果我们再不对历史事实进行讲解，那么大家就会全部忘记了。

我的能力还是很小，从1993年开始做这些事，成立ABC，到2000年才正式使用ABC这个名称。刚开始，我很单纯地在想，主要是做B和C这两件事，这两个字母代表着军队拥有权力。学者做研究没有费用，但是由于军队有权力，就可以得到想要的，由此让我联系到A。这个A就是军队到中国去，给中国老百姓吃一些研究的细菌，然后再残害中国人。现在石井四郎这些人过着非常高级的生活，他们用的这些钱就是当时对中国老百姓做实验得来的钱。

对“731”的诉讼当时步平先生也知道，在诉讼的时候，裁判官说：“你们所讲述的不就是森村的那个小说吗，这不是事实啊！”从裁判官到日本政府，不知道他们是装傻还是真的不知道，这其实是一个非常严重的问题。

我和步平在中国调查的时候，一个老太太说：“日本人90%多都进学校去读书，我连我自己的名字都不会写，那在你们看来，进别人家里去拿东西是对的吗？不管我们有多穷，去拿人家的东西都是不对的，你们日本人受到那么好的教育，为什么还能去随便拿人家的东西？所以你们来中国掠夺资源，杀中国人，为什么呢？”我不知道如何去回答这位老太太，为什么日本这个国家能做出这么可耻的事情。听了这些话以后，我就产生了要做ABC的最初想法。我当时非常受挫，现在我见到中国的受害者们，他们说：“日本给不给赔偿无所谓，我们中国现在很富有，但是日本一定要承认对中国犯下的罪行。”

松井英介 （日本岐阜环境医学研究所所长）

让“不再战”的理念延续下去

“战争结束几十年，以前总说‘不再战’，现在都忘记了，我希望不再有战争。”

了解了731部队后，作为医生，对那些行为感到绝对不能容忍。细菌战这是历史事实，对中国人民造成了伤害，我对我的先辈们所做的那些事有负罪感。我去过中国几次，对那些受害者进行了走访。

我到过黑龙江省的一个小山村，那里的人们给我讲述的事情我永远忘不了。那里的人们几十年没有见过日本人，当再次见到日本人时，还是带有愤怒的情绪。当地政府告诉那里的人不要和日本人一起吃饭和握手，这是我后来才知道的。经过很多次走访，那里的人们才缓和了态度。当时那里的人针对细菌战给日本大使馆写了很多信，但是日本大使馆没有理会，然后我们帮他们状告了日本政府。虽然最后输掉了官司，但是事实就是事实。日本的法院承认了事实。现在的教科书里还写着731部队在哈尔滨的细菌实验，在各地实施细菌战虽然没有写出，但是我觉得事实还是应该告诉学生的。

对于南京大屠杀这个行为，无论是中国人还是日本人，都是根本不能容忍的。但是，日本政府在否定这个历史事实，想抹掉历史。我们虽然在努力，但是还不够，我觉得一定要让学生们知道历史事实，同时也告诉将来的人。中国的文化是日本不能比的，想把中日关系搞好，就一定要承认历史事实，对过去要谢罪，对受害者要给予赔偿。谈友好不是口头上的，要有行动。

日本岐阜县“日中不再战碑”大概是50年前建的，碑文是73个人的名字。这里原来是个军事工厂，当时为了防止被轰炸，建设从地上转入地下，用了很多中国和朝鲜的劳工。当时建设很艰难，死了很多劳工。那些劳工被强迫来到这里，进行着超负荷的劳动，忍受着饥饿，长期处于地下。战后，当时死亡的中国劳工的遗骨由当地老百姓收集起来送回了中国。

现在一些韩国人、中国人常来这里交流，活动。这块碑成为一个象征和平的标志。日本对中国的侵略战争，国际不允许的细菌战，伤害了很多中国人的生命，所以在下一个时代应该告诉年轻人真实的历史。

我觉得我们不能忘记历史，日中两国的人民应该增加交流。虽然想要战争的人是少数，但毕竟有一小部分人还有军国主义思想，我想用我们的努力来阻止他们。

NHK播放的那些加强爱国心的政治宣传让日本国民都进入了一种兴奋状态。战争结束几十年，以前总说的“不再战”，现在都忘记了，我希望不再有战争。我们现在的岐阜县和中国的城市广州在50年前就交换了不再战的和平理念。我希望双方能真诚相待。

附：**步平**（日中不再战碑前采访）

推动民间和平力量压倒右翼

上一次来到这里是1995年，中国抗日战争胜利50周年的时候，当地举行了一个很大的纪念活动，题目就叫“昨天、今天和明天”。他们带我来参观了这个地方，所以我对这个地方的碑印象特别深。这个碑1967年就设立了，当时中日邦交还没有实现正常化。1967年正好是卢沟桥事变30周年，当时他们借着纪念大会，在那里举行了一个仪式，特别明确地说“日中不再战”。

每次来到这里，我的感情都会很复杂。一方面，这个地方是中国劳工服役的一个地点。有39人因为当时条件的苛刻，包括生活条件的恶劣在这儿死亡了，死后就被埋在这里。另一方面，当地在战后确实经过很多的思考，所以他们把中国劳工的遗骨专门集中起来，送回中国，同时立了纪念碑来表达他们的心情和不再战的美好愿景。从这一点上，我们觉得中日关系还是有未来的。

20世纪50年代就有一种说法，叫作以民促官。因为当时是一个冷战时代，日本政府追随美国，对中国采取一种敌视或者封锁的政策。但是民众还是有很强烈的友好愿望的，所以两国民众自发地进行很多的交流，包括贸易交流、文化交流，甚至我们看到像上面提到的这种，实际上是围绕战争认识的一种交流。我们把它叫作以民促官，也就是说，通过民间的交往来推动国家关系的发展。这个过程在1972年实现了，政府之间发表了联合声明，实现了邦交正常化。我想这条道路还是应该走下去的，今后也应该是这样。

日本右翼势力对“731”，对南京大屠杀问题，包括对钓鱼岛问题，都非常的激进。其实，在战争中，他们始终是有这么一种政治倾向的，战后也从来没有变化。在民众呼唤和平的声音强的时候，他们的声音可能会被压倒，或者媒体也不去关注他们的声音。但在政府环境不好的情况下，他们的声音就强了，和平力量或者进步力量的声音就弱了。我想，对于右翼势力，你想改变他们恐怕是不可能的，右翼始终是存在的，我们只能推动民间的，或者说推动和平的力量来压倒他们，这个工作可能比较漫长，但是需要扎扎实实去做。

国内极端的民族主义，应当说也是很危险的，搞不好也会产生一些很极端的行动。之所以会这样，一个原因就是可能有些人视野不够开阔，信息不是很通畅，比如说他们并没有真正了解到日本社会的全面的情况，没有了解日本社会不只有右翼一种声音。

日本的和平团体，战后很长时间一直在坚决反对战争。当然，他们反对战争的立场，或者说认识程度，是在逐渐变化的。刚开始的时候反战，基本上站在日本人自己作为受害者的立场上，现在他们慢慢地了解到这个战争对中国造成的巨大伤害。于是，他们又站在一个加害者的立场上去思考。这就带给我们一个问题，为什么日本人反对战争，希望和平，但是那么长的一段时间，甚至现在，仍有很多人只站在自己被害者的立场上反思战争呢？做了很长时间的交流工作之后，我才了解到，其实在日本有很多人，特别有些年轻人，不了解日本在战争中对中国的加害。当然，我们会抱怨，或者批评日本政府不作为。但是，我们更应该想一想，我们应该如何去做。如果我们用同样的语言、同样的教育方式，比如说把对中国人的教育方式拿去教育日本人，这恐怕很难。所以，应该寻找合适的方式去影响、教育日本的年轻人，让他们真正了解中国，认识历史，这样就可以谈到一块去了。

田中义教 (日中友好协会理事长)

应该对过去的历史谢罪

"对过去的历史进行谢罪，告诉国民历史事实，让国民之间相互交流，这是我们要做的事情。"

日中友好协会于1949年成立，成立的目的是促进日本对中国文化的了解，加强与中国普通民众的交流。协会成立至今，在日本全国有12000多名会员。我们希望不要再发生侵略战争，通过发展和中国的友好关系在亚洲建立起一个和平的环境。

安倍政府不承认大屠杀，不承认战争罪行，他们参拜靖国神社，遭到中国人民的反对。我觉得这种做法给中国人民带来了很大的伤害。我们很反感这种做法，包括他们把自卫队变成军队，就是想制造战争，这是现在这个时代不允许的事情。

战后，日本政府对侵略中国这件事一直在否认，所以日本老百姓也这么认为了。我觉得应该反省过去，认清历史，和中国成为友好邻邦。

对过去的历史进行谢罪，告诉国民历史事实，让国民之间进行相互交流，这是我们要做的事情。

俵义文（日本21世纪儿童与教科书全国网络事务局局长）

让孩子们了解近代历史是非常重要的

“历史是不能任意篡改的。”

我是日本21世纪儿童与教科书全国网络事务局局长俵义文。这个组织是以研究儿童和教科书为主的一个机构。教育、教科书与儿童密切相关，所以就叫儿童与教科书事务局。最初本来是叫作儿童教育教科书全国网络事务所，后来考虑到儿童接受教育与教科书的关系，所以起了这个名字。

可能中国人也听说过，这个组织的建立最初起因于一个事件，历史学家家永三郎曾经在1965年的时候控告日本政府，内容是关于日本政府违反宪法，随意篡改教科书。之后在1965年、1967年、1984年又分别进行了3次控诉，前后用了近32年的时间打这场官司。1997年年底有了一个最终的判决结果：篡改教科书是违法的，对于教科书中删减了中国的南京大屠杀以及慰安妇问题是违法的，还有731部队的事件被删除是违法的。历史是不能任意篡改的。

这场诉讼耗时32年，陆续进行了3次上诉，最后的一次只有几个人证可以为此作证。在1982年之前，文部省不支持，政府限制，只有靠民间团体的力量来促进这件事。胜诉后，日本媒体报道了中国、韩国等亚洲各国对这个事件的评论。1984年版的初中、高中历史教科书中写入了南京大屠杀的内容。1991年以后小学教科书上全部写上了南京大屠杀事件。32年的诉讼终于有了一个满意的结果。这不是一件容易的事情，我成年之后差不多2/3的时间都在为此付出。

日本现在的历史教育状况虽然还在努力改善，但整体上仍存在很大问题。其中一点是，跟韩国和中国相比较，日本的历史课时间太短了，初中阶段每周只有3小时，教给学生的内容肯定很少。他们学的又是通史，从古代开始讲起，每周3小时很难涉及近代。

让孩子们了解从日本明治时代以来的近代史是非常重要的，这是整个教育体系存在的问题。日本高中的历史课不是必修课，而是选修，可以选择地理或者日本通史，而世界史是必修课，所以到了高中，选修日本史的学生就只有六七成了。高中的日本历史课时间分两种，分别是“日本史a”“日本史b”，b是每周4小时，主要是关于日本通史；a是每周两小时，内容是以近代史为主，这个还比较好，但还有很多不足的地方。另外，考试体制不同，很多历史教育内容都是拿来应对考试的，仅仅需要背诵就可以。

还有就是教科书的问题，从20世纪90年代中期到2000年之后，由于日本右翼运动，自民党政权、自民党政治家对教科书进行抨击，加上安倍政权的极端影响，教科书的内容必须按照日本政府的要求编写。1998年跟中国约定的将日本的侵略史实写入教科书，但后来安倍政权将此段删除，遭到了中国，包括韩国的强烈反对。

现在日本国会教育委员会采用的是右翼编写的教科书，不能不用，学校里的学生们无法了解真实的历史。而且由于地区差异，我们编写的正确的教科书只能推广到部分地区，不能全部启用。

笠原十九司 （日本都留文科大学名誉教授）

政府右翼化，全面否定历史

“安倍政府正在右翼化，正在让人民忘掉历史，原来是在争论时间和原因，现在是全面否定。”

我希望撰写一本东亚各国都能够认可的教科书，正确地认识历史对东亚的未来有很大的意义，我们希望能创造一个东亚地区相互理解的、和平的世界。中日韩共同创作历史教科书，正是期待通过这本教科书认识历史，相互理解。

非常遗憾的是，安倍政权知道历史教育的重要意义，却还不断地修改教科书。真实的历史是非常重要的，但是现在日本的中小学校都没有教给学生，对讲述真实历史的教师也会进行压制。安倍政权不承认历史，所以我们的责任是和他们斗争。

我最初开始研究教科书问题是因为“家永三郎教科书事件”，东京教育大学的家永三郎老师因教科书问题将文部省告上法庭。当时教科书中写的南京大屠杀内容被文部省删除，家永三郎先生抗议，所以发生了这一诉讼。我被他邀请当作证人。也是从那个时候开始，我学习、研究南京大屠杀的历史和日本的侵略史。

1984年，我们成立了南京大屠杀调查研究会。为了寻找证言，我去美国找了大量相关资料，因为当时在日本找不到这些资料，日本的军部和政府把这些都销毁了。当时美国保存了一些资料，我去收集并翻译，最后形成了出版物。南京大屠杀时魏特琳的日记也是我在美国发现的，由我夫人翻译，我进行了一些注解。这些后来都出版了。有了这些，我在家永三郎的诉讼里面进行了证言，最后这场官司胜诉了。对篡改教科书问题，最终我们取得了胜利，最高裁判接受了我的证言。从那之后，南京大屠杀的历史写入了教科书。这一事件当时在全世界都引起了很大关注，只有日本没有报道。荒谬的是，没过多长时间，现在的安倍政府又对此进行否定。

我为否定这些否定派的言论，做着不懈的努力，为此用了人生中最重要的20年。我也跟中国的学者进行交流，我写作的关于南京大屠杀的书有十几本，包括《南京事件》《南京难民区的100天》，还有我翻译的中国的《南京事件争论史》等。针对现在的安倍政权不承认历史的事情，我写了《日中历史认识》。

我也不断地和反对派的伪书做斗争。就像东中野修道他们写《南京事件》，那本书中放的照片，说是现场拍摄的，其实都是假的，里面的照片没有一张是对的，上面写的摄于南京，其实都是在伪满洲照的，所以他们全是胡说。还有大川隆法（幸福科学教主）写的《南京大屠杀》，他说："我的灵魂跟张纯如的灵魂沟通了，张纯如告诉我南京大屠杀不存在。"这对于去世的张纯如非常失礼。还有《从百人斩审判到南京》，是稻田朋美写的。（稻田朋美反对东京审判，支持参拜靖国神社，否认存在南京大屠杀，否认日本对第二次世界大战应承担战争责任，认为东京审判、波茨坦公告违反近代法的大原则。在其任律师期间，作为"关于百人斩竞赛损害名誉诉讼案"原告方的辩护律师而积极奔走。在该诉讼案败诉后，稻田朋美于2007年出版了一本名为《从百人斩审判到南京》的书，继续为制造"杀人比赛游戏"的两名侵华日军军官及其遗属以及作为辩护律师的自己辩解。）稻田朋美是日本自由民主党众议员，她受安倍政府的指使，写作这本书就是为了颠倒历史。

目前，我正在写《海军的日中战争——亚洲太平洋战争的自灭剧本》，讲述海军在中日战争中的行为，这些都是海军所不为人知的资料。日本海军于1937年的8月到12月在中国各地进行了密集攻击，海军利用中日战争，得到了很多的军费，配置了很多战斗机。为了能够跟美国战斗，海军航空队在中国各地进行轰炸并自称是军事训练。这种轰炸对中国的百姓造成多大的灾难，他们根本没有想过。中国的国民政府也接受了美国和苏联援助的一些战斗机，在空中与之交锋。这些行动从1937年开始，一直持续到1941年，等于是在中国的领空与中国的空军进行训练式战斗，目的是去战胜美国。等他们认为有了能够与美国抗衡的自信以后，他们袭击了珍珠港。在日本的亚洲和大东亚战争期间，所有的飞行员基本都在中国进行过训练，这是一种实弹的训练。

我的研究之中有一个很重要的话题，海军是通过阴谋开始战争的。上海淞沪会战开始前，曾经有一个“大山事件”，在中国叫“八一三事变”。海军利用阴谋得到了军费，其实是海军让大山去了中国的机场，有意向前冲，故意被枪杀。当时日本的报纸是这样报道的：“日本帝国的海军被枪杀，才开始了一场战争。”这是1937年8月10日的报纸，“大山事件”发生于8月9日，这是第二天的新闻，然后日本的报纸上都在说“这都是中国人故意杀害的”。因为有了这件事情，才发生了大规模的战斗，其实真正的起因是海军的阴谋。日本海军制造被杀事件，然后将责任推给中国，为大规模轰炸提供了借口。从这一事件开始，日本对中国国土进行了不间断的轰炸。

这与12月13日的南京大屠杀有很大关系。攻击南京是从空中轰炸开始的，等到南京彻底丧失了抵抗力，才进行地面进攻。这也是南京大屠杀的“前哨战”。他们所谓“空中训练”，实际上是有目标的轰炸，周边的人都会受到波及。3个月的轰炸，死亡3000人甚至更多，都是平民受到的伤害。这也是不被日本人所知道的。真的是有很多事件都没有公之于世，像这种话题目前没有人在研究。

遗憾的是，现在学者的力量没有政府的力量强，日本政府的政策不变，一般日本市民对南京大屠杀的认识不会改变。作为学者，该做的事我一定要做，必须让日本国民知道这些历史事实。

内阁大臣曾在国会上大言不惭地说没有南京大屠杀这件事，而且日本国会中有一半人都在否定南京大屠杀。安倍政府正在右翼化，正在让人民忘掉历史，原来是在争论时间和人数以及原因，现在是全面否定。由于受到太大的压力，老师在学校没办法告诉学生南京大屠杀的史实。在日本的教科书中，有些还有南京大屠杀的词语，但是教师是不会教的，否则会受到惩罚。原来教过关于南京大屠杀和日本侵略战争的这些老师有一个教育组织，这个组织已被自民党强制取消了。现在日本整个社会的状态是很扭曲的，教科书上的内容不让教，本身的历史事实又去否定，年轻人得不到真正的历史教育，这是一个非常严重的问题。

现在读我们编写的中日韩共同教科书的人，都是对这一历史有兴趣的。第一部中日韩共同历史教科书只发行了9万部，阅读者大都是成年人，还有一些私立学校的学生。由于文部省的拒绝，这部教科书没有走进义务教育学校。然而，中日韩共同发行了这部教科书，这表明大家在统一认识上实现了可能，毕竟实现了历史的进步。

大日方纯夫（日本早稻田大学文学学术院教授）

改变这个想教的东西不能教的时代

“我们要做让孩子们能够认识历史的教科书。”

我研究的是日本近代史。20世纪90年代前我是参与教科书审定的，我发现很多的侵略战争话题已经慢慢不见了，日本侵略的历史被慢慢抹掉了。有了共同制定中日韩历史教科书的机会，我们可以在教科书中写进关于东亚史的，关于侵略战争的内容，改变这个想写的东西不能写、想教的东西不能教的时代。为了在教科书中把真实的东西写进去，把应该告诉大家的东西告诉大家，我参与到了其中。

在写作教科书时，南京大屠杀如何描述，慰安妇问题如何向学生们传述，是最主要的问题。此外，还有“台湾殖民”问题，中日双方的认识是不一致的，当然这也为研究人员提供了一个新的研究点。

通过这种探讨，有良心的学者都会重新认识以前的历史，不管是侵略、殖民，还是对方国怎么反抗、斗争，这都是需要研究的话题。

教科书的原稿经过了无数次的讨论、修正，各国还需要用自己的语言进行翻译，翻译后又出现问题，然后再一遍遍地反复修订。各国教科书的制定者都为这部教科书付出了极大的心血。

遗憾的是现在制定出的三国教科书并不能够在三国内作为教科书使用，我们希望这本书能成为学生的辅导书，也非常困难。目前日本都是应试教育，学生们只是背历史，不会去分析历史，这是目前的现状，我们能做的事情就是让学生对历史产生兴趣，去阅读，去理解。要让大家认识战争是什么，战争会造成什么样的伤害。我们要做让孩子们能够正确认识历史的教科书。

我认为，认识历史是最重要的，不是马上要解决历史遗留问题，而是要面向未来，跨越历史。

历史不是需要去背的，而是需要去思考的，这才是学生真正的任务，不能只看到眼前。虽然国家与国家之间有争端，但是作为我们来讲，交流的机会还是很多的，我们还是要面向未来。

家永三郎（日本历史学家）

为正义而献身的生命不会后悔

“我坚决反对隐瞒日本历史上的丑恶和坏事的历史观。”

因为厌恶战争，所以战争时期的我不关心时事，回避活生生的现实社会。那种情况犹如中国人说的“两耳不闻窗外事，一心只读圣贤书”。这种对现实社会的懒惰的旁观者状态一直持续到战后。战后日本社会对战争的总结和对新形势的分析都没有打动我。但是，进入20世纪50年代后，日本社会出现了“政治逆流”，一些人重新歌颂起战争来了。我虽然对日本的侵略战争责任还没有深刻的认识，但对战争期间专制政权压制思想、言论和学术自由的狂暴性还是深有感触的。我认为绝不能歌颂战争，不能让日本回到那种时代。在第一次知道了战争的残酷和日本军人的暴行后，我觉得不能对战争责任问题无动于衷了。1956年，我参加了一次思想科学研究会组织的讨论战争责任的会议。虽然当时还是比较抽象地议论学者的战争责任，但是对我有触动，至少感到战争责任问题对我来说是身边的问题。后来，我读了20世纪60年代出版的《太平洋战争史》，终于了解了“十五年战争”（指1931年九一八事变到1945年《波茨坦公告》后日本无条件投降这段时期内的战争）的全过程。特别是了解到了我们作为战争体验者却从来不知道的“战争的惨祸”。这就不能不让我们想：这些“战争的惨祸”是怎样引起来的？我们在这里有什么样的责任呢？

我在战争期间就当了教师，我自己虽然没有到战场上去作战，但我并不感到轻松。因为我教过的学生被派到战场，有的在战争中杀了人，有的在战争中失去了生命。一想到是我用那些教科书教育了他们，我就觉得有不可推卸的责任。虽然当时的教科书是“国定”教科书，学校不得使用国定教科书以外的教科书，更不允许教师独立编写教科书介绍自己的观点，但是我认为作为教师的我还是有责任的。我们的责任就是在制止战争方面的“无作为”。我当时回避现实的态度，也是应当反省的。我之所以编写《新日本史》，之所以与文部省进行诉讼，就是意识到了自己的责任。现在想起来，我作为社会一员，不能只因没有赞美战争而聊以自慰，应当对没有阻止战争而忏悔。我在太平洋战争期间没有接到征兵的命令，但日本内地同战场一样，在我的身边就曾落下过燃烧弹，几乎丧命。能够在战争中活下来是幸运的，今后的生命为正义而献身是绝不后悔的。

我从头到尾经历了“十五年战争”，但当时的言论是被严格控制的，同大多数日本人一样，我对日本军队在中国的残暴罪行是一点也不知道的，也丝毫没有思考过日本对亚洲各国还有战争责任的问题。不过，作为在大正民主运动时期接受了教育的我来说，甚至美国、英国都是世界上数一数二的强国，所以我预感日本与它们作对是不会成功的，何况日本在中国的战场上又被搞得疲惫不堪。

在战争期间，我一直是进行脱离战争时局的考据性的学术研究，虽然也参加了战争期间已经渗透到日常生活中的那些礼仪性的颂扬战争的活动，但我在自己的著述中从来没有赞美过战争。然而，我不能因此而心安理得。我没有为早日结束战争而进行积极的反战活动，那种“无作为”的态度其实也是有责任的。这也是我之所以进行没有先例的诉讼，并决心把近30年的诉讼进行下去的动力之一。

日本投降后，根据占领军的命令，我开始全面修正过去对日本历史的描述。在写《祖国的成长》一书时，我痛切地感到，无论如何不能再把日本的神话写进国家的教科书里，所以我是从石器时代开始写的，删去了那些神话传说。这是我战后所做的第一件事。（战前的日本国定教科书为了宣扬“皇家史观”与强调日本的“神国”，特别突出天神降临而创立日本的神话，让学生建立起日本是“神”的国家意识，从而证明日本的对外战争也是“圣战”。）

关于南京大屠杀，我是在远东审判的材料公布后才知道的，而关于731部队，是在看了发表在1955年的一篇杂志上的原队员的日记后才知道的。当时我想：难道真有那么残酷的事实吗？所以，我在《十五年战争》一书中把“奥斯维辛”“731部队”“原子弹爆炸”并列作为第二次世界大战时期的暴行。随着战后学术研究和言论表达逐渐自由起来，我逐渐了解了日本在战争中究竟做了哪些事。因此，我坚决反对隐瞒日本历史上的丑恶和坏事的历史观。

有人认为我的教科书是夸大了日本的悲惨面，是“自虐”史观。其实，我在专门的思想史和文化史的书里说过：“日本有极高水平的艺术，宗教方面如亲鸾、道之、日莲，也在世界思想史上达到了相当高的水平，还出现了如安藤昌益那样的对社会构造持彻底批判态度的思想家。”那些优秀的东西当然要让后一代了解。在我的书里，关于这方面的内容占有相当的比例。那些人连看也不看，就扣什么“自虐”的帽子。

——摘自步平《日本的战争责任认识》

附：步平

家永三郎与教科书诉讼

从20世纪60年代中期起，日本社会围绕中学历史教科书中应如何记述战争历史发生了争论，且影响范围逐渐扩大，最后形成了持续32年的家永三郎教科书诉讼案。诉讼的结果大大影响了日本社会关于侵略战争责任的认识。

1952年，当时担任日本东京教育大学教授的家永三郎先生为日本的中学编写了一部历史教科书——《新日本史》，并于1953年开始发行。家永先生根据战后揭露出来的许多确凿的历史事实，在书中批判了日本发动的侵略性战争。然而，就是从那时起，由于《旧金山和约》生效后日本国内政治逐渐右倾化，开始了明目张胆否认发动侵略战争的活动，文部省对趋向进步的教科书的审查也越来越严厉。1958年，文部省颁布了对教科书的严格审查标准，之后又多次修订，1958年当年就有33%的教科书被审定为不合格。

家永三郎先生编写的教科书在1963年被文部省审定为“不合格”，理由是“正确性与内容的选择上有明显的缺失”“事实的取舍、选择方面欠妥”“技术流于评论，语气和表达不符合教科书的方式”“热衷于对过去历史的反省”“与日本的教科书的目标相去甚远”等。家永先生在修改后于1964年重新提出申请。这一次又被审定有293处不合格，要求必须修改。由于许多被要求修改的地方直接涉及日本对侵略战争责任的认识，而这正是家永先生认为不能含糊的原则问题，所以他感到十分气愤，认为文部省的审查已经违背了日本宪法关于保障表现自由、学术自由和教育自由的原则。于是，在1965年6月12日，家永先生以日本国家为对象提出了诉讼，要求政府撤销对教科书的审定制度。1967年6月23日，家永先生又以文部省为对象提出第二次诉讼。在这以后，针对日本政府对教科书审定力度不断加强，又有多种教科书被审定不合格的情况，家永三郎先生于1984年1月9日再次以日本国家为对象提出第三次诉讼。

文部省要求必须修正删改的教科书内容大多与日本对侵略战争的历史认识有关，其中代表性的问题有如下几个:

1.关于侵略战争性质的认识

有的教科书明确指出了日本与中国之间战争的侵略性质，在许多地方使用了“侵略”一词，如“在中国，以西安事变为契机，成立了国民政府与共产党的抗日统一战线，于是，抵抗日本的侵略，恢复中国主权的态度强硬起来”，“1972年佐藤内阁辞职，田中角荣担任了首相后，日中两国的邦交恢复，终于结束了自1931年日本侵略中国以来持续了多年的日中间不幸的联系，使两国的友好关系得到恢复”。

但是，日本文部省反对使用“侵略”一词认定战争的性质，提出“‘侵略’一词是含有否定意义的评价，教科书中把这种含有否定性价值评价的语言用于本国的行为，对于下一代国民的教育不利”。文部省提出的修改意见是用“武力进入”一类“客观性”的词语取代教科书中的“侵略”一词。

2.关于侵略战争对日本人民也是一场灾难的认识

家永先生在自己的教科书中以十分鲜明的观点指出：由一批军国主义分子发动的侵略战争给日本人民带来的是空前的灾难，日本政府“为把战争美化为‘圣战’，完全隐瞒了日本军队的失败和在战场上的暴虐行为，大部分国民对战争的真相一无所知，处于盲目支持战争的被动状态”。为了说明战争对日本人民带来的灾难，家永先生在教科书中引用了一些历史照片，如被征用到工厂做工的日本女学生，即将向前线开拔的学生兵，被美国飞机轰炸后的城市和原子弹爆炸后的广岛等。

而文部省对此坚决反对，认为这是对战争中日本立场和行为的片面的批判，过于强调了战争的阴暗面，不能使学生对处于战争灾难中的日本的立场和行为有正确的理解。

3.关于南京大屠杀问题的认识

在家永先生编写教科书的时期，关于南京大屠杀问题的研究还不够充分，所以他在书的正文中并没有对事件本身进行具体的叙述，只是在注释中说："日军在占领南京后即杀害了为数众多的中国军民，被称为'南京大屠杀'。"

而文部省对这样的注释也不同意使用，称："根据这一注释，可以被理解为，占领之后，军队进行了有组织的屠杀，但不能这样解释，应予以改正。要说明那是在'混乱'之中发生的事情。"

4.关于对731细菌部队的揭露

家永先生的教科书是在日本比较早揭露细菌罪行的著作，书中有这样的内容："在哈尔滨市的郊外设立了被称为731部队的细菌部队，数千名俘虏，主要是中国人，也包括外国人在内，成为残暴的人体实验的对象。这一暴虐的事件一直持续到同苏联开战。"

文部省的审定意见则认为："关于731细菌部队，迄今为止还没有经得起推敲的专门的学术研究，在教科书中使用为时过早。"

5.关于日本军队奸淫妇女的行为

家永先生在教科书中痛斥了日本军队在战争中对无反抗能力的妇女的施暴行为："日本军到处杀害居民，烧毁村庄，奸淫妇女，使中国人民的生命、贞操和财产的损失不可计量。"

文部省的审定意见则认为："奸淫妇女的事情在哪一个时代，哪一个战场上都有发生，这不是日本军队所独有的事情。"

此外，在关于朝鲜人民的抗日运动、"冲绳作战"，以及有关日本历史的许多问题的分析和评价上，教科书与文部省的审定意见都有明显的分歧。

三次教科书诉讼是独自进行的，每一次诉讼均须经过日本东京地方法院、东京高等法院和日本最高法院三级审理。第一次诉讼由最高法院在1993年3月19日做出了家永败诉的判决。第二次诉讼在1975年12月20日由东京高等法院判定家永胜诉，但被最高法院驳回重新审理，结果在1982年4月8日废除原判，改判家永败诉。

第三次诉讼提出后，1993年10月20日，东京高等法院在二审中认定文部省审定的一部分意见是违背日本宪法的，包括南京大屠杀问题、日本军队对妇女的暴行的问题和“草莽队”问题，同时还判决家永先生获得30万日元赔偿金。

1997年8月29日下午2时，身着灰色西服，手拄拐杖，步履有些蹒跚的家永先生在人们的搀扶和簇拥下缓缓地登上日本最高法院的台阶，站在两旁的人们向这位老人投去尊敬的目光。这一天是日本最高法院对他提出的第三次诉讼做出最后判决的日子。从日本各地赶来旁听的有200多人，67岁的大冢弘先生还是从很远的北海道的函馆赶来的。

下午3时，审判长大野正男走进法庭，宣读最高法院的判决书。判决书在认定东京高等法院1993年判决的基础上，又肯定了家永先生关于731细菌部队的意见，也就是说，最高法院认定文部省在上述4个问题上的审定违法，认为家永先生是正确的，并判定给予家永三郎40万日元赔偿金。但是，最高法院不支持家永先生关于教科书审定制度违法的主张。宣判后，旁听席上的人们兴奋起来，起立向家永先生热烈地鼓掌。83岁的家永先生饱经沧桑的脸上也泛起了微笑，在人们的簇拥下来到附近的宪政纪念馆，举行预定的记者招待会。在会上，支持家永三郎诉讼的全国联络会发表声明，要求“政府、文部省应就司处审定违法一事进行深刻的反省，对用行政方式审定教科书的原则予以根本的检讨和改正”。

家永三郎先生也发表了讲话，他对30多年来一直坚定支持诉讼的社会界人士表示了衷心的感谢，但也冷静地表示：今后的任务还很重，虽然自己年老力衰，不能再写《新日本史》，但是运动还是要继续下去。家永三郎先生还认为：教科书诉讼事件已经是“世界历史上的事件”，是“光荣的事件”，因为其意义已经远远超过了行政诉讼的范畴，其社会影响也越出了日本一国的范围。

对于轰动日本的长达32年的教科书诉讼案的审判结果，日本社会和各界有种种不同的认识和评价：有的认为这是以家永先生为代表的日本和平进步力量的胜利，有的则认为既然判定教科书审定制度合宪，就是文部省胜诉。这反映了日本社会政治思想的复杂性和多样性。但是，总的看来，以家永先生为代表的日本进步力量呼吁日本社会正确认识日本侵略战争责任问题的努力获得了明显的效果。在日本，数百名律师组织起来，支持家永先生的诉讼，第三次诉讼的上告代理人就有日本著名律师森川金寿、尾山宏等40多名。一些有名的社会活动家，如记者本多胜一，作家森村诚一，历史学家藤原彰、江口圭一等人，都挺身而出在法庭上为家永先生作证。两万多名以历史教师为骨干的社会各界人士组织起了支持家永三郎教科书诉讼的全国联络会，日本社会各团体和民众赞同家永先生主张的也不在少数。世界各国的舆论界都经常发表有关的消息报道，介绍诉讼的经过和动向。许多日本人通过这一诉讼事件认识到：“历史教育是为了让一代一代的人正确地认识日本，对于日本应当反省的地方要冷静地总结，对过去问题的分析应尽量客观。”《日本经济新闻》发表社论指出：教科书诉讼在日本社会引起了巨大反响，特别是在日本的年青一代几乎都不知道半个世纪前发生的战争的背景下，诉讼这件事本身就有重大的意义，这不是以诉讼的胜负所能评价的。

第五章
欧美，让世界留下这段记忆

南京大屠杀，不仅是中国之痛，也是世界之痛，它为人类的历史涂抹了一笔浓重的黑色。半个多世纪以来，欧美对于“二战”中亚洲战场的情况缺乏了解，对于1937年的南京浩劫许多人不知道。张纯如之后，对南京大屠杀的追忆与控诉唤起了欧美社会的关注。西方开始重新认识中国在第二次世界大战期间遭受的一切，付出的一切，开始思索“南京大屠杀”这场人类的浩劫究竟意味着什么，也让像史维会这样的华裔组织开始发出自己更强有力的声音。历史无法改变，但对历史的回望与反思足以影响未来。

吉姆·莱赫 （美国公共电视台主持人）

我无法理解隐藏历史的日本

“日本人在南京大屠杀中对受难者所做的一切不为世人所知，必须被公之于众！对于很多美国人而言，这是他们第一次听说如此骇人听闻的事件。”

张纯如的书《南京浩劫：被遗忘的大屠杀》在美国引起了极大的反响，因为当时美国人有一种无意的、自然发生的对南京大屠杀认识的缺乏。那一代的美国人对日本在中国，尤其在南京所犯罪行只有一个模糊的印象，对具体的细节所知甚少。而纯如的书将所有的细节都暴露出来，因为书的内容都是受难者亲身经历的事实，引人注目且铿锵有力，所以发表的时候吸引了很多人的关注。对于很多美国人而言，这是他们第一次听说如此骇人听闻的事件。就我个人而言，由于年龄的原因，我知道“二战”，我知道发生了什么，而且我对日本人对被捕的美国飞行员，尤其是B-29轰炸机上的飞行员所做的残暴行为很愤怒。

我出生在堪萨斯州维奇塔镇，那里生产B-29轰炸机，而我母亲正好在生产流水线上工作，一切都记忆犹新，所以张纯如的书一出来，我就读了。我对《吉姆·莱赫新闻时间》的同事说，我们必须做有关这个话题的故事。我对制片人说：我们看看日本政府，尤其是日本驻美大使是否有兴趣就张纯如书中控诉的事件与作者进行辩论。日本大使没有犹豫便接受了和张纯如进行电视辩论的邀请。而张纯如，她真的是一个充满活力的人，她接受了挑战，除了精彩的写作，她的发言也极其精彩。对我们，对《新闻时间》来说，这是一个非常戏剧性的时刻，我们的节目产生了轰动。

我没有想过日本大使可能会做一些不同寻常的表示，但我内心确实有些期望，我期望他说："是的，这确实发生了，我感到非常非常抱歉。我代表日本人民和日本政府，为所发生的恐怖的事实向中国人民道歉。"但是，他没有做这么明确的道歉，这也是在我的意料之中的。我记得张纯如说过："那根本不算是一个道歉。"但是，至少他没有否认这个历史事实。他表达得非常隐晦，你需要从字里行间去揣测他的意思。通过《南京浩劫》这本书，很多美国人第一次听说了南京大屠杀事件。作为日本驻美大使，他试图缓解和美国人的公共关系。他这样表达是不想让美国人认为日本人是那样凶残。我们完全了解他的意图。但是，张纯如为写这本书所收集的历史证据非常令人信服。而日本大使愿意出席节目的行为也使得南京大屠杀的相关信息被传播得更加广泛。

辩论没有特别尖锐。纯如是比日本大使要尖锐一些，她对于自己所发现的一切感到很气愤。她所知道的关于"二战"中南京大屠杀的一切都是从别人那里听说的，比如她和幸存者的交流等，所传递给她的不仅仅是声音和故事，还包括愤怒和情感。她吸收了这些愤怒，换句话说，她将一些愤怒内化为自己的一部分。在我们的节目中，当她和日本大使交谈的时候，她的话语里确实有气愤。

因为那本书，我非常钦佩她。后来，我认识了她，我更加崇拜她。我们通过邮件进行交流。后来，我写过一部名叫《特殊囚徒》的小说，讲述的是“二战”时期日本人如何对待被捕的美国飞行员。我的出版商问纯如是否愿意为我的小说写评论，纯如答应了，对于我的小说，她做了精彩绝伦的评价。从纯如的角度来说，我和她的感受是一样的。就我而言，我以我手写我心，纯如也是如此。

我写的书并没有对日本人有什么愤怒之情，只是讲述了人类对同类所做的行为。这个故事之前不为世人所知，但是必须要公开，让公众所知。她的故事也同样如此。日本人对美国飞行员的暴行并不为世人所知，但是必须被公布出来。纯如所想要表达的日本人对南京大屠杀中的受难者所做的行为也不为世人所知，但也必须被公之于众。这使我们之间产生了更加深刻的联系。我们通过邮件做了很多交流。当任何人提到“二战”中的亚洲战争的时候，我总是会提到南京大屠杀。当我谈到这个问题的时候，我总是会提起纯如的书，以及她的书惊人的力量。

我无法理解的是，对比日本对“二战”所犯暴行的态度以及德国的态度，其结果有那样的天壤之别。德国政府承认了大屠杀，所有参与大屠杀的罪犯几乎都被绳之以法，政府搜捕并惩罚战犯。德国政府还出台了一系列法律法规，避免此类行为甚至是言论的再次发生。在德国，支持纳粹的反犹太言论是违法的，是禁止出版的。从“二战”结束后一直到今天，德国政府以及政府官员都在为“二战”中德国人的所作所为承担全部责任，并且不断地道歉。但是，日本政府却截然相反。我认识许多德裔美国人，他们是出生在美国的德国人的后裔。他们自己为德国人在“二战”中的所作所为感到愧疚。德国人公开承认错误，公开道歉。而出于某种原因，日本人没有这么做。日本对此缄口不语，只有在被逼无奈之下，才会做出一点点的相关表示。这种行为，坦诚而言，我实在是无法理解。因为，今天的日本人中不乏很多很优秀的人，人就是人，会犯错误，我们应该去面对。无论是美国人、中国人、德国人，还是日本人，他们都有思想，都有做出判断的能力，人区别于动物的一点是区分是非善恶的能力。一些日本人告诉我，他们为日本政府和大部分日本人的态度和行为感到失望，他们也无法理解。其中一个原因当然是日本的学校教育删除了“二战”中日本的行径，所以日本年青一代长大以后并不觉得他们应该为前人（父辈或者祖父辈）的所作所为感到愧疚和表示歉意。

“二战”确实发生了，但是日本对此予以否认甚至视而不见，有悖于历史事实。日本已经将历史抛诸脑后，日本做出的参拜山本五十六的此类行为也是对美国的侵犯。但是，美国已经从那段历史里走了出来，很多时候美国的态度是：“好的，做你自己的事吧，这很愚蠢，但是随你去吧。”

今天，没有人想重谈历史，但是中日的关系总是不得不涉及“二战”时期的历史。如果日本在“二战”以后像德国一样采取道歉和承认的态度，那么中日之间也许就不会存在今天这样的问题。

玛瑞尔·海明威（好莱坞演员）

战争永远是骇人听闻的

“有这么多的人曾活在恐惧之中。即使到现在，每当我想到它还是会觉得厌恶。”

我觉得南京大屠杀这段历史对于西方人来说比较陌生，特别是对于美国人来说。我想美国应该很少有人知道这段历史。

我在2007年拍《南京》这部影片之前从来没有听说过南京大屠杀的历史，我并不了解这场战争。虽然我知道中日两国间发生过一些冲突，局势一度较为紧张，但我没有意识到事情的严重性和影响的广泛性，我没有想到有这么多受苦的平民百姓，有这么多的人曾活在恐惧之中。即使到现在，每当我想到它还是会觉得厌恶。我觉得我演的是一个伟大的角色（魏特琳），她在整个历史事件中变化了很多，成长了很多。不过，又有谁能在经历过这些苦难后还能不被影响从而改变一些呢？

我喜欢我演的这个角色，她简单、善良、天真，其实她是被迫卷入了战争之中，她也不知道事情会演变到这种地步。我觉得我们并不能单纯地看这个人物去了哪儿，做了什么。观众在观看影片时总是想通过人物观察当时在发生什么，就像当时中国也有很多美国人，但是，只有她用一种类似红十字会的方式，帮助了当时的人们。虽然她也不知道该如何处理她所面对的严峻的事态，但是这种勇气值得嘉奖。她还照顾了那些绝望的妇女。当时战争势不可当，她也不知道这些女人所经受的苦难什么时候才是个头，她还能为她们做些什么。而且她那时并没有力量，也没有发言权，根本没有人在乎她为完全没有发言权的女性团体所伸张的正义。

战争，不管你站在什么角度看，不管你什么时候看，都是骇人听闻的。但是，有意思的是，战争，不论是现代战争或是过去的战争，总有一帮人打着正义的口号侵略别人。处在有利地位的入侵者总是有这种正义感。而事实是，当这些人相信自己所作所为是正确的时候，他们便会失去人的本性。这已经不是个人问题了，他们的内心遭到了侵蚀。我不知道人在那时是怎么了，只知道执行和顺从，在我看来这真是太荒诞了。也许这就是战争的怪异之处，这种为了“祖国”而战斗所激发出的激情令我百思不得其解，人怎么会变成这样？

理查德·罗德斯 （美国历史学家，普利策奖获得者，《致命的盛宴》作者）

否认屠杀是历史的悲哀

“如果不去揭露黑暗的历史，死去的人将永远死去。”

我第一次见张纯如是她到旧金山来，我们一起共进午餐。我出版了一本关于早期的犹太人大屠杀的书籍，叫作《子弹大屠杀》，讲述的是人们被大量枪杀。这和南京大屠杀有相似之处，我想把书给她。

知道她自杀的消息后，我无比震惊。我不知道她患了抑郁症，在我的印象中，她是一个热情饱满的人。我们第一次见面时，聊了大概有3个小时，我知道她是一位真正的作家。和她一起谈论人们被大量屠杀的悲惨事件的时候，我们侃侃而谈，各抒己见。我们拥有共同的兴趣，这个兴趣不是所有人都能拥有的，因为这是一个非常痛苦的话题——大屠杀，一个非常压抑的话题。我想，之所以人们对南京大屠杀知之甚少，是因为人们不愿去想起这件事，它会让人们对“人类到底为何物，到底能干出什么样的事”的问题感到痛苦纠结。

作为一个年轻的作家，她的创作能力非同寻常。很多年轻作家常常会犹豫不决，他们可能还没有目标，而纯如似乎从一开始就目标明确。这个目标延续到她后来介绍华裔美国人历史的书中。在这本书中，她为华裔美国人发出了自己的声音，自己独特的声音。她的作品的独特之处是充满力量，它的成功在于吸引了普通大众，而不仅仅是华人。她还有一个独特的团队在背后支持着她。他们为有人能为自己的国家发出声音而感到非常的开心。她那样充满激情，直言不讳。她和华盛顿的日本外交官辩论，对于一个还不到30岁的年轻女子来说，这实在是件非同寻常的事情，她不仅进行了那场辩论，还获得了胜利，她做到了。

我一直深信，写作非小说类作品最重要的方法就是做详尽的、彻底的研究。当听说纯如参看了如此众多的书籍资料我并没有感到惊讶，这是你唯一推陈出新的方式。但这是一个独特的课题，在当时来说，基本上在英语国家还属于未有人涉猎的话题，所拥有的信息极少，直到纯如将这些事实公之于众。我相信她的语言能力，她普通话说得和英语一样好，这使得她有机会和很多人交流，这些人很显然之前都没有接受过采访。此外，一些耸人听闻的话题被忽视的现象并不少见，因为作者写作这些话题会觉得痛苦，读者阅读这些话题也会觉得痛苦。可是，如果不去揭开这些话题，那些死去的人就永远死去了。纯如很显然不想看到这种事情发生，于是，她选择了承受这种痛苦。

20世纪发生的很多悲惨的大屠杀被用两种方式抛弃。一种是被罪犯和刽子手的后代很快地否认；另一种抛弃的方式有些复杂，他们会说这些刽子手是魔鬼，是非人类。我在很多书里谈论过这种说辞，我们必须相信那些大屠杀的刽子手们的的确确是人类，跟我们一样。这些人在一定的条件下，在受到了适当的训练和社会化的条件下，确实能够做出这种惨绝人寰的事。因为我们不了解，所以我们无法阻止它再次发生。当然，这些事情确实在重蹈覆辙，而且一直都在重复发生。整个20世纪，有太多的大屠杀。所以，有人用合适的方法去采访幸存者、目击者，记录下讲述的故事。这样人们才知道将这些历史事件一一对比，将犹太人大屠杀和南京大屠杀，还有这个世纪的其他屠杀对比。人们会对中国发生的事情及近代中国的发展感到好奇。如果可以的话，人们想要知道这些屠杀的相同之处，想要知道屠杀发生的原因。所以，年纪轻轻的纯如用自己的激情投入到了20世纪的一个特殊的大屠杀当中。她有天分，有正确的写作方式和语言技能。她将历史从黑暗中揭开，让世人去看，去了解。

她是一个优秀的研究者，找到了一些之前未被世人所知的，以及几乎要丢失的文件。挖掘到一个可能永远被湮没的历史片断是非常伟大的经历。她将所有的历史片断联系起来，然后进行研究。但是，我认为对于大屠杀的研究最重要的是去证明人类确实犯下了如此的罪行，当时的历史环境使得他们屠杀其他同类成为可能。比如，在南京大屠杀中发生了无数的强奸事件。利用强奸，鼓励年轻的士兵去强奸，是一种训练他们变得残忍的方式。这种方式相对比较安全，因为士兵们并不是在战场上，有人拿着枪指着他们，他们必须射杀回去。他们面对的是一些被打晕、捆绑起来，且被控制住的人。他们从中学会残忍，并且还能因为自己的残忍从上级那里获得奖励，而这一切都非常的安全。这就是在战争中鼓励年轻士兵强奸妇女的现象非常普遍的原因。另一种训练他们残忍的方式是让年轻的士兵去砍掉受害者的头颅。因为受害者的手被绑住，所以他们没有能力抵抗。能够主宰、屠杀另一个同类的能力是需要学习的。你不能让士兵直接走出去，见人就杀。如果强迫他们这样做的话他们会发疯的，士兵们必须接受“教育”才能变得残忍，这是在大屠杀中发生的。

在人类历史上，训练士兵变得残忍是让他们能够参加战争的一部分。今天，我们格外小心不要让士兵变得太残暴。但是，在“二战”中，一些传统的军队，比如日本军队，那些招募的年轻士兵，他们自己就被殴打或者普遍被虐待。这个过程就是，你将一个平民抓过来，清除掉他们的自我，给他们剃头，然后告诉他们，他们什么都不是，殴打他们直到他们失去自我意识。然后告诉他们，作为士兵，他们可以任意使用暴力，如果他们使用暴力就会被奖励。逐渐地，他们就变成这样一种人，觉得自己作为士兵，可以任意使用暴力。就此，他们平民的身份转变为军人的身份。

对于军国主义者来说，最重要的问题就是让士兵在对敌作战的时候进行防御性暴力行动。很显然，当士兵学会防御性暴力以后，再对平民使用暴力就很容易了。在南京大屠杀这样的军事行动中，年轻士兵被鼓励对平民使用暴力，他们最后就变成了所有合法战争中所称的罪犯。

1941年德国军队入侵苏联的时候，就派遣纳粹党卫军跟在军队后面，他们被指控屠杀东欧的犹太人。他们必须通过学习才能做到那样，而这个学习的过程在我看来实在是太令人惊奇了。开始的时候，只允许屠杀到达兵役年龄的士兵。他们是士兵，但是他们可以被训练得极度残暴和血腥。军队向他们兜售“防御性暴力”，即你不杀人就要被杀。但是，在1941年的夏天，当希特勒以为自己就快战胜苏联的时候，他下令杀死妇女和儿童。对于这些士兵来说，将妇女和孩子甚至是小婴儿看作敌人并不容易，他们开始崩溃了，开始酗酒和自杀，所以他们必须重新训练才能进一步变得残暴。德国人发明了毒气室和死亡集中营，因为太多士兵精神崩溃了，使用毒气室杀人的效率更高。对于许多人来说，直接射杀妇女、儿童、婴儿，从心理上来说太困难了。而将他们送到毒气室，关上门，就容易多了。这就是为什么我会觉得南京大屠杀如此的耸人听闻，因为日本士兵对南京的妇女、儿童都是直接进行射杀的。

即使不是刻意的，军事家们知道这一训练士兵的方法已经有很长的历史了。我读过一本美国犯罪学者写的书，他清楚地绘制出了整个流程的图形，这是一个通用的流程。几千年来，军队从作战经验中不断学习如何将一个平民变成军人。所以，每次这些大屠杀发生的时候，你都能够发现一个类似的模式，首先被屠杀的是男人，之后是妇女和儿童。

日本文化中有很多优秀之处。我曾经和一位日本执行官合作，他说日本是亚洲的瑞士，主要指的是日本有众多优秀的科学家和工程师。但是，他们却有一个显著的缺点，就是他们很难承认自己所犯的错误。我写过很多关于核能的书，我觉得日本的技术团队在核能上面的一个问题就是，即使一切并不像他们所想象的那样运转顺利，他们也不会承认。

追溯到战争上来，他们对于历史上的这场悲惨屠杀的否定，着实是一种悲哀。一部分原因是他们还是无法正视历史，无法深思历史；更深层次的原因是，在中国，很多受害者及其后代都活在屠杀的创伤之中。有一位美国的历史学家写过美国19世纪中期发生的南北战争。他曾经告诉过我，只有战争过去100年之后，人们才能够清楚地、不带有自身感情地去谈论战争。我想这很可能是对的。但是很显然，对于中国和日本来说，这依然是一个痛苦的话题。我们希望人们能够从痛苦中走出。我想这也是纯如想要将这个故事公之于众的原因，这样它才不会继续被否认。

最近，我们拿美国对本土印第安人的种族灭绝事件来对比。直到二三十年之前，这一事实才被出版，供大众讨论，被写到教科书上，等等。所以，否定历史并不仅仅局限于哪个个人、哪个国家或者哪种文化。但是，只要存在否定历史的现象，人们就不能从历史中学习。而以史为鉴才是我们真正从这种经历中所应该学会的，这样才能阻止历史悲剧的重演。

纯如的书采访到一些人，有一些是纳粹德国的大使，一些是商人。约翰·拉贝是一位德国商人，他是纳粹党派的成员，但是却对那些杀戮感到痛心。他尽其所能地挽救生命。这对成长在我那个年代的美国人来说有点震惊。“二战”的时候我还小，我们觉得德国人是我们的敌人，他们一定非常残忍，而这位拥有人道主义精神的德国人所表现的对生命的关爱对我来说有点不可思议。

我从大屠杀中发现的一点是，每当大屠杀发生的时候，总有一些人试图阻止屠杀，或者将受害者范围控制到最小。有一些本该去杀戮他人的士兵没有那么做。在越南战争中的“米莱大屠杀”事件当中，有很多的美国士兵，他们没有屠杀任何平民，他们只是一个接一个从村子里走过去，这一点很重要。还是那个问题，人们对于大屠杀中的刽子手的印象是魔鬼，非人类。士兵们不得不那么做，因为他们说要“一切服从命令”。但是，在大屠杀的背景下，那些不服从命令的行为通常也可以接受，通常不会被惩罚。所以，这些事情有很多地方值得研究。

我觉得南京大屠杀和西班牙内战一样不为人知的一个原因是，它们正好就发生在另一个重大事件——“二战”之前，它们被这种世界规模的战事的声势所湮没。如果你想到南京大屠杀中死亡的人数，你会想到美国原子弹下日本死亡的人数。事实上，美国投掷的原子弹杀的人比日本士兵在南京杀的人更多。在这种情况下，我相信太平洋上的这些战争就像被洪水冲走一般湮没了。战后，所有人都想把战争遗忘。

历史是个奇怪的东西。只有由今天的人们去发现，去挖掘，将一切穿针引线联系起来变成一个故事，否则它就会丢失。人们的记忆没那么好，我们活得也不会很长久，所以必须一代一代不断地去更新历史。我非常高兴纯如的作品能够使人们更多地关注到这一历史事件。

人们不会忘记，人们从中学习。那些可怜的受战争摧残的受害者所留给我们的，除了他们死亡的事实之外，还有他们等着后人去发现的经历。且不谈巨大的死亡人数，每一个人的死亡都是一场灾难，尤其对于死亡的当事人，对于他们的家人，对于爱他们的人，对于他们的朋友，对于他们的社会、他们的国家，以及对于我们所有人。

罗斯·特里尔 （美国作家、《毛泽东传》作者）

记住历史，因为历史的车轮不断向前

“她是位英雄，她开启了悲伤、艰难的一页。由于她做的这一切，人们开始了解到1937年南京大屠杀的真相。”

我最初认识张纯如是在20世纪80年代末90年代初。她给我打电话，就《钱学森》（即《蚕丝——中国飞弹之父钱学森》）一书中的某些问题咨询我，因为我认识钱学森在加利福利亚当教授时的一些同事。当时她在研究领域是个初学者，在出版领域也是新人。

后来，她开始撰写《南京浩劫》一书。我们通过几次电话，她问我是否愿意在出版前读一下那本书，做个书评。这是一本很重要的书，她将自己的激情全部融进了书中。这本书的影响非常大，她取得了写作上的成功，对此我很高兴。后来，我们在洛杉矶见过面，当时我的新书获得了《洛杉矶时报》图书奖，我和张纯如正好在一个专家评审小组。那是2004年4月份，我们第一次面对面谈话。

她是个安静的人，也是个严肃的人，但我不能说她是个悲观的人。她最后的生命结局有点令人感伤，但是她的贡献是巨大的——没有其他

英语书揭露日军在南京的罪行。

我很高兴能为她写序，虽然她很年轻，还不是很有经验，但是我觉得全世界的读者都应该阅读她这本书，阅读的人越多越好。这本书意义深远，她挖掘出了许多新的资料，包含了大屠杀期间居住在南京的一位德国人拉贝。她丰富了南京大屠杀的许多细节。我当时觉得我们应该尽可能地推广这本书，所以我在该书出版前做了书评。

这本书带来了深远的影响，甚至影响到了日本。有一点我们不应该忘记，许多日本人就是因为看了张纯如的书，才知道南京大屠杀的真相，对日军1937年的所作所为感到很羞愧。在我的祖国澳大利亚，也有许多人看了这本书。我觉得这本书虽然已经出版10年了，但是还会存在很多年，书的影响力还会继续。

许多日本人抵赖故事的真实性，写书批评张纯如的书。而我认为，尽管任何历史书都会遭到批评，但我们不应该批评张纯如的书，因为事实摆在眼前，采访也是她亲自完成的。当然，日军也可以就事件的来龙去脉和写作角度等问题展开辩论，比如遇害者中平民有多少，军人有多少。但最关键的是人们应该记住历史。我不认为战争结束后，张纯如书中所描述的事情就会停止上演，日本军国主义仍然没有消亡，虽然1972年日本首相田中角荣对中国人民表达了反省及深深的歉意。

为了揭露“二战”罪行，许多努力应该继续下去。日军不应该否认妇女被蹂躏的事实和证据。战争对于奋起抗争的男人是毁灭性的。通过“二战”我们还发现，战争对妇女也是毁灭性的，她们受尽了日军的凌辱，毫无尊严可言。

我担心日本的年青一代对过去的那段历史不够了解，我也担心中国的年轻人对那段历史了解不多——忘却过去很容易，因为历史车轮不断向前。

展望未来，我觉得应该有一种国际合作的精神，对于战争的纪念活动应该在全世界范围内开展，而不是仅局限于一个国家。

马文·希尔 （美国洛杉矶宽容博物馆馆长）

铭记历史才能长存希望

“我们必须从过去的错误中学习。那就意味着我们并不是让今天这一代人为过去的人犯下的错误负责，而是要看今天的人是否能够以史为鉴，那才是最最重要的。”

南京大屠杀与纳粹大屠杀并不是两个完全类似的屠杀，虽然它们都代表了人类自相残杀的巨大能力，它们都是耸人听闻的大浩劫。我们必须一直为所有那些没有自我防御能力的无辜受难者哀悼，他们被惨无人道地抢劫和屠杀。当然，世界公认的南京大屠杀应该被历史所铭记，它是历史上最悲惨的屠杀。那么，为什么纳粹大屠杀和南京大屠杀不一样呢？因为纳粹大屠杀不是一场为了侵略领土而发生的反人类战争。欧洲的犹太人来自20多个不同的国家，他们没有土地，没有政府。尽管这种种族灭绝的行动由士兵开展，但是他们并不是在和其他士兵战斗，他们只是将犹太人聚集起来进行灭绝，这从本质上决定了纳粹的屠杀和历史上其他类型的反人类屠杀不同。

南京大屠杀属于战争性犯罪。两个军队彼此战斗，一方军队迫害平民，所以，很显然这是一场战争性犯罪。侵略者对南京的无辜人民进行屠杀，罪恶滔天，应该被世人铭记。

我不是中国人，我不会对中国人说教，教他们去如何记住历史。但我想谈谈西蒙·维森塔尔这位传奇的追捕纳粹的猎手、纳粹受害者。他和他的妻子在“二战”中失去了89个亲人，几乎双方的亲人全部被害。维森塔尔一生致力于追捕在逃纳粹战犯，将那些对战争需要负个人责任的战犯送上法庭，确保这个世界不会忘记犯下种族灭绝、大屠杀、反人类罪行的凶手。我相信他是被一句著名的犹太谚语所激励：“铭记是救赎的根源，忘却是毁灭的祸首。”

对于如何看待纳粹屠杀，在某些方面是富有争议的。一些人说，21世纪本身就是个复杂的世纪，现实的问题已经使我们手忙脚乱，为什么还要管过去的事情？

这样的疑问合情合理，但是我们相信历史是具有借鉴意义的，我们必须从过去的错误中学习。那就意味着我们并不是让今天这一代人为过去的人犯下的错误负责，而是要看今天的人是否能够以史为鉴，这才是最最重要的。所以，战争之后第三代的犹太人，很显然当他们面对德国人的时候，他们想知道德国人是否了解德国历史上发生了什么，德国人是否知道自己有责任从历史中学习。而这并不是说一定要让一个22岁的人来为他还未出生时发生的事情负责。所以，真正重要的是研究历史，吸取教训，开拓未来，这是建立新的信任感的基础，而这并不容易，也不一定会成功。

几年之前，我受邀在东京对日本议员做一个发言，我谈到了铭记历史是一种责任。我觉得近代以来，日本有两个实例去借鉴。一个是“二战”以后的德国和犹太人。德国承担起了“二战”的责任，用许多历史档案、书籍、辩论、展览、旅行等帮助民众更好地认识到“二战”中发生的事情。过去几十年的集体的这种努力，为双方之间的信任和互动打下基础。

对于那些认为只要等到老一代死去，就可以对历史置之不顾的人，我想对他们提供另一个实例。距今大约100年前，奥斯曼帝国对亚美尼亚人的大屠杀，相关国家未能处理好，亚美尼亚人对其至今没有信任。

认为时间的流逝会带走所有记忆是个巨大的错误，我们必须小心。一方面，我们不想用历史去伤害与过去的行为毫无关系的年青一代；另一方面，我们必须确保年青一代知道他们的国家在历史上做了些什么。这样才能有信任和交流，才能携手为未来的世界和平而奋斗。

最重要的是教育。要回顾历史，从中吸取教训。我认识的所有人，包括我自己，都不想关注自己犯下的错误。不想被别人提醒自己过去可能犯下的错误是人类的一种天性，但是历史告诉我们，只有回顾历史，不仅是好的方面，更应该有历史中的失败、困难和悲剧，我们才能变得更加强大，我们才可以教育我们的孩子，我们才可以迈向未来。我们要教给下一代的不是仇恨，而是以史为鉴，保持警觉，赢得尊重，而这一切的基础就是教育，这也就是我们这所博物馆的意义。对于我们在东京、曼谷、孟买或者北京向人们所展示的一切，最好的总结就是维森塔尔先生，一个种族灭绝的幸存者所说的：“铭记历史才能长存希望。”

列国远 （加拿大亚洲二战浩劫史实维护会共同主席）

让南京大屠杀走入加拿大教育

“我们要让其他人也明白，我们做这件事并不只是为中国人讨回公道，那不只是中国人的历史，应该是亚洲的历史，人类的历史。”

作为一个长期生活在加拿大的华人，第一次接触到南京大屠杀是在1996年。我参加了保钓第三波运动，认识了史维会的一些人，他们告诉我，有一本书叫《南京大屠杀——历史图片中的见证》。我看到了这本书，才真正了解了南京大屠杀的本质。尤其是那些日军对妇女强暴的恶行，摆出一些不堪入目的姿势。他们不止是杀人这么简单，而是用各种各样的方法，把杀人作为乐趣，这种极为残暴的行为我认为绝对不可以接受。我想，世界上一定还有好多人不知道这段历史，比如在加拿大，很多人就不知道。这便也纵容了日本对其恶行的否认。所以我认为，南京大屠杀的历史一定要让更多的加拿大人知道，特别是中学生。

我觉得，保钓运动每次活动都是3分钟的热度就又停了下来。要认识南京大屠杀等日军暴行的历史，就一定要长期来做。1997年1月，我们在温哥华成立了北省的史维会。我们跟多伦多联系，他们也觉得这是很好的主意，于是3月份在多伦多也成立了史维会。6月，多伦多跟温哥华的史维会同仁一起成立了一个全加拿大的史维会。我们最初做了很多的公众教育，比如说图片展览、座谈会等。但我们觉得，除了这种共同的教育，还要有一个理念，不只华人去做，其他的族裔也要一起去做。最主要一个族裔就是日裔，日本裔的加拿大人。我们要让其他人也明白，我们做这件事并不只是为中国人讨回公道。那不只是中国人的历史，应该是亚洲的历史，人类的历史。有了共同的认识，才有和解与和平的希望。

在北美洲的日本人对这段历史几乎都不知道，因为北美的学校根本没有教南京大屠杀的历史。他们从日本移民过来，在日本也没学过，或者说日本一直在回避，这让他们没有机会知道。当然，也有一部分日本人知道，他们认为历史的公道一定要讨回，所以支持我们的工作。我们第一次搞图片展览，其中就包括南京大屠杀。开幕的时候，我们请了一位全加日裔加人协会的会长，他发言表示，这个展览会不应该只在温哥华或是加拿大举办，更应该去日本举办，日本政府不让他们的下一代学这段历史，但其实他们最需要认识这段历史。

南京大屠杀或是日军其他暴行，这些反人类的历史，应该让更多人知道。除了公众教育，最主要的是让后代了解历史的真相。加拿大或者北美的中学，都会讲授犹太人大屠杀。我想，犹太人大屠杀的历史可以在我们的课程里面这么正规地来教，为什么南京大屠杀不可以放进去讲呢？

在加拿大，教育并不是联邦的责任，而是每一省政府的责任。所以，我们尽力游说省教育厅把“亚洲浩劫”这段历史放进他们的教材。之后，他们成立了一个编写小组，包括两位历史学者，其中一位是维多利亚大学的历史系老师，另外一位是日裔的历史学者，这样我们的观点不会被人家说有偏颇。另外几位是我们学会的代表，我是其中之一，还有四位由省教师协会推荐的老师。我们组成一个编写小组，在2001年出版了关于这段历史的正式教材。随后我们拍了一些幸存者的口述录影，也放进那个教材，让学生不但可以用文字来学习历史，也可以用影像来了解历史。

对学生来说，我们并不是让他们死记硬背那段历史，而是让他们来反思，对历史的否认到底对现在的社会安全有什么影响，反思历史跟现在的关系。这样教学的方法与加拿大的教学理念是一致的，非常有效。

除此之外，从2009年开始，每年12月10日——国际人权日，我们都会举办一个学生研讨会，从“亚洲浩劫”的历史里面吸取教训，里面就有关于南京大屠杀的工作坊。他们都觉得很惊讶，因为他们从来没有学过这段历史，所以这段历史一定要让加拿大的学生知道。

中国和日本要建立长久的和平关系，就要在日本不能否认历史这个问题上达成共识，在这个基础上才能发展出真正互信、互尊的关系。有道德、有勇气，才可以得到其他国家的谅解。我觉得现在最重要的就是，日本一定要拿出勇气来承担历史的责任。

当然，中国作为受害国也有自己的责任。中国教育自己的国民不可以忘记历史，不应该只单纯地从爱国这个角度出发，这对自己与其他国家的关系是不利的。应该以人道、人权、国际公益、族裔之间和谐这几个角度来看这段历史。在中国政府方面，一方面要教育自己的人民，另一方面也要有勇气坚持维护历史的真相。

纯如写这本书，寻根是一方面，但最主要的还是出于对历史的义愤。这种否认历史的行为对族裔的和谐、地区的安全、世界的和平都没有好处。

纯如最后的结局我没有料到，她为这本书付出的辛劳我想用一件小事来讲述。纯如第一次来温哥华，在我家住，她走了以后，我在地板上看到好多的长头发，那时我才知道在她坚强的外表下隐藏着多大的压力。

她的离去让人非常难过，我们失去了一个对揭露南京大屠杀有着巨大推动作用的历史斗士。到现在，每次有什么困难，我们就会说：“假如纯如在这边，她就可以做这个事情。”她有很强的感染力，非常能说服别人，如果她还在，多好！

王裕佳 （加拿大亚洲二战浩劫史实维护会共同主席）

用纪录电影影响更多的人

“通过她的书，她将历史拯救，使其不至于被湮灭。张纯如的作品、思想，以及她‘发现’南京大屠杀的过程必须被保存下来。”

我出生在中国香港，而当年香港的历史记录还停留在1911年，我们对于中国1911年以后发生的事情一无所知。1968年，我来加拿大学习的时候，对南京大屠杀和“二战”时期亚洲其他国家所发生的事情所知寥寥无几。我听说过南京大屠杀，但是没有听到过任何的细节。当我到了美国纽约的一个犹太大学学习医学时，我学到了很多关于犹太人大屠杀的历史。犹太人花了巨大的资源去纪念在“二战”中受害的人们，他们要让世人记住欧洲在纳粹德国统治时期，对犹太人，对犹太社会所犯下的罪行。我被这些历史证据深深地打动。所以，当我完成学业回到加拿大的时候，我想起了世界的另一个地方——业洲。那些在“二战”中遇害的人民，为什么我们不去纪念他们？

1994年，我听说了加利福尼亚在举办关于南京大屠杀的展览，我从旧金山的同事那里借了一些复印版本，开始在多伦多举办展览。1996

年，由于钓鱼岛问题，我们开始筹备反对日本在加拿大多伦多的大使和参赞的行动。我呼吁在纽约举办一个北美会议，在那里我遇到了在北美不同城市里的同事。1997年，我们开始组织多伦多史维会，他们在渥太华，我在多伦多，后来我们将力量合并起来，建立了加拿大史维会。

一开始的时候，我们感到非常沮丧。因为不仅加拿大的普通民众不感兴趣，就连我们的华人社区也表现冷淡。那个时候，人们并不太愿意去了解历史。但在1997年11月，在南京大屠杀60周年到来的前一个月，我读了《新闻周刊》上对张纯如《南京浩劫》这本书的介绍，我突然预感到这本书会拯救南京大屠杀的历史。我不认识张纯如，1997年我从不同的人那里打听她的电话号码，后来我打电话给她说："纯如，我在加拿大开展了很多社会宣传运动，我想要在加拿大宣传你的书，我相信我可以宣传得很好。"我邀请纯如来到加拿大，去了渥太华、多伦多。1997年12月13日，南京大屠杀60周年纪念日的时候，我组织了一场音乐会，张纯如在音乐会上发言，之后我们组织了她的书的签售会。所有的加拿大媒体，无论是平面媒体、电子媒体还是视频媒体，都采访了张纯如。在张纯如回到美国之前，她在加拿大就已经很有名了。之后，她的书很快受到欢迎，成为《纽约时报》最佳畅销书。

这本书的重要性不仅在于它唤醒了北美地区的华人对于南京大屠杀的感情和记忆，更让整个北美社会知道了南京大屠杀残暴事实的存在，对此我不得不给予这本书高度评价：无与伦比。

当她来到多伦多的时候，我去机场接她。她给我的印象是非常智慧，热爱生命，充满乐观精神，对一切充满兴趣。这样一位年轻女士，在这么小的年纪写出这样的书，让我印象极其深刻。

因为她对生活极度地热爱，所以她才会对20世纪30年代南京发生的暴行感到如此的悲痛。她很诚实，她会将她看到的、了解到的写出来，不掺一点虚假，这就是为什么她的书感动了成千上万的人。除了宣传这本书，我还带纯如到多伦多，带她去参观了纪念中心。她给我的印象让我相信这本书会引起世人的关注，会拯救南京大屠杀的历史，让世人所知。

纯如自杀的时候，我正带着我的父母在中国旅行，正好在云南昆明。那是晚上11点，我听到这个消息的时候，感觉就像晴天霹雳一样让我无法相信。我很震惊，这样一个人怎么可能自杀？我悲痛万分，但是那个时候我有一种强烈的感觉，对于历史，这个世界没有给予足够的重视，这个世界没有给她应有的认可。通过她的书《南京浩劫》，她将历史拯救，使其不至于被湮灭。张纯如的作品、思想，以及她“发现”南京大屠杀的过程必须被保存下来。后来，在她去世半年以后的2005年3月，我在多伦多开始了纪录电影《张纯如——南京大屠杀》的筹备工作。

我们之所以想要拍摄电影，是因为多伦多的读者对书的印象非常深刻，他们想要用拍电影的方式让她的精神永存，因此我们才会花费如此多的资源来拍摄这部影片。

在电影中，我们把南京大屠杀还有张纯如的故事合二为一。张纯如的生平，她如何“发现”南京大屠杀，怎样去寻找证据，我们将许多历史记录都呈现在其中。这个特别的电影能说服很多人去相信，“二战”中发生的南京大屠杀是真实存在的，并不是像日本人说的那样是捏造出来的。

一开始，我们想要说服渥太华的国会议员：日本人没有为南京大屠杀道歉，或者为南京大屠杀的受害者或慰安妇做出任何的赔偿，反而还否认这些事实。2007年2月，当时的日本首相，也是现在的日本首相安倍晋三对着所有在场的记者说慰安妇并不是被迫成为性奴隶的，她们是自愿的，因为她们可以挣钱，她们因此挣到的钱比军官还要多。这种言辞在全世界范围内引起公愤，他竟然可以如此否认慰安妇的历史。我们在加拿大和美国开始了行动，邀请了中国、韩国、菲律宾和荷兰的慰安妇受害者来到多伦多，向民众和众议院作证，要求加拿大国会和众议院通过议案来谴责日本的言行。在渥太华众议院有一个特别的听证会，多伦多大学3000多人，倾听这些来自世界不同地方的受害者讲述她们的经历，讲述她们如何被诱惑，被绑架，然后被迫成为“二战”中日本士兵的性奴隶。在听证会举行完的第二天，整个加拿大联邦众议院，所有的308名议员一致通过议案，谴责日本一意孤行地否认历史，尤其是否认慰安妇问题的行为。作为西方国家，加拿大和美国的这种行动具有历史性的里程碑意义。

多伦多对教育极其重视，因为我们认为，全面了解过去发生的一切将有助于学生学会在将来阻止战争的发生，对于战争产生一种全球性的公民意识。我们不是要人们去仇恨日本，我们只是想要人们了解事实，了解历史的真相，所以我买了几千本张纯如的书、3000本史詠的书。我买了超过900个书包，里面装着包括纯如的书、史詠的书，还有另外一些教科书材料，我们花费了超过10万美元，将所有的教学资料送给了当地的初高中。

我们从2005年开始拍摄关于张纯如的电影，拍成纪录片。这样世界各地的人们都可以看到，可以被影响，可以知道历史上的某个时候发生了什么。我有3个任务：第一，我想制作一个真实且具有权威性的纪录片，没有人可以质疑它的真实性；第二，我必须说服纯如的父母参与到电影的制作当中，否则的话我无法完成；第三，我必须筹集足够的资金让它成为一部优秀的电影，因为如果你想粗制滥造一部电影当然不需要多少花费，但你要想创作出优秀的电影，去南京和华盛顿的国家档案馆寻找资料，去日本拍摄部分片段，这绝对需要资金。我们的预算是150万加元，其中100万加元是从美国募集回来的，其余都是我自己出资的。

1995年年末，一位来自加利福尼亚的绅士来到多伦多，他的名字叫丹尼斯·艾弗雷。他的父亲是著名文具品牌的创立者，他继承了父亲的事业。2005年年初，我正在做一个关于华裔社团应该如何照顾老年人的主题演讲，他听说过“一泓中心”，对其很感兴趣，所以我抽出时间带他去了那里。参观完了以后，我说：“你来自加利福尼亚，你听说过张纯如吗?”“是的，我当然听说过她，她自杀的消息太令人震惊了，太突然了。”之后，我们开始聊起了张纯如，聊起了南京大屠杀。接下去的几个月，在我决定拍摄电影以后，我飞到了加利福尼亚去见张纯如的父母，突然我想到这里还有位绅士，他对张纯如的故事非常感兴趣，我不妨也去拜访一下他。他捐资了100万加元，所以他对电影《张纯如——南京大屠杀》的拍摄至关重要。

在拍摄电影的过程中，我们需要将人们的情感引发出来，因此我们必须采访南京大屠杀的大量幸存者，必须重新塑造张纯如。尽管在她写完《南京浩劫》后，有很多关于她的介绍，但是她之前的故事并不为人所知。而我们希望讲述她的成长环境，她为何会对南京大屠杀感兴趣，她是如何收集南京大屠杀的证据的。为了呈现出这些细节，我们组成研究组做了很多研究。我们去了华盛顿的国家档案馆，派了一个团队去采访张纯如的丈夫、父母以及认识她的人。我们的整个团队先去了加利福尼亚，去了华盛顿，先去做了最基础的研究，因为我们想要基于事实，真实可信，具有权威性，这样没有人能够质疑这部电影的真实性。

在基础研究完成以后，我们便开始了剧本的撰写。我们要采访大量的幸存者，所以整个电影团队去了南京两次。第一次去，采访了历史学家、学者，以及那些经历过战争的人们和幸存者。整个创作过程需要很多时间、想法，需要考虑如何创作才能使电影可以感动、激励观众，引起他们的关注，同时要保证南京大屠杀在电影里呈现的真实性。

摄制组第二次去南京的时候，我一起去的。在拍摄结束以后，我去南京做电影的宣传。我们协会的副主席跟着摄制组一起来到南京采访受害者，这对她来说非常困难，因为她从受害者中听到过这个故事，每次谈论的时候都很难控制住自己的情绪。如何将受害者的情感和记忆表达出来，对她以及对所有的工作人员来说，都是非常艰难的情感历程。拍摄团队所做的一切并不是因为这是他们的工作，而是他们觉得让整个世界去了解那段历史至关重要。拍摄助理和张纯如的扮演者一起合作了主题曲，歌颂了张纯如为那些在南京大屠杀中死亡的无声者的大声疾呼。这首歌非常的感人，这两位电影的参与者被张纯如的故事所感动，被她的精神和勇气所感动，写下了这首感人至深的歌曲。

电影受到了欢迎。2007年11月，在南京大屠杀70周年的一个月前，电影在多伦多上映。然后我们将电影带到南京，在2007年12月13日南京大屠杀70周年纪念日的时候上映。中国香港和世界的其他地方也相继上映。我们参加了很多电影节，也赢得了很多奖项，电影台词被翻译成英语、法语、德语、中文繁体、中文简体、韩语和日语。我们希望世界各地的人们都能看到这部电影，这是非常重要的教学材料。我们也制作了教学参考指南，教师们可以从网上下载学习如何用电影教育学生关于南京大屠杀事件以及其他的暴行。因为电影不仅谈论了南京大屠杀，还谈到所有亚洲国家在“二战”中所发生的悲剧，包括慰安妇、战俘、被迫劳动的劳工、在中国的731细菌部队。

我们希望用这部电影影响更多的人。

朱晓陵 （美国基督会牧师）

这是世界的记忆

“这是南京的记忆，这也是世界的记忆。”

摆在桌上的这些资料，详细地记录了南京大屠杀开始的时候南京人民和南京整个城市遇到了什么。这一本资料是路易斯·斯迈思记录的，当时他是南京国际安全区的秘书，他写了很多东西，包括历史档案。比如说南京的房屋，89%的房屋都被毁，都被炸毁、烧毁，被抢劫。你想一想，有89%的房屋都被毁，当时的环境应该是怎么样的。这份资料是我这一次到南京大屠杀纪念馆来才发现的。它是一份机密文件，为什么机密呢？可能因为当时要避开日本人的搜索，里面记录了这几个传教士每一天的具体活动，在什么地方有多少难民，他们是怎么救助的。日本兵是如何把妇女和女学生拖出去强奸，有的回来后遍体鳞伤，有的就再没有回来过。

国际安全区的文件里面记述了每一天人们需要多少粮食，在什么地方有多少的难民。当时南京的情况是，很多南京的人往外面跑，而别的城市的人认为当时的首都很安全，就往南京跑，所以当时难民营里有着非常多的人需要接受救助。其中有一件事情，在日本人掳去的男士里面，只要是他们的家属就可以来认领，领回去以后这个人的命就保住了。当时魏特琳在学校，就鼓励很多学生去认爸爸，鼓励很多妇女去认丈夫，认父亲。这样一来，被日本兵抓去的很多素不相识的男士就被救了。

当南京战事吃紧的时候，美国驻中国大使馆开始向侨民发布通知，让他们立刻离开南京，因为南京当时很危险，但是我们的6位传教士拒绝离开南京，一定要和南京的老百姓在一起。我们的人每一天都给我们发回报告，尽管报告可能要几个月才能到达总部。斯迈思作为当时国际安全区的秘书，在1938年1月22号写了一个报告，这个报告里面就提到，在某一个安全区有多少人，是什么样的人，到底是怎么救助的。除此之外，还有一份特别的报告，里面所说的德沃，到现在都不知道第一人称是谁。因为当时南京的环境非常恶劣，他们担心日本人会看到他们所写的东西，为了保密，这里的第一人称从来没有出现过。

这是一份在1938年3月由斯迈思撰写的南京战争创伤的一个统计。这是一些照片，这些照片反映了传教士自己的房屋被毁，冒着枪林弹雨和中国人民在一起抗敌救援的场景。这是当时的斯迈思，还有他的家人。这是魏特琳在南京大屠杀之前的一张照片。魏特琳是1912年到南京

南京房屋被毁的惨状

的，她首先去合肥待了一段时间，在三一女中教书，当校长，后来回来读教育管理。完成教育管理以后，她又去了南京，在当时的金陵女子大学任教。她的事迹在南京大屠杀纪念馆里面有详细的说明。她曾在遗书里这样写道：“我可能会使很多爱我的人失望，但是我实在承受不了那种战争的创伤在我脑海的记忆。”我们对魏特琳不失望，对她的所作所为非常庆幸，我们感谢她在那个时候做出爱人民的举动。她至今也是我们应该学习的榜样。我们所有的人都为她的所作所为而感到骄傲，因为她是人类热爱和平的代表，这是跨宗教的，跨信仰的，也是跨国界的。

这张照片是南京鼓楼医院附属的护士学校1933年的毕业典礼，这些稚气的女孩子，她们盼望着未来，盼望着美好的明天，但是她们谁也没有想到4年以后她们的家园会被摧毁。南京大屠杀给她们带来了什么呢？医院变成了难民营，好多妇女、孩子还有儿童在难民营里，她们不知道会在难民营里待多长时间，她们也不知道她们的亲人是死是活。你看这一张照片，一个老太太在瓦砾里面，房子已经被炸得不成样了，她的家人在什么地方她也不知道，有多少人幸存也不知道，能够找到什么

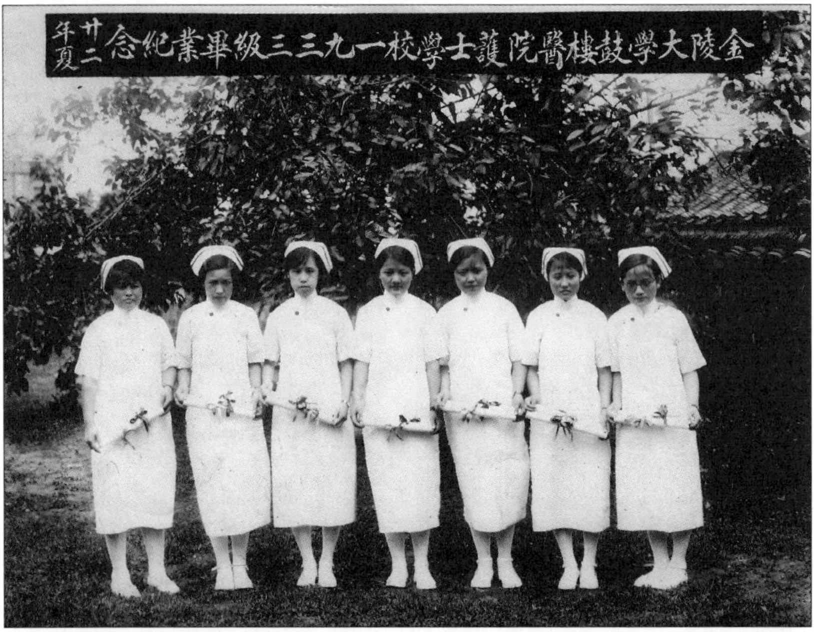

护士学校毕业留影

能用的东西也不知道。战争给南京人民带来的是灾难，是丧失生命，是毁坏家园。

我们有几位传教士在南京大屠杀期间和中国人民一道救助了许多人，这是信仰孕育出的一种精神。这种精神是忘我的，是不怕死的，是为了全人类的，这也是人民的记忆，南京的记忆，世界的记忆。

保罗·米歇尔 （明妮·魏特琳故居行政经理）

坚持下去，就能有所成就

“她帮助了成千上万的人。”

我叫保罗，是明妮·魏特琳故居的行政经理，我的主要工作是分类和保存档案。我第一次听说明妮的事情是从我妈妈那里，我妈妈和弗兰克的妈妈是朋友，她们一起去教堂。我妈妈向我解释了明妮是谁，她与魏特琳家族之间的关系，以及她在中国的贡献。当时我大概17岁，只懂得一点点事情。到了2007年我们村成立150周年的时候，有很多文章介绍明妮的事迹，通过阅读我开始更多地了解她的故事，知道了1937年南京大屠杀期间她的故事，我大开眼界。

我了解1937年日军在南京发动大屠杀是通过看明妮写的书，还有图书馆里的历史书。很难想象怎么会发生那样的事情。我很骄傲我的亲戚明妮当时在南京为难民提供了不少帮助，这一切让人难以想象。

我觉得自己需要从她身上学的东西是：对于自己认准的事情，要坚持下去。只要你坚持下去，竭尽全力，就能有所成就。她做到了，她帮助了成千上万的人。

弗兰克 （明妮·魏特琳侄孙）

她的墓碑上写着“金陵永生”

“明妮的墓碑上有‘金陵永生’4个汉字，她非常热爱中国人民。”

她活着的时候，我没有见过她。第一次见到她的时候，我大概4岁，是在她的葬礼上。我的祖父把我举起来，让我看了一眼躺在棺材里的她，我就是在那样的场合见到了她。但是，在我成长的过程中，一直听祖父母讲起她的故事。她过世后，有人开始写关于她的书，我也开始对她的故事感兴趣。这些年，有好多中国人过来收集她的信息，采访她的经历。

她上大学的时候，住在教会学校的宿舍。去上学时，弟弟就在家等着她回来。她回来的时候，和我的两个姑妈艾玛和贝蒂一起吃饭，艾玛是大姑妈，贝蒂是小姑妈。明妮会做些中餐，大家围着放了菜的小台子，坐在地板上，就像中国人那样吃饭。夏天天气炎热的时候，大家会一起去游泳。我的祖母告诉了我明妮在中国的许多故事。

从明妮的日记还有张纯如的书里，我知道了南京大屠杀。她们写得非常形象生动，讲述了那段时间南京人所经历的煎熬。日军的行径十分野蛮粗暴。我从明妮的日记和张纯如的书中看到，当时的学校里也发生了暴行，明妮为了保护师生的安全，在学校门前插上了美国国旗。她不得不挺身而出，尽管她当时没有武器，还是日夜忙于在学校各处大门巡逻，阻止日军进入，保护年轻的女孩子们免受伤害。后来还是有日军进入学校，把姑娘们拉出去强奸或者杀害，真的很残酷。

我听说，当她1940年回国后，有人负责看护她，因为她的情况不大好，不能照顾自己。她住在位于印第安纳波利斯的传教士公寓，当时她和另一个传教士住在一起，那阵子她身体已经不是很好。1941年的一天，看护她的传教士需要出去办事，明妮说没事，她身体很好，然后关上了寓所的窗户，打开了厨房的煤气自杀了……

明妮的墓碑上有“金陵永生”4个汉字，她非常热爱中国人民，在学校里教小孩子们。从她当年写给姑妈的信中，也可以知道这些。她在中国的时候，经常去中国人的家里，教他们有用的知识，希望能让他们过上更好的生活。她对所有的人，不管是受过教育的还是没受过教育的，都很感兴趣，她把一生都献给了教育。

好几年前，我的姑妈艾玛把所有东西都捐献给了伊利诺伊州博物馆，我记得好像是在斯普林菲尔德。有时会巡回展出，比如去芝加哥等城市展出，但是博物馆的总部在斯普林菲尔德。在中国的时候，明妮是蒋介石夫人的朋友，蒋介石授予她一块采玉勋章，这在当时是最高的荣誉。我姑妈艾玛几乎把所有的东西都捐献给了博物馆。艾玛给了我其中一小部分信件，我传给我女儿了，她加了塑封，她还保存着那些照片以及家族传下来的其他一些东西。

威廉姆·瑞恩 (鲍恩典外甥)

让日本无力否认，让暴力不再上演

“希望事实大白于天下可以减少那些受难者的痛苦和折磨，可以对我们当今的社会产生积极的影响，让那种历史上发生的残暴行为不会再次上演。”

我叫威廉姆·瑞恩，我是一个基督教堂的牧师，是一名基督教门徒。鲍恩典是我母亲的小妹，她俩都住在巴尔的摩。她生命的最后几年都是和我在一起的，于1976年去世，享年80岁。

南京大屠杀期间，她在中国，那个时候我大约七八岁。我所了解的信息都是从父母那里来的。我的母亲叫米兰姆·鲍尔·瑞恩，我的父亲是一名牧师。鲍恩典回国之后，有时候会过来看望我们，会去我父亲在北卡罗来纳州工作的教堂。她是家族里的“明星”，我们都知道她，但是我们不知道她做过的那些事，其行为是那么的英勇无畏，令人难忘，因为她从来不和我们讲这些。直到2007年的时候，记者们告诉我们，作为一个西方人，她帮助了中国人民。

我一直知道她在中国当传教士，我们有很多她从中国带回来的手工制品放在家里做装饰品。但是，当我们最后发现她在中国所做的工作多么让人震惊的时候，我的第一感觉是罪恶感，我们竟然没有多问问她在中国的经历。就像“二战”时期的美国一样，军队去参加战争，做出了巨大的牺牲，后来他们回归故土，却默默无闻。

除了心中最初的内疚和感谢，她还带给了我鼓励。被救难民特地赠送给她的那面“慈善为怀”的锦旗，放在了一个小阁楼的最底层的抽屉里，她从来没告诉过我们那面锦旗的意义，也许她并不认为锦旗很重要。这些事情我原本都不知道。直到她去世很久以后，南京鼓楼医院的朱少玲跟我们说起了赠送给她的那面红色锦旗，问我们知不知道这面锦旗。我们说：“好的，我们找找。”找遍我们所有的物品后，我们看到了黑暗里的那个亮的深红色的东西。我们将其拉了出来，发现这就是那面锦旗。

我们为她感到骄傲，很感激她是这样一个自我牺牲的善良的人。美国大使馆当时召回美国人，但是她和其他的十几位外国人一起留了下来。我们很感激这一切最后能被人们所发现。我们从那些被送到中国的传教士、教师等人所做的重要工作中学习到的一点就是他们很善良，爱中国人民。

对于日本右翼团体否认大屠杀，同样的事情也发生在欧洲，一些欧洲人也在否认大屠杀。那些参与大屠杀者的后人会说：“这根本没有发生。”我想，否认自己做过的感到羞耻或者别人会给予批评的事是人类的一种天性，这种否认明显地表现出了人类在遇到类似情况时的反应。通过邀请我们去南京，通过研究我小姨在中国的工作，在中国期间所写的日记，鼓楼医院希望以此让世人明白日本人在否认历史，因为我小姨在日记里所反映的故事与历史学家所说的是一致的。

发生了如此巨大的悲剧，而罪魁祸首却对其矢口否认，这是另一种更加可耻的行为。我们很感恩，她用自己的方式继续让世人了解在中国发生的一切。希望事实的大白于天下可以减少那些受难者的痛苦和折磨，可以对我们当今的社会产生积极的影响，让那种历史上发生过的残暴行为不会再次上演。

娜尔卡·瑞恩 （鲍恩典外甥媳妇）

她的信证明了历史

“她的报告和日记是铁铮铮的证据，她的日记是对其他已经出版的有关南京大屠杀的日记的有力且珍贵的补充。”

她所喜欢的一切都与中国有关。1941年回国后，她为自己不能再回到中国而感到难过。在信里，她记录了很多东西。但是，你可以发现，她所记录的都是最真实的自己，没有任何的伪装。我们真的为她对当时的受难者所做的一切感到骄傲。她对中国人民有深深的爱。她讲述了一个家庭在家里的父亲死后搬过来和她一起住。她们是艾米莉·陈，还有她的孩子惠敏和惠玲。那个时候，比尔和我都还是孩子。她叫她们小女孩儿，我想她一定非常喜欢这些孩子。当我们长大以后，我们才从鲍恩典小姨的信里知道惠敏和惠玲的事情。她是如此关爱每一个人，她付出了她所拥有的一切。

我觉得有个故事可以说明鲍恩典小姨的为人。她在日记中写道：

午后，有人打电话让我回去，说他们出现在了我们的后院。特里默医生和我去了那里，我们在后院发现了一个恐怖的老强盗。当我们来到时，他做出满不在乎的样子。当时我们的厨师的妻子艾迪说这个士兵企图带走她的哥哥。当这个强盗要走的时候，他做手势示意要求另外两个男人和他一起走。我说："他们不能走。"我指着楼上的美国国旗说："这里的东西是美国的财产。"当时的情景我可能当场被杀。他不同意，然后给手枪上子弹。我让特里默离开，我很害怕，但是我的眼睛直盯着他的眼睛。最后他离开了，我把门死死地关起来，大家都平安无恙。我不得不承认当时我非常的软弱，但是只要我表面上没有表现出这种软弱那就行。

她讲述了这个故事，我们可以从中看到她的为人，她当时很害怕，但是却勇敢地保护那里的人民。

《瑞恩》这首诗是周鸣仙所作，周鸣仙是鲍恩典小姨的学生，来自中国江苏省，这首诗写于2007年3月17日，当时她94岁。她看到我们登在报纸上的照片以及在南京报纸上关于鲍恩典小姨的文章，写信给鼓楼医院，说自己在20世纪30年代后期在医院里接受鲍恩典有关护理方面的培训。然后，她写了一首关于鲍恩典小姨的诗。

美洲金凤抵金陵，救死扶伤一片情。

携来科技育桃李，接济子弟倾万金。

南京陷落硝烟起，日军阵前救难民。

中美友谊传万世，鲍君恰似一金星。

我觉得将小姨的日记和书信以某种方式复制出来，让下一代人知道历史上发生的事件，是非常重要的一件事。当我们将信件给南京大屠杀纪念馆看的时候，他们说这是非常珍贵的历史材料，因为它证明了历史。她的报告和日记是铁铮铮的证据，她的日记是对其他已经出版的有关南京大屠杀的日记的有力且珍贵的补充。所以，我们为她所做的事情，她的人格，还有她写的日记感到骄傲。我们想将它保存下去，这样我们的孩子和孙子都会知道这段历史，我们也会因此感到欣慰。

托马斯·拉贝 （约翰·拉贝之孙）

祖父后来的故事

“在德国，人们对于发生于第三帝国时期的事情，兴趣是很有限的，很少有人问起。而德国年轻人只有从 ZDF（德国国家电视台）拍摄的故事片中知道我的祖父约翰·拉贝。”

我和我的家人都为我祖父当年在南京所做的一切而感到深深震撼。我们也常常思索，我们当中是否有人能做到像他那样不顾及自身安危，为他人奉献。同时，我们也对祖父在6个月内书写了2200页关于南京的故事感到非常自豪，这件事是如此的不可思议。他怎么能有这么多的时间和精力，一方面照顾南京的人民，另一方面事无巨细地记录下在南京所发生的事情。

对于张纯如女士来说，找到我祖父的日记是一件艰难的事情。在慕尼黑有一个协会，专门关注东南亚地区的历史。这个在牧师领导下的协会将所有去过东南亚的德国人的文件全部收集编纂。通过这个协会，张纯如女士与柏林的赖因哈特女士（拉贝的外孙女）取得了联系，进而取得了祖父的日记。

我的父亲在我小时候就跟我说过祖父有关于战争的日记，但因第二次世界大战已经是过去的事情，我们当时作为孩子对战争的事情并不感兴趣。我本人是在后来，大概45岁或者50岁时，在我父亲去世之后才开始研究南京的这段历史。

祖父是在1938年2月乘船返回德国的。由于发表了关于南京大屠杀的演讲，被德国当时的特务机关盖世太保逮捕。他被审问了两天后释放，但是当时他在柏林放映的马吉先生的录影被盖世太保没收了。他被允许保留他的日记，但是他必须签字保证以后不再发表任何关于南京大屠杀的演讲或者参与任何相关活动。回国之后，因为南京的这一段经历，盖世太保不允许任何组织机构给他工作，他的生活变得越来越困顿。

就在他的生活无以为继之时，南京市民知道了这件事，他们向祖父踊跃捐助。我们对南京的人民非常感激。他们共捐赠了2000美元，在当时这是一个很大的数字，而且他们还组织收集了许多生活用品寄到柏林。因为战后柏林无法购买生活用品。

我们对帮助过我祖父的人们非常感激。

拉纳·米特 （牛津大学中国研究中心主任）

被遗忘的暴行

“南京大屠杀事件在很长一段时间内都是被遗忘的暴行，被遗忘的战争犯罪。”

我读过张纯如的《南京浩劫》这本书。我觉得这本书意义深远。这是近年来第一本向西方读者详细介绍1937年、1938年南京发生的那段恐怖历史的书籍。从那时开始，关于南京大屠杀的历史事件就通过诸多方式暴露出来，包括相关的电影、书籍、博物馆的展览。但是我觉得张纯如的书籍激发了西方世界关于南京大屠杀的历史意识的一场辩论。

我很高兴为张纯如写作《南京浩劫》这本书提供了一定的帮助。我读了她的手稿，为她的一些想法提供建议，向她介绍了一些能够支持她的论点的书籍。我觉得她的书开启了一场关于南京大屠杀事件的辩论，让人们更多地了解了“二战”时期在中国发生的恐怖事件。

我觉得这本书很有意思的另外一个方面是，它让我们在一种对比的环境中去谈论在中国发生的事件。我们知道很多地方发生了战争暴行，比如亚洲的日本军队造成的慰安妇问题。当然，世界范围内还有各种各样的战争罪行。我们就此类问题展开辩论，而张纯如的书对此发挥了巨大的作用。

听到张纯如去世的噩耗的时候，我感到无比悲痛。大约10年之前，她自杀了，任何宝贵的生命以这样的方式结束都会让人们陷入无比悲痛之中。我希望用我的书对所有以战争为主题的作者致敬，尤其是张纯如。

1952年生效的《旧金山对日和约》从某种意义上说，标志着美国和日本战争的正式结束。但是，毫无疑问，这是一个奇怪的现象。与欧洲和平协议不同的是，一个重要的成员没有签署该和约，那就是中国。而更奇怪的一点是，在中华人民共和国没有签署该项和约的前提下，以蒋介石为首的台湾当局和日本单独签署了另外一项协议。所以说，这项和约的签署其实是缺失了一个非常重要的参与者。

我觉得我们可以从日期上来看这个条约。1952年正处于朝鲜战争之际，朝鲜战争是美中在冷战中的第一次正面冲突，也许这也是这两国历史上的第一次正面开战。所以，此时是中美外交关系的坚冰时刻，也意味着"二战"已经逐渐被遗忘。这是一种可耻的、奇怪的现象，因为此时离1945年仅仅过去了7年，7年之前中美是联盟关系，而7年之后的1952年中美却在朝鲜战争中成为敌人。

我觉得现在全世界范围内都普遍存在着这样一个现象，即对战争压迫提起法律诉讼。为战争做赔偿是对战争罪行的一种承认。我觉得这些法律诉讼通常都是非常有效的。这有助于真相的暴露，使事实大白于天下。但是，最为重要的一点是，法律必须是中立的，必须是客观的，法律不能成为追求政治目的的工具。因此，中国、日本、韩国进行战争诉讼的时候，最重要的一点就是保证历史的客观性，为诉讼的案件提供准确的事实。

我觉得有一个词一针见血地总结了人们应该如何来处理历史问题，即"感同身受"，用另一种表达方法就是设身处地地为对方着想。我觉得欧洲和亚洲就这个问题来说形成了强烈的对比。"二战"结束以后，法国、德国、英国等国家分担和理解了欧洲爆发的战争所带来的悲剧，它们知道，必须阻止这些悲剧重蹈覆辙。但是，大部分的东亚国家，部分是由于冷战的原因，彼此隔绝了多年，当年中国人要去日本很困难，日本人要去韩国很困难，因此它们彼此之间很难分担对方的历史。我觉得，在亚洲还是有这样的传统，即“不同国家有不同国家的历史”。我希望，在冷战结束了的今天，亚洲各国能够更多地了解其他国家的历史。

当然，大部分西方人对于靖国神社所知不详。但近期，我很高兴地发现，华盛顿的奥巴马政府表示对安倍政府参拜靖国神社的行为感到很失望。当我们看待此类事件的时候，我们必须记住，这些行为，甚至是首相的行为，并不一定代表着整个国家的意志。日本有很多人和安倍关于战争的观点是不同的，他们觉得日本应该更多地去承认在中国所犯下的战争罪行，他们需要就过去的行为与中国和解，而不是去称颂侵华行为是英勇的、光荣的。在这种情况下，在过去的半个世纪里，日本有很多的政府人员去中国参观，为日本人在战争中的行径道歉，我觉得这些人才能更好地代表日本民众的意志。

我并不觉得安倍这样的日本政府有历史观。它们所有的只是政府的不同成员努力提出一些有关历史的观点，以及教育部提供不同类型的历史书。通常，人们对于日本的印象是日本人民和日本政府都是众口一词的，但事实上，日本人对于历史的态度是不尽相同的。在日本，确实有很多专家和教师可以非常自由地、开明地书写和教授历史书，并且意识到教授日本真实的历史是非常必要的。

当我在写作关于中国在“二战”中的经历的书籍的时候，我的书的名字叫《被遗忘的盟友》。所以，我觉得南京大屠杀事件在很长一段时间内都是被遗忘的暴行，被遗忘的战争犯罪。直到近年来，这个历史事件才再次被记起。这一点非常重要，因为它能帮助我们去理解那个时间段内中国所发生的一切，并且想办法避免悲剧重演。所以，我觉得让我们去记住1937年南京的那段历史，“1937 南京记忆”这个题目真的是恰到好处。作为一位历史学家，我觉得这段记忆的内容必须包括战争发生的原因，以及如何使这样的事情永远不再发生。

编辑委员会

《1937 南京记忆》演职员表

出品人	胡占凡　王燕文
总策划	李　挺　卜　宇
总监制	金　越　陈　辉
监　制	张广义　蒋文博
制片人	闫　东　曹海滨　赵玉东
总编导	闫　东
执行总编导	曹海滨　刘　斌
撰　稿	顾　翔　刘　岳
顾　问	步　平　朱成山　孙宅巍　张连红　李宗远　杨夏鸣　徐志耕　李　缨　吴先斌
编　导	王春晓　袁　军　张　浩　何　佳　房　格　李　宁　夏凌云　刘　鸣　卢　昆
编导助理	韩　梅　于　霏　苟坤莎　傅子豪　张牧阳
摄　影	王富俊　高　军　杨　林　孙　羽　赤平勉（日本）　何　佳　张　浩　汪　适　王延奎
摄影助理	王羽萌　刘润宇
剪　辑	张　阳　吴　磊　杜　炜　马树超　姜　军
前期录音	鲁　旭　张　力　葛　健　于世华　李彤彤　石辰宇
技术监制	徐　进　薛　兵
技术统筹	崔建伟　栗小斌　苏　琦　关朝阳　陈　晨
技术协调	刘秀茹　孙　凯　周克胜　张新英　李怀新
视觉导演	周　珏　赵衍雷　王　凯
视频包装	徐　迅　黄险峰　朱明浩　曾　丹　孙　静　徐乔伊

音频指导	荆甫礼
解　　说	李立宏
音乐编辑	毛薇薇　周晓明　和　丰
资料总监	倪代光
资料监制	童　瑛　童　强
资料统筹	张　洁　张洪英
资料编辑	夏凌云　于　迪　王　丹　张　然　李荣杰　安蓓蓓 邓小丽　张业华　娄晓晶　王大威　许　鹏　朱　健 陈　莉
国际制片	史　詠（美国）　白　谛　张兢克　贾　林
联　　络	赵文华　芦　鹏　贾玉龙　赵晓红（美国）　冯　都 刘　祥（美国）　王洁菲
执行制片人	刘　斌　聂丛丛　王富俊
制片主任	王建彤　许小平
制 片 组	刘仕平　梅小磊　王　磊　尹　力　马冰冰　王　革 荆茂山　高义鹍　李亚平
翻 译 组	刘　鸣　韩亚文　于　淼　王秀云　张誉川 各务诗乃（日本）
营销总监	马润生　张林林　张　琳　张海鸥　李凯声
宣传策划	陈　忠　蒋小平　赵　捷　郭卫翔　韩亚利　殷敏利 苑文刚　刘　斌　于　淼　于　一
宣传统筹	杨笑山　吴胜利　熊　殷　谢鹏飞　张　啸　孙　琳 王　欣　蔡丹翔　任海平　段一昕　王　瑞　胡云龙 王　露　邓　婧　赵音奇　邓　武

宣传执行	洪丽娟	赵京津	刘　铭	黄丽君	裴　宁	张　维
	韩　平	王　姝	司　楠	沈　玉	李　冰	马媛媛
	张　然	王龙庆	张学敏	翟　环	曹　敏	方　晶
	王文赫	曹秋雪	张　玮	张　强	李冠男	高　政
	刘　真	王小布	许晓光	张杰楠	曹佳玥	
新媒体监制	汪文斌	罗　琴	晋延林	刘　平	王一如	宋维君
新媒体执行	赵军胜	马　桦	陈剑英	刘延成	张曦健	张延利
	李　斐	张　卉	李文静	胡　悦	曹方剑	刘双增
	高卓田	信天昊				

拍摄支持单位

侵华日军南京大屠杀遇难同胞纪念馆

中央档案馆

中国人民抗日战争纪念馆

南京市档案馆

南京鼓楼医院

南京民间抗日战争博物馆

哈佛大学燕京图书馆

耶鲁大学神学院图书馆

斯坦福大学胡佛研究院

牛津大学中国问题研究中心

世界抗日战争史实维护会

加拿大亚洲二战浩劫史实维护会

网络宣传支持单位

央视网 人民网 中国网 国际在线 中国日报网

光明网 中国江苏网 江苏网络广播电视台 未来网

中国西藏网 央广网 中国纪录片网 中国教育报刊社

中国少年儿童新闻出版总社 齐鲁网

四川新闻网 云南网 网易 第一视频 360新闻

搜狗影视 爱奇艺

本片音像制品由中国国际电视总公司出版发行
本片图书由中国外文局新世界出版社出版发行

协拍
梅地亚电视中心有限公司

中央电视台
江苏省广播电视总台
联合摄制

2014年12月

图书在版编目（CIP）数据

1937·南京记忆 /《1937 南京记忆》摄制组编著
. -- 北京：新世界出版社，2015.7
ISBN 978-7-5104-5367-0

Ⅰ. ①1… Ⅱ. ①1… Ⅲ. ①南京大屠杀－研究 Ⅳ.①K265.607

中国版本图书馆CIP数据核字(2015)第156593号

1937·南京记忆

作　　者: 《1937 南京记忆》摄制组
策　　划: 张海鸥
主　　编: 闫　东　蒋文博
责任编辑: 邓　婧　张杰楠
文稿整理: 谢媛媛　戴姝瑶
责任印制: 李一鸣　黄厚清
出版发行: 新世界出版社
社　　址: 北京西城区百万庄大街24号(100037)
发 行 部: (010)6899 5968　(010)6899 8705（传真）
总 编 室: (010)6899 5424　(010)6832 6679（传真）
http://www.nwp.cn
http://www.newworld-press.com
版 权 部: +8610 6899 6306
版权部电子信箱: frank@nwp.com.cn
印　　刷: 北京中印联印务有限公司
经　　销: 新华书店
开　　本: 710×1000　1/16
字　　数: 320千字　印张: 24.5
版　　次: 2015年11月第1版　2015年11月第1次印刷
书　　号: ISBN 978-7-5104-5367-0
定　　价: 59.80元